한국 여성을 위한 목회상담

이화학술총서

한국 여성을 위한 목회상담

Pastoral Counseling
for Korean Women

정희성 지음

이화여자대학교출판문화원

| 프롤로그 |

한국 여성을 위한 목회상담의 첫 길을 열며

여성주의 관점에서 목회상담에 관심하며 항상 질문했던 것은 한국 교회 여성으로서의 경험을 어떻게 목회상담에 반영할 수 있겠는가 하는 것이었다. 서구의 많은 여성주의 목회상담 학자들은 전통 목회상담이 서구 남성의 경험을 반영하고 있다고 비판하며 남성과 여성의 차이와 다양성에 주목한다. 필자 역시 이러한 관점에서 서구 여성과 다른 한국 여성의 독특한 자원과 사이 경험에 관심해왔다. 물론, 한국인, 기독교인, 젠더는 사실상 보편적 경험이라기보다 개인차가 있는, 사회적으로 구성되는 경험이다. 그럼에도 불구하고, 이 세 문화 자원에 대한 세심한 연구가 한국 교회 여성의 복잡한 억압과 치유 자원을 이해하는 데 매우 주요한 도움이 될 것이라 생각한다.

이 책은 여성주의 관점에서 한국 교회 여성을 위한 목회상담을 탐색한다. 한국 교회 여성의 정체성을 구성하는 주요한 세 축은 한국 문화, 기독교 문화, 젠더 문화이다. 이 책은 이들 다문화에 내포된 한국 여성에 대한 억압 자원뿐 아니라 치유 자원에 주목한다. 즉, 이 문화를 끊임없이 의심하고, 전복시키고, 교란시키며, 생존과 치유를 모색해온 다양한 전략과 대항 담론 및 상담방안을 모색한다.

이 책은 특별히 한(恨) 많은 여성 조상들을 주체로 부활시켜 현대 한국 교회 여성을 위한 목회상담의 자원으로 삼고자 한다. 대부분의 목회상담 연구는 한 많은 여성 조상들을 다양한 문화 속 피해자 중 피해자로 이해해왔다. 이 책은 거기서 한 걸음 더 나아가 죽음 같은 고통 속에서도 새로운 미래를 희구했던 이들의 불굴의 꿈, 후배 여성들에게는 결코 그런 삶을 물려주지 않겠다는 무의식적 결의에 주목한다. 그리하여 한 많은 여성 조상을 현대 여성 치유의 영적 자산으로 활용하는 동시에 현대 여성의 치유된 삶 속에 이들 조상을 부활시키는 상호 치유의 상담 방안을 제시한다.

이 책은 총 3부로 구성되어 있다. 먼저 1부에서는 한국 교회 여성의 한국인으로서의 정체성에 관심하여 치유에 영향을 미치는 긍정적 혹은 부정적인 한국 문화 자원 발굴을 다룬다. 1장 "십자가 죽음과 부활 사이: '사이' 경험에 대한 '삭임'의 목회상담적 성찰"은 오랜 수난 속에 형성된 한국 고유의 치유 자원에 대한 연구이다. '삭임'은 한국인의 한(恨)과 그 초극(超克) 사이의 경험으로 불퇴진의 정진 속에 '썩고 부패한 것'을 '곰삭이고 승화'시켜 치유에 이르게 하는 한국 고유의 치유 정서이다. '삭임'을 기독교의 십자가 죽음과 부활 사이 사흘간의 죽음 경험과 상징적으로 연결시켜, 심각한 고통으로 마음의 죽음을 경험하는 한국 교회 여성을 위한 한국 문화의 치유 자산으로 제시한다.

2장 "군 위안부 길원옥의 탈경계적 영성: 근대 모순 치유의 한국 문화 자원"은 근대 최고의 피해자이면서도 마침내 근대의 모든 위계와 경계를 가로질러 주체가 된 기독교인 군 위안부 길원옥의 치유 경험을 다룬다. 구체적으로 그녀가 근대 종교의 경직된 위계, 성 위계를 어떻게 가로지르며 자신과 다음 세대를 위한 진정한 주체가 되었는지를 살펴본다. 탈경계적 모성, 탈경계적 종교, 탈경계적 하나님의 영성을 한국 근대의 모순 속에 고통하는 이들을 위한 치유 자산으로 이해한다.

인간 치유에 있어 종교의 역할에 관한 연구는 주로 서구인의 경험을 바탕으로 서구 사상가들에 의해 주도되어왔다. 이에 3장 "수난의 여왕과 풍류도: 종교심리의 한국 문화 자원"에서는 함석헌과 유동식의 연구를 근거로 한국인의 종교적 자화상은 '수난의 여왕'으로, 한국인의 종교적 무의식은 '풍류도'라 주장한다. 또 이를 기초로 한국인은 병리를 초래할 수 있는 오랜 억압과 고통을 겪었지만 내면 깊이 종교적 주체로서의 의식, 무한자와 하나됨의 의식, 또 상호 관계적 존재로서의 의식이 자리하고 있다고 주장한다.

4장 "기독 신여성 나혜석의 또 다른 목소리로: 젠더 평등의 한국 자원"에서는 한국 근대 문화에서 젠더 평등을 주장하며 가부장제를 틈내고 교란했던 나혜석에 대해 살펴본다. 목회상담에서 한국 여성은 오랜 가부장제의 역사 속 피해자의 모습으로만 이해되어왔다. 이에 그동안 철저히 잊혀졌던 기독교인 신여성 나혜석을 '기억(remember)'하고 '재가입(re-member)'시킴으로써 젠더 평등을 향한 나혜석의 불굴의 의지와 꿈을 한국 교회 여성 치유의 영적 자산으로 제시한다.

한편, 한국 교회 여성 정체성을 구성하는 또 하나의 주요한 문화 자원은 기독교 문화이다. 오랫동안 기독교 전통은 여성뿐 아니라 사회적 약자, 종교적 약자에 대한 폭력과 정복, 위계를 당연시했다. 이에 이 책의 2부에서는 이에 대한 다양한 대항 담론, 즉 '생명 지향적', '상호 존중적', '여성 및 약자 친화적' 담론을 발굴하여 기독교 주류 문화에 대한 틈내기를 시도한다.

구약 성서의 욥기(Job)는 전통적으로 모든 자식과 전 재산을 잃고도 끝까지 참고 인내한 '의인 욥'의 모습만 부각하여 트라우마로 고통하는 여성과 피해자의 분노를 억누르고 침묵을 강화하는 데 사용되기도 했다. 이에 반해 5장 "욥기 다시 읽기: 아둔한 하나님에서 트라우마의 하나님으로"는 하인즈 코헛(Heinz Kohut) 등의 이론을 적용하여 욥기를 피해자의 분노와 슬픔의 이야기를 허용하고 또 허용하는 이야기로 해석한다. 또한 욥기를 하나님에게 초점 맞추어져야 하는 이야기가 아니라, 의인이라도 상실과 아픔을 겪을 수밖에 없는 인간 현실, 피해자들의 절대적 무고함을 강조하는 이야기로 해석한다.

6장 "구약의 첫 여덟 권 다시 읽기: 이방인 정복에서 영적 순례 이야기로"는 '거룩한 전쟁(holy war)'이라는 이름 아래 여성을 포함해 비기독교인에 대한 폭력과 억압을 정당화해온 기독교 주류 담론에 대한 목회상담 관점에서의 대항 담론이다. 많은 학자들은 구약에 비기독교인에 대한 폭력과 전투, 학살의 모티브가 가득하기 때문에 새로운 해석학적 작업이 필요하다고 한다. 이에 도널드 캡스(Donald Capps)의 목회신학 이론에 근거하여 구약 성서 처음 여덟 권을 비기독교인 정복을 합리화하는 이야기가 아니라 기독교인 자신의 영적 성숙과 순례를 지향하는 이야기로 제시한다.

7장 "야곱의 축복 다시 읽기: 하나님 가족 가계도의 관점에서"는 전통 기독교 공동체의 축복에 대한 새로운 대항 담론이다. 창세기 족장 야곱은 형과 아버지를 속여서까지 장자의 축복을 냈지만, 결국은 파란만장한 나그네 삶으로 인생을 마감했다. 인간 가족 관계 측면과 하나님을 부모로 삼는 가족 관계 측면에서 가계도(genogram)를 다각도로 그린 후 하나님을 부모로 모신 야곱의 축복은 세상에서 말하는 축복, 즉 부와 명예의 축적이 아니라 삶의 나그네 여정 속 복잡다단한 경험을 겪어내며 결국 모든 것을 포용하고 축복하는 하나님의 마음을 내면화하는 것이라 주장한다.

8장 "혈루증 여인과 수로보니게 여인을 만나신 예수 다시 읽기: 아시아 여성을 위한 목회상담 메타포"는 평등한 여성주의 목회상담 문화 구성을 다룬다. 영웅적 치유자로서 예수의 모습을 강조한 전통 목회상담은 상담가와 내담자 간 엄격한 위계와 경계를 당연시했다. 이에 반해 이 장은 성서의 다른 이야기에서와 달리 처음엔 무력하고 소극적이었으나 여인들의 설득과 도전 속에 결국은 자신도 변화되고 여인도 치유한 두 이야기 속 예수에 주목한다. 그리하여 다문화 상황의 여성주의 상담가는 두 이야기 속 예수처럼 내담자의 다문화 경험에 기꺼이 자신을 개방하는 '변화하는 치료자(changing therapist)'로서, 평등한 관계 속에 상담자와 내담자는 상호 치유자, 공동 치유자임을 강조한다.

한국 교회 여성 내담자의 정체성에 영향을 미치는 또 하나의 문화는 젠더 문화이다. 사실상 사회, 교회 공동체, 가족에서 형성된 젠더 문화는 그 어떤 문화보다 가장 강력하게 여성의 억압과 차별을 정당화했다. 이에 이 책의 3부에서는 여성과 관련된 구체적 상담에서 어떻게 이와 같은 차별을 극복하고 젠더 평등적 상담을 할 수 있는가를 논한다.

9장 "주체로 부활하는 한 맺힌 여성 조상: 여성주의 원형 이론과의 만남"은 한 맺힌 여성 조상을 피해자에서 가부장제의 문제를 지적하는 주체로 보는 입장에서 한 단계 더 나아가 영적 연대 속에 현대 한국 여성의 치유를 지원하는 생산적이고 적극적인 주체로 재건한다. 먼저, 한국 기독 여성의 무의식 경험에 대한 사례 연구에서 한 맺힌 여성 조상의 무의식적 기억 재현의 의미를 탐구한 후, 이에 기초한 목회상담적 방안을 여성주의 원형 이론과의 대화를 통해 모색한다. 이를 통해 한 맺힌 여성 조상과 현대 한국 여성이 치유 과정에서 상호 주제적 존재가 됨을 강조한다.

10장 “우울한 여성을 위한 목회상담: 인지 치료와 담화 이론의 만남”에서는 우울 치료에 대한 인지 치료의 한계를 젠더 관점에서 주장하고 담화 이론 관점에서의 보완을 우울한 여성 치료의 대안으로 주장한다. 지금까지는 우울 상담에 인지 치료가 매우 효과적인 것으로 알려졌으나 젠더 관점에서 볼 때 여성의 우울은 인지 왜곡과 같은 심리 내적 문제보다 가부장제 문화 구조에서 경험하는 현실 때문에 발생하는 경우도 많다. 따라서 가부장제 종교, 문화, 가족의 지배 담론인 ‘여성성 담론’을 문제시하고 담화 관점에서 인지 치료를 재구성해야 함을 주장한다.

11장 “여성주의적 관점에서의 발달 이론 재구성”은 전통 발달 상담이 여성을 ‘비정상의’, ‘고장 난’, 혹은 ‘충분히 발달하지 않은’ 존재로 간주한 것을 비판하고 구체적인 여성 경험에 근거하여 대안적 발달 상담을 제시한다. 목회상담에서 주로 관심하는 발달 이론가 에릭슨과 프로이트 이론의 한계를 비판하고, 여성의 다양한 경험, 즉 트라우마 여성 경험, 독신 여성 경험, 노동자 여성 경험을 반영하는 여성 발달 이론을 탐구한다.

마지막으로 12장 “한국 여성주의 목회상담학의 현황과 전망”에서는 현재까지 한국 여성주의 목회상담의 현황과 전망을 총체적으로 요약하고 전망한다. 한국 여성주의 목회상담은 현재 새로운 전환점을 맞고 있다. 필자를 비롯한 소수의 여성 목회상담가에 의해 주도되었던 여성주의 목회상담 논의는 신진 여성주의 목회상담가의 괄목할 만한 증가로 매우 활발히 진행되고 있다. 이 시점에서 그간 한국 여성 목회상담의 이론과 실제를 총체적으로 고찰한 후 한국 여성주의 목회상담이 나아갈 길을 전망하고자 했다.

한국 여성주의 목회상담의 탐구는 결코 쉽지 않은 길이다. 참고문헌에 있는 필자의 그간 글들을 바탕으로 한 이 책이 많은 여성주의 목회상담가들이 한국 교회 여성의 다양한 문화 상황에 관심하여 보다 깊이 있고 체계적인 연구를 시작하는 계기가 되었으면 한다.

2018년 2월

정희성

| 차례 |

프롤로그: 한국 여성을 위한 목회상담의 첫 길을 열며 _ 5

1부 한국 문화와 목회상담 _ 17

1장 십자가 죽음과 부활 사이
:: '사이' 경험에 대한 '삭임'의 목회상담적 성찰 _ 19

1. 십자가 죽음과 부활 사이 _ 21
2. 한과 그 초극(超克) 사이 _ 26
3. 사이 경험으로서의 '삭임' _ 30
4. '삭임'의 목회신학적 성찰 _ 35
5. 목회상담적 함의 _ 40

2장 군 위안부 길원옥의 탈경계적 영성
:: 근대 모순 치유의 한국 문화 자원 _ 44

1. 한국 근대 최고 피해자 군 위안부 _ 46
2. 기독 군 위안부 길원옥의 전복적 기억 _ 50
3. 길원옥의 치유와 탈경계적 영성 _ 55

3장 수난의 여왕과 풍류도
:: 종교심리의 한국 문화 자원 _ 71
1. 한국인의 종교적 자아상 _ 73
2. 한국인의 종교적 마음밭 _ 83
3. 종교심리학적 성찰 _ 92

4장 기독 신여성 나혜석의 또 다른 목소리로
:: 젠더 평등의 한국 자원 _ 100
1. 초기: 하나님의 딸로서의 인식 _ 102
2. 중기: 젠더 차이의 인식 _ 108
3. 후기: 젠더 평등의 주장 _ 114
4. 기독교 관점에서의 평가 _ 119

2부 기독교 문화와 목회상담 _ 125

5장 욥기 다시 읽기
:: 아둔한 하나님에서 트라우마의 하나님으로 _ 127
1. 하나의 책으로 읽는 욥기: 성서신학과 목회신학의 만남 _ 129
2. 칼 융의 욥기 이해 _ 134
3. 욥 문제의 진단: 다양한 상실의 위기 _ 138
4. 욥의 이야기와 하나님의 이야기 _ 142

6장 구약의 첫 여덟 권 다시 읽기
:: 이방인 정복에서 영적 순례 이야기로 _ 151
1. 목회상담학, 문화 변혁, 성서 _ 153
2. 에릭슨, 생애 주기 이론, 캡스 _ 159
3. 캡스와 구약 성서의 처음 여덟 권 _ 165
4. 캡스의 이해 재평가 _ 170

7장 야곱의 축복 다시 읽기
:: 하나님 가족 가계도의 관점에서 _ 177

1. 인간관계 가족에서 본 야곱 _ 180
2. 하나님 관계 가족에서 본 야곱 _ 187
3. 다시 읽는 야곱 _ 194

8장 혈루증 여인과 수로보니게 여인을 만나신 예수 다시 읽기
:: 아시아 여성을 위한 목회상담 메타포 _ 203

1. 아시아 여성 경험의 이해 _ 206
2. 혈루증을 앓는 여인과 아시아 여성 경험 _ 210
3. 수로보니게 여인과 아시아 여성의 경험 _ 216
4. 목회상담의 함의 _ 222

3부 젠더 문화와 목회상담 _ 231

9장 주체로 부활하는 한 맺힌 여성 조상
:: 여성주의 원형 이론과의 만남 _ 233

1. 군 위안부, 레위인의 첩과의 치유적 조우 _ 235
2. 한 맺힌 여성 조상 기억의 의미 _ 241
3. 한 맺힌 여성 조상과 여성주의 원형 이론의 만남 _ 247

10장 우울한 여성을 위한 목회상담
:: 인지 치료와 담화 이론의 만남 _ 257

1. 인지 치료의 젠더적 비판 _ 259
2. 인지 치료의 담화 이론적 재구성 _ 268

11장 여성주의 관점에서의 발달 이론 재구성 _ 281

1. 발달 심리 이론의 비판 _ 283
2. 여성 발달의 심리학적 재구성 _ 289
3. 목회신학적 재구성 _ 295

12장 한국 여성주의 목회상담학의 현황과 전망 _ 304

1. 이론적 논의 _ 306
2. 성서 자원의 활용 문제 _ 310
3. 종교 문화적 자원 활용 _ 314
4. 상담적 관심 _ 318

에필로그 _ 323
참고문헌 _ 325

1부

한국 문화와 목회상담

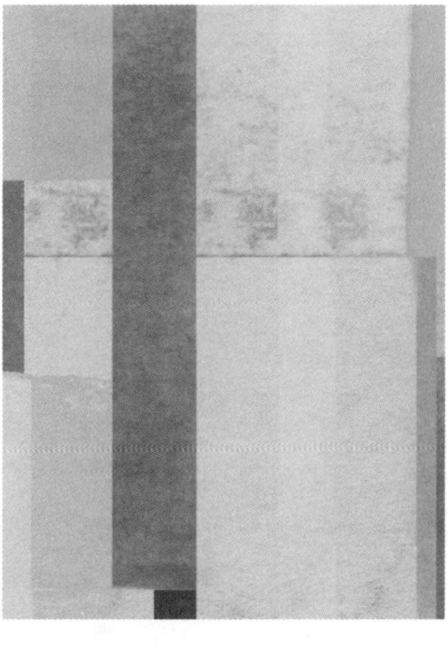

1장

십자가 죽음과 부활 사이

:: '사이' 경험에 대한 '삭임'의 목회상담적 성찰 ::

목회상담가로서 죽음처럼 지난한 인생의 고통에 관여하며 언제부터인가 예수의 죽음과 부활 사이 사흘 동안의 경험에 관심을 가지게 되었다. "나의 하나님, 나의 하나님, 왜 나를 버리시나이까?(막15: 34)"라며 최소한 절규라도 할 수 있었던 십자가상의 고난과 달리, 완전한 죽음 속에서 아들도 죽고 하나님도 부재했던 무덤 속 그 어두운 사흘의 죽음은 도대체 어떤 것이었을지 말이다. 하늘이 무너져 내리고 땅도 꺼져 버리는 깊은 우울과 같았을지, 가슴 에이는 아픔 속에 발광하는 미친 히스테리와 같았을지, 혹은 얼음같이 차갑게 나눠진 섬뜩한 분열과 같았을지 질문했다. 그런가 하면 그 와중에도 틈새를 비집고 일어나는 삶을 향한 그 괴이한 충동이나 어설픈 해방감은 도대체 무엇으로 설명할 수 있을지, 또 그 사흘 사이에 무슨 일이 일어났기에 예수의 썩어버린 육체가 새 형상을 입고 부활할 수 있었는지 고민했다.

'삭임'에 관한 논의를 다시 공부하며 오랫동안 생각했던 위 문제의 실마리를 찾았다. 아주 오래 전 박사 학위논문을 쓰며 '삭임'이라는 한국의 고유 정서에 대해 관심했었다. 그러나 당시에는 이를 체계적으로 이해하기에는 역부족이었는데 이제야 비로소 이 한국의 고유 정서인 '삭임'이 그 어떤 심리학적 용어보다 예수 죽음과 부활 사이의 경험을 설명하기에 적절하다고 생각하게 되었다. 추후 좀 더 상세히 살펴보겠지만, '삭임'이란 한(恨)이 초극되는 과정에서 발생하는 내적 경험으로 어원상 '썩다, 부패하다'라는 뜻뿐 아니라 '삭다, 발효하다'라는 뜻을 가지고 있다. 사흘간의 죽음으로 완전히 썩어버렸을 예수의 육체가 새 형상과 새 맛을 지닌 존재로 부활할 수 있었던 것은 바로 그 과정 속에 '삭임'이 일어난 때문은 아니었을까?

한편, '삭임'의 논의는 한국 목회상담학 연구의 새 자원이라 할 수 있다. 한국 목회상담학계는 서구의 경험과 다른 한국인의 고유한 아픔과 치유 경험에 관심하며 주로 한국인의 한(恨)의 정서에 주목해왔다. '삭임'은 그동안 한국 목회상담학계가 주목하지 않았던 새로운 치유 자원이다. 그런데 '삭임'은 가부장제에서 겹겹의 억압을 경험했던 과거 한국 여성뿐 아니라 현대 여성에게도 여전히 유효한 내적 자원이다. 사례 연구를 통해 더욱 보완해야 하겠지만, 과거에 비해 여러 면에서 나은 삶을 사는 현대 한국 여성 역시 삶의 수많은 고비와 좌절 속에서 바로 이 '삭임'을 자기 극복의 한 자원으로 사용하고 있기 때문이다.

사실 아무도 예수 죽음 사흘 기간을 정확히 규명할 수 없기에 '삭임'을 중심으로 한 논의는 매우 실험적이며 상상적이다. 이 논의를 조직신학적 성찰이라기보다 죽음 같은 고통 및 이의 초월과 관련한 인간 내적 경험에 대한 목회신학적 성찰로 이해한다면 큰 무리는 없을 것이라 생각한다. 먼저, '삭임' 논의의 배경으로 목회신학에서 십자가와 부활의 논의, 또 한국 목회상담학에서의 한의 논의를 살펴볼 것이다. 그리고 '삭임'이 무엇인지, 그리고 '삭임'의 목회신학적 함의는 무엇인지 고찰할 것이다. 이를 통해 '삭임'의 논의가 예수 죽음 사흘의 충분한 시간성, 과정성, 다층성을 강조하며, 아버지-아들 하나님의 완전한 죽음과 그 속에 부상하는 성령 하나님을 주목하게 함을 주장하고자 한다.

1. 십자가 죽음과 부활 사이

목회신학에 있어 예수 십자가와 부활의 메타포는 매우 중요한 것으로 여겨져왔다(Hunter, 2005: 249-250). 즉, 십자가와 부활의 메타포는 일반 상담과 달리 목회상담에서 예수 그리스도가 그 근거가 됨을 밝혀주기도 하며, 죽음까지 낮추신 예수처럼 목회상담가 역시 겸손과 정성을 다해 내담자의 마음에 귀 기울일 것을 강조하기 때문이다. 또한 십자가와 부활을 연결하여 이해할 경우 상담가는 내담자에게 현재 삶이 십자가 고통과 같이 가혹할지라도 언젠가 부활하신 예수처럼 새로운 삶을 살 수 있다는 희망을 불어넣을 수 있다. 십자가와 부활은 내담자가 삶에서 경험하는 다양한 대극적 상황, 즉 절망과 희망, 고통과 성취, 죄와 용서, 실패와 새로운 출발 등을 설명하기에 적절한 상징이 된다는 것이다.

성폭력, 가정 폭력, 외상 등 소위 죽음만큼이나 치명적인 상처를 가진 내담자에 관심해온 목회신학자들은 특별히 십자가에 대한 대속론적 해석에 주목한다(Poling, 2011: 46; Brown & Bohn, 1989: 2-4). 대속론이란 예수의 십자가 죽음이 어떻게 인간의 죄를 대신했고, 하나님과 인간을 화해시켰는가에 관심하는 논의로, 전통 신학에서 매우 다양하게 전개되어왔다. 가령, 안셀름은 대치 대속론(substitutional atonement)을 주장하며 십자가 사건은 죄인에게 마땅히 벌을 내려야 한다는 입장을 만족시켰다고 본다. 즉, 인간은 죄를 저질렀고 그 대가를 치러야 하는데 예수가 이를 대신함으로써 인간은 영원한 저주의 형벌에서 자유하게 되었다는 것이다. 아벨라르의 경우에는 예수의 십자가 죽음은 희생적 사랑의 본보기로서 인간에게 바른 삶의 길을 제시하는 역할을 했다고 본다. 이레네우스는 몸값(ransom 혹은 Christus Victor) 이론을 주장하여 십자가 죽음을 통해 인간의 몸값이 치러졌으며 이로 인해 인간이 자유롭게 되고 용서받았다고 한다. 전통적으로 십자가 사건에 대한 이와 같은 다양한 논의가 전개되었지만, 이들 논의는 결국 예수의 죽음이 인간 구원에 필수 불가결했다는 입장에 동의한다.

그런데 내담자의 가혹한 고통에 관심하는 다수의 목회신학자들은 십자가가 인간 구원에 필수 요건이라는 위의 대속론에 대해 부정적이다(누거, 2002: 160-161). 여성 신학자들은 성폭력과 가정 폭력으로 고생하는 여성들에게 예수 십자가 죽음을 대속 행위로 강조하면 이들 여성의 부당한 고통과 아픔을 당연시하는 문제가 생긴다고 비판한다. 또 대속론의 강조를 통해 타인의 죄 사함을 위해 누군가의 유기와 고초를 강조할 때 학대와 폭력을 미화시키는 오류를 저지를 수 있다고 한다. 그들에 의하면, 누군가를 대신해 형벌을 받는다는 것은 무의미할 뿐 아니라 죄에 대한 책임은 인간 개개인이 각자 지는 것이 옳다. 때문에 이들은 십자가 사건을 하나님의 의지를 반영한 사건이나 인간 구원을 위한 사건으로 보기보다 현실의 왜곡되고 부정의한 인간관계의 표현으로 보는 것이 적절하다고 한다.

아동 학대에 관심하는 목회신학 관점에서는 십자가 사건을 아동 학대를 정당화하는 유비로 보고 적나라하게 비판한다. 상담의 현장에서 목회상담가는 가정 경제 파탄이나 교육 등을 이유로 부모가 아이를 심하게 때리거나 심지어 살해하는 경우를 본다. 이런 경우 전통 신학에서 이해한 십자가상의 아버지 하나님과 아들 하나님의 모습은 희한하게도 가정 안에서 학대하는 아버지와 학대당하는 아이의 모습과 유사하다. 학대 가정에서 아버지는 완벽한 모습으로 이상화되고, 아들은 무기력하고 무가치하게 여겨진다. 그래서 아버지가 내리는 벌은 무엇이든 간에 정당하며, 아이는 무조건 벌을 받아 마땅하다며 폭력이 행해진다. 십자가의 예수 역시 강력하고 완벽한 아버지 앞에서 철저히 무력하고 엄하게 벌받는 아이의 모습과 유사하다. 그래서 아동 폭력 희생자를 상담하는 목회상담가들은 이런 십자가상의 아들과 아버지 하나님을 폭력 희생자의 순종과 희생을 강화하는 매우 불공정하고 잘못된 상징이라 여긴다(Brock, 1993: 53-57).

그리하여 목회신학자들은 생존자를 위한 목회신학은 백인 여성 신학자들의 주장과 같이 십자가보다는 부활을 강조해야 한다는 입장에 주목한다(Poling, 2011: 50; Parker, 2008: xii-xxi). 폴링은 백인 여성 신학자들의 주장과 같이 십자가는 구원론적 가치가 없는 단순한 비극적 사건으로, 11세기 이전만 해도 교회의 예배와 행사에서 십자가가 항상 중심이 된 것은 아니었음을 강조한다. 즉, 11세기 이전 교회 예식은 십자가 대신 예수의 부활과 승천을 강조하여 예수를 따르는 사람들은 파라다이스로 승천해서 그곳에서 하나님과 함께 살 수 있다는 희망의 메시지를 부각시켰다는 것이다. 기독교인들에게 이 부활과 낙원의 메시지는 십자가 이야기를 상대화시킬 뿐 아니라 다시 새 삶을 열 수 있다는 희망을 갖도록 한다. 마찬가지로 부활과 낙원의 메타포는 끔찍한 경험으로 고통하는 내담자들에게도 생존할 수 있다는 희망, 현재와 전혀 다른 새로운 세계에서 살아갈 수 있다는 희망을 갖게 한다는 것이다.

또한 목회신학자들은 성차별뿐 아니라 인종차별, 계급 차별과 같은 다양한 차별을 경험한 우머니스트 여성 신학자들의 십자가 이해에도 관심한다(Poling, 2011, 50). 우머니스트 여성 신학자는 중산층 백인 여성들의 경험을 반영하는 백인 여성 신학자들과 달리 성차별뿐 아니라 인종차별을 비롯한 다양한 노예 생활 경험을 배경으로 십자가 사건에 대한 이해를 시도한다. 그래서 그들은 백인 여성 신학자들과 달리 예수의 십자가 사건을 흑인 여성들의 경험과 동일시하기도 하고, 고통의 의미를 보다 세분화하기도 한다. 즉, 흑인 여성들의 고통은 세상의 불의로 인한 수동적 고통뿐 아니라 정의와 평화를 이루기 위한 자발적 고통도 있음을 강조하는 것이다. 그런가 하면 들로레스 윌리엄스(Delores Williams)는 예수의 십자가 사건은 흑인 여성들의 고통에 연대하시는 하나님을 이해하는 데 도움이 되지만, 그렇다고 해서 십자가 사건을 지나치게 강조하거나 미화할 필요도 없다고 한다. 예수는 삶을 위해 오셨지 죽음을 위해 오시지 않았기 때문이라는 것이다(Williams, 2006: 32).

한편, 기존의 신학적 논의를 차용하여 십자가에 관심하는 대부분의 논의와 달리, 폴링은 십자가가 '하나님의 애매모호함의 한 예시'라는 독창적 목회신학 관점에서의 해석을 시도한다(2011: 66). 그는 어릴 적 폭력 경험에 대해 살해로 복수한 아동폭력 피해자의 예를 든다. 정당방위적 행위로 볼 수도 있지만, 그가 또 다른 아동에게 폭력을 행해왔으며, 정당방위라 할지라고 폭력으로 폭력은 극복할 수 없다고 한다. 즉, 폴링은 피해자라 할지라도 진정한 치유는 내면화된 폭력의 유혹을 극복하고 생명의 삶을 살도록 하는 것임을 알게 된 것이다. 따라서 그는 폭력과 힘이 제일이라는 생각, 불의는 폭력으로 저항해도 된다는 생각이 가득한 세상에서 예수의 십자가 죽음을 부당한 폭력에조차 비폭력으로 저항한 사건으로 해석한다. 그리고 이 애매모호함이 오히려 하나님의 힘과 능력이며, 예수의 부활은 바로 이 예수의 비폭력적 십자가 행위가 패배가 아니었음을 세상에 드러낸 사건이라고 했다.

십자가와 부활에 관한 목회신학적 논의는 부당한 폭력을 정당화할 수 있는 기존의 대속론적 관점을 비판하고 생존자의 회복과 치유를 돕는 다양한 방식의 십자가와 부활 이해에 관심한다. 그러나 이상하게도 이들은 죽음 같은 고통을 겪고 있는 내담자에 관심하면서도 내담자의 심리적 죽음을 상징할 수 있는 십자가와 부활 사이, 바로 예수 죽음 사흘간의 경험에 대해서는 거의 관심하고 있지 않다. 그리하여 철저한 파괴의 경험 속에서 어떤 인격적 내적 대상조차 가지지 못하는, 심리적 죽음 상태의 내담자 경험까지는 포용하지 못한다. 또한 수천 년 동안 기독교를 유일한 종교적 문화유산으로 가지고 있는 서구와 달리 한국과 같은 다종교 배경의 기독교인의 경험은 포괄하는 데 한계가 있다. 한국의 경우, 독실한 기독교인부터 초보 기독교인, 혹은 기독교인이면서도 가정환경 등의 영향으로 타종교의 상징에 더욱 익숙한 이들에게는 고통의 순간에 인격적 하나님 이미지가 매우 생소하기 때문이다. 그러면 이 사이 경험에 대한 논의를 '삭임'으로 풀어나가기 전에 '삭임'의 논의가 한국 목회상담학에서 가지는 의미를 먼저 살펴보자.

2. 한과 그 초극(超克) 사이

해방신학의 영향 속에서, 또 한국의 암울한 독재의 상황에서 한국 민중신학자들은 서구와 구별되는 한국인의 고통 경험에 관심하며 한에 대해 연구하기 시작했다. 민중신학자 현영학은 한이란 부정의로 인해 고통받으면서 생겨나는 분노이며, 무력감이며, 전적으로 '버림받은' 감정이라고 한다.[1] 또 한은 내장을 끓는 예리한 고통의 감정이며, 복수에의 끈질긴 충동, 또 변화시키고자 하는 감정이라고 한다. 다시 말해서 한국인의 한은 끊임없는 외세의 침입, 통치자들의 지속적인 독재, 엄격한 규범 속에서의 차별로 인한 회한, 무기력함, 유기감과 같은 감정으로 오랜 억압 속에 시달려온 한국 민중의 실존적 아픔과 고통을 핵심적으로 표현하는 감정이다. 서남동, 안병무를 비롯 많은 민중신학자들이 암울한 한국의 현실에서 한국인의 고유한 아픔과 고통에 대해 집중적인 관심을 기울이기 시작했던 것이다.

민중신학계의 활발한 논의를 배경으로 한국 목회신학계에서는 김영애가 처음으로 한국 여성의 한에 관해 연구를 시도했다(김영애, 1992: 162). 김영애는 한국인에게 있어 한은 개인적인 차원의 경험일 뿐 아니라 한국이라는 민족 공동체 구성원으로서의 경험이라 했다. 또한 한은 어려운 환경과 실존의 고통으로 인해 자신의 잠재력을 현실화시킬 수 없거나 현실화시킬 수 있는 방법을 반복적으로 상실할 때 경험하는 것이라 했다. 그런데 김영애는 한의 분석에 있어 민중신학에서와 같이 한

---

1 Younghak Hyun, "Minjung Theology and the Religion of Han," *East Asian Journal of Theology* 3(1985), 354. 박찬호, 「한의 해석학으로서의 민중 신학」, 『한국개혁신학』 22(2007), 262에서 재인용.

을 초래하는 사회정치적 요인에 대한 연구뿐 아니라 심리 내면의 기제, 그리고 한국 종교의 영향을 함께 논한다. 특히 김영애는 가부장제 삶과 가치를 내면화시켜 여성의 계층화와 억압에 지대한 영향을 미친 유교와 달리 무교는 여성의 창조성, 인간성, 온전성을 극대화시키는 종교 자원으로 이해한다.

그렇기 때문에 김영애에게 있어 한국 여성의 한 초극을 위한 목회상담은 궁극적으로 한국 무교의 영향 속에 형성된 한풀이 목회상담을 의미한다(김영애, 1993: 164-166). 김영애는 한국 여성의 한을 치유하기 위해서는 개인적인 치유와 더불어 역기능적인 사회 구조를 치유해야 한다고 주장하며 무교와 예수의 목회 방법에 기반을 둔 바람직한 목회상담가를 제시한다. 가령 성령 충만함을 갈구하는 목회상담가, 여성의 사회적 상황을 이해하는 목회상담가, 또 무병을 앓고 치유자가 된 무당과 같이 치유받은 경험이 있는 상담가, 공동체굿에서의 무당과 같이 사회의 불의를 고발하는 상담가, 그리고 한 많은 여성의 한풀이를 담당했던 여성 무당과 같이 의식화된 여성 상담가의 목회상담을 적극 강조하고 있다. 더불어 한국인과 한국 여성을 위한 한풀이로서의 목회상담이 교회에서 일어나서 한국 여성뿐 아니라 한국인 모두 해방의 기쁨을 만끽하는 상담이 이뤄지도록 해야 한다고 한다.

김영애의 연구가 한에 대한 총체적인 그림을 제공했다면, 이재훈의 한과 그 초극에 대한 연구는 보다 체계적이고 면밀하다. 이재훈은 한국인의 내면의 상처인 한의 경험을 한국인의 민간전승, 무교, 문학 작품, 민중신학 등에서 폭넓게 자료 발굴을 시도했을 뿐 아니라 멜라인 클라인과 칼 융의 이론을 빌려 한국인의 한에 대한 심층 심리학적 분석을 시도했다. 그리하여 그 스스로 자기 한 연구의 "독특한 공헌은 방법론적 도구로 심층 심리학을 사용한 것과 관계된다. 한은 정신의 깊은 층에 존재하는 심리적 실재이기 때문에 한의 탐구에 가장 효과적인 방안은 심층 심리학이기 때문이다."라고 한다(Lee, 1994: 6). 정신분석학적 전통에서 있는 클라인과 분석 심리학 전통에 서 있는 융은 서로의 접근이 매우 상이하나 이재훈은 클라인의 이론을 빌려 한의 병리적 측면과 그 내적 역동을 밝히며 융의 이론을 빌려 통전적 삶을 지향하는 한의 의미를 규명하고 한의 다양한 측면을 효과적으로 보여주고자 한다.

필자 역시 박사 논문을 통해 부분적으로 한국 여성의 한에 대해 연구했다. 그러나 앞선 학자들과 달리 한국 여성이 어떻게 진취적으로 한을 초극해나가는지에 보다 관심했다(Chung, 1996). 심층 심리학 관점에서 한국인의 한은 지그문트 프로이트(Sigmund Freud)의 리비도나 비애의 관점에서 해석할 수 있는 병리적 정서라 한다.[2] 이와 달리 필자는 한에 찌들어 있으면서도 지혜롭고 밝게 살아온 한국 여성의 또 다른 모습을 포착하여 칼 융의 어머니 콤플렉스(mother complex)이론을 중심으로 한국 여성을 한의 생존자로 구성하고자 했다. 한국 여성들에게 있어 한국은 모국(母國), 즉 어머니 나라로 경험되며 일제로 인한 모국의 상실, 또 잇단 남북 분단과 독재는 민족이라는 어머니에 대한 어머니 콤플렉스를 야기했다. 따라서 독립운동, 민주화 운동, 독재 타파 운동을 전개하며 '민족의 어머니', '사도적 어머니', '민중의 어머니'를 추구한 것은 어머니 콤플렉스의 한을 생산적으로 극복하고자 하는 노력이었다.

한편 한국의 민주화가 경제 성장과 함께 한국인의 한 연구의 방향 전

2 즉, 한국의 민요나 신화에서 한스런 모습으로 등장하는 몽달귀신, 처녀귀신, 총각귀신 등의 이야기를 통해 성적 리비도의 모티브를 중심으로 해석하거나, 국가, 자유, 이상, 혹은 인간 내면에 깊이 자리 잡은 주요한 것의 상실이라는 관점에서 한을 해석했다.

환은 오규훈의 '정(情)' 연구에 의해서 이루어졌다. 정이란 한국인이 생산적으로 한을 극복한 결과 생기는 정서로, 다음과 같은 특징을 가지고 있다.

> 정은 보이지도 않고 만져지지도 않으며 색깔도 없다. 냄새도 나지 않고 맛도 없다. 무형, 무상, 무색, 무취, 무미다. 그렇다면 구상세계에서는 없는 것이 된다. 분명히 없는데 있는 것이 정이다. 존재하되 역동적으로 존재한다. 그 없는 것에 손을 대고 그 없는 것에 오장육부가 녹고 그 없는 것에 살이 여윈다(오규훈, 2011: 90).

오규훈은 자신의 박사 논문을 통해 정에 대해 이론적 논의를 시도했을 뿐 아니라 15명의 한국인을 심층 인터뷰하여 정의 감정적, 물질적, 도덕적 측면을 규명했다. 오규훈에 의하면 정은 단시간에 형성될 수 없는 감정으로 오랜 기간의 직접적이고 간접적인 경험을 거친다. 또 물질적으로 서로 계산하지 않는 상호 간 교류가 증가할 때 정이 생기며, 도덕적으로는 서로를 위해 희생적 혹은 헌신적이 된다고 한다. 결국 정은 따뜻함, 상호성, 끈끈함, 잔잔함, 비계산성, 그리고 타인 지향적 속성을 갖는다(오규훈, 2011: 332-333).

정에 대한 연구는 한국인의 한이 지닌 생산적인 측면에 주목한 연구이다. 해방신학의 영향 속에서, 또 오랜 외침과 한국 분단 및 독재 치하에서, 서구와 비교하여 겹겹이 고통하는 피해자로서 한국인을 강조한 것이 한국 목회상담학계가 한국인의 한에 관심하게 된 계기였다. 그래서 한의 긍정적 측면과 생산적인 측면을 강조한다 해도 여전히 피해자로서 한국인을 이해하는 것이 그 바탕에 놓여 있었다. 반면, 정의 연구는 고생 가운데서도 능동적인 한국인의 주체성, 다중성, 능동성을 강조하는 것이다. 극한 상황 속에서도 인간과 다른 인간, 인간과 특정 제도를 상호 적대적으로 간주하지 않는 한의 건강한 측면을 강조했다는 점에서 매우 주요한 연구이다.

한의 연구를 통해 한국 목회상담학자들이 한국인의 고유 정서에 관심하고, 이를 기초로 한국인을 위한 고유의 목회상담 방안을 모색하고자 한 것은 매우 중요하다. 특히 사회, 정치적 관점뿐 아니라 심리학적 관점에서 프로이트, 융, 클라인과 연결하여 한을 연구하고자 한 것은 한의 독특한 치유적 자원을 발굴하는 데 매우 주요한 통찰을 제공했다. 그러나 한국인의 고유한 치유 자원에 대한 연구는 보다 다양한 각도에서 적극적으로 모색되어야 한다. 한, 한풀이, 정뿐 아니라 그 외의 자원에 대해서도 오랜 고난의 역사에서 지혜롭게 버티고 살아온 한국인의 내적 자원을 적극적으로 계속 찾아내야 하는 것이다. 이제부터 살펴볼 천이두의 '삭임'의 논의는 바로 그 노력의 하나이다.

3. 사이 경험으로서의 '삭임'

천이두는 한국인의 한의 독특성을 규명하기 위해서는 한국인의 한 초극 과정에 관심해야 한다고 한다. 김열규는 "한이란 말을 극동의 세 나라, 즉 한국과 중국 그리고 일본이 다 같이 쓰고 있는 것은 사실(김열규, 1981: 15)"이라고 주장한다. 천이두는 한 걸음 더 나아가 한이 동양과 서양에서 모두 발견되는 경험이라고 한다(천이두, 1993: 81). 따라서 그는 한의 문화 간 차이를 연구하려면 모든 문화권에서 경험하는 보편적 경험으로서의 한이 아니라 각 문화권마다 다른 한의 초극 과정에 관심해야 한다고 주장한다. 그에 의하면, 보편적인 한과 달리 한의 초극 과정은 각 문화권의 고유한 정체성이나 에토스를 드러낸다. 가령, 어떤 문화권에서는 대립이나 보복 혹은 갈등으로 한을 초극하는 한편, 다른 문화권에서는 다른 방식으로 한을 초극한다. 한국의 경우, 한은 주로 타인에 대한 연민과 우호성을 전제하는 정으로(情恨論), 혹은 좌절이나 한탄 속에서도 이를 긍정적으로 극복하고자 하는 원으로(願恨論) 극복해왔는데, 바로 이 정(情)과 원(願)이 한국인의 고유한 특성을 드러낸다는 것이다.

고통과 억압에서 발생한 부정적인 한이 어떻게 선의와 인정 넘치는 다정다한(多情多恨), 혹은 진취적이고 미래지향적인 원(願)으로 변화할 수 있는 것일까? 천이두는 그것은 바로 한과 한 초극 사이에 발생하는 '삭임' 때문이라고 한다. 정한론과 원한론에서 한국인의 한이 긍정적으로 부각되었으나 실제 한은 신세 타령, 푸념, 하소연, 팔자, 한탄, 청승과 같이 서민들의 생활 감정과 밀접한 퇴영적이고 과거 지향적인 정조를 강하게 내포하고 있다. 따라서 한의 긍정적 측면에만 주목하는 것은 한이 어떻게 원래의 독소와 공격성을 승화하고 표백시켰는가를 간과하는 것이다. 때문에 그 과정에 보다 관심해야 하는데, 천이두는 '삭임'이 한과 그 초극 사이에 작용하여 한의 독소를 제거시켰다고 한다. 또한 세월이 지난다고 해서 한의 독소가 제거되는 것이 아니라 주체적으로 '삭임'을 지속할 때 한의 부정적 성향이 제거된다는 것이다(천이두, 1993: 58, 99).

> 한의 부정적 속성은 끊임없이 '삭는' 것이며, 이 '삭임'의 기능에 의하여 한의 독소, 즉 공격성(怨)·퇴영성(嘆)은 초극되어 미학적·윤리적 가치로

승화·발효되는 것이다. 즉 한국인은 자신의 한을 '삭이면서' 살아가는 과정에서 인간으로 성숙하는 것이며, 그 '삭은' 한을 '푸는' 과정에서 이를 즐기는 민족이라 할 수 있다. 한국적 한의 내재적 지향성으로서의 이 삭임의 기능이야말로 이른바 한의 진정한 고유성이라 할 것이다(천이두, 1993: 101).

그런데 천이두는 이와 같이 '삭임'을 바로 한의 진정한 독특성으로 보았다. 한은 '설움의 덩어리', '아무것으로도 메워질 수 없는 그리움의 감정'으로 본래 부정적이며 퇴영적일 수밖에 없다. 그러나 '삭임'을 통해 '증류한 연후의 맑은 물', '고요한 관조 아래 승화된 경지', '희로애락의 격동을 모두 표백해버리고 난 뒤의 소소한 빛'과 같이 생산적 경험으로 승화된다. 천이두는 한국 음식의 고유한 특징을 발효 음식, 즉 김치, 젓갈, 간장 등에서 찾는데, 이는 '삭임'이 한국인의 고유한 특징임을 총체적으로 드러내는 한 증거가 된다(천이두, 1993: 100-102).

그럼 '삭임'이란 구체적으로 무엇인가? 천이두는 남광우의 『고어사전』, 유창돈의 『이조어사전』 그리고 『소학언해』를 참조하여 볼 때 삭임의 원형은 '삭다'이고 이는 고어 '석다'에서 유래했다고 한다(천이두, 1993: 104-106). '삭임'의 고어인 '석임'은 누룩이나 술을 뜻하는 말이며, '삭다'의 고어 '석다'는 '썩다, 부패하다' 혹은 '삭다, 발효하다'는 뜻이다. 그리고 현대어로 삭임의 뜻을 정리해보면 ① 옷가지 따위가 오래되어 썩은 것처럼 되다(decay), ② 단단한 물건, 짙은 액체 등이 묽어지게 되다(become sloppy), ③ 음식을 소화시키다(digest), ④ 분한 마음을 가라앉히다(tolerate), ⑤ 김치, 술, 땡감 따위를 삭게 하여 맛이 들게 하다(ripen) 등이다. 이를 통해 볼 때 '삭임'은 바로 음식, 물건, 혹은 마음이 썩은 상태의 부정적 상황에서 긍정적이고 생산적인 상태로 변화하는 중에 발생하는 미묘한 과정적 경험이라 할 수 있다.

삭임은 또한 '맛, 멋, 슬기'의 미각적 가치, 미적 가치, 윤리적 가치를 포괄한다. 천이두에 의하면, 한국적 한을 가장 전형적으로 표상하고 판소리에서 예술성 높은 소리를 의미하는 시김새 좋은 소리의 '시김'은 어원적으로 '삭임'에서 나왔다(천이두, 1993: 106-109). 그리하여 스승으로부터 전수받아 오랜 수련을 통해 곰삭은 멋진 소리를 시김새가 좋다고 한다. 그런데 멋이라는 말은 맛(味)에서 나왔고 동양 문화권에서 미적 가치는 미각적 가치 뿐 아니라 윤리적 가치와 통한다. 따라서 삭다, 삭이다, 시김새는 맛과 멋을 동시적으로 포괄하는 동시에 윤리적 차원의 슬기까지 포함한다. 즉, 삭임이 음식에 적용될 경우 곰삭은 맛이, 판소리 같은 예(藝)에 적용될 경우 창조적 승화에 의한 멋이, 또 마음에 적용될 경우 한탄과 울분 같은 마음의 독소가 희석된 슬기 혹은 마음의 평화가 생산된다.

한편 한이 윤리적이 되려면 단순한 한풀이가 아니라 '삭임'을 반드시 거쳐야 한다(천이두, 1993: 118). 가령, 사람이 분노에 쌓여 있을 때 '화(火)가 난다', '가슴에 불이 난다', '속이 상한다', 혹은 '속이 썩는다'라고 하는데, 이는 '삭임'에 실패했음을 의미한다. 즉, '삭다, 삭이다'는 윤리적 측면에서 억울한 마음, 분한 마음을 가라앉히고, 부정적, 공격적 정서를 발효하고 정화시키는 것이다. 반면, '삭임'에 실패한 것, 즉 썩은 것, 설익은 것을 그대로 '풀이'하는 것은 썩고 미숙한 것을 그대로 개방하는 것이며 독소를 살포하는 것이다. 따라서 한은 단순한 이완이나 카타르시스와 같은 '풀이'에 앞서 충분한 '삭임'을 해야 하는 것이다. 삭임의 관점에서 윤리적 미덕이 있는 사람은 서럽고 한스런 일들을 내면에서 삭이는 과정에서 철들고 슬기를 터득한 그늘이 있는 사람, 멍이 있는 사람, 멋이 있는 사람을 말한다.

한편, 삭임의 주요한 또 하나의 특징은 한국인은 삭임을 통해 화해를 지향한다는 것이다. 천이두는 한국인의 한이 고유하다는 말이 성립되는 건 한국인만 한을 경험한다거나 한국인의 한이 유난히 넓고, 깊고, 짙어서가 아니라 한국인이 한을 초극하는 방식이 다른 민족과 달라서이며, 바로 그 점에 주목해야 한다고 한다(천이두, 1993: 114). 모든 민족, 혹은 모든 사람이 나름대로의 한을 가지고 살아가는데, 어떤 민족은 분노나 원한을 즉각적 반격이나 보복으로 푸는 경향이 강한가 하면, 다른 민족은 한을 야기한 대상을 끝까지 추적하여 징계하는 것을 미덕으로 여기기도 한다. 그래서 결투가 기사도의 관행으로, 또 복수가 무사의 미덕으로 문화적으로 간주되기도 하는 것이다. 그러나 천이두에 의하면, 대부분의 한국인들은 결투나 복수를 미덕으로 여기지 않고, 자기 몫의 한을 '삭이면서' 화해를 지향한다. 즉, 맛, 멋, 슬기로 한을 즐기면서 보복적 악순환을 원천적으로 차단하고자 한다.

이와 같은 한국인의 화해 지향적 특성은 판소리와 같은 장르를 통해 뚜렷하게 살펴볼 수 있다. 일부 학자들은 한국 판소리, 즉 〈심청가〉, 〈춘향가〉 등의 치명적 약점은 등장인물들이 주어진 상황에서 대립-갈등하지만, 이를 극한까지 심화시켜 비극미를 고조시키는 데까지 나가지 않는 것이라고 한다. 천이두에 의하면 이와 같이 주인공이 비극적으로 끝나지 않고, 행복한 결말을 맞아 "결국은 다 잘 먹고 잘 살았더라"로 끝나는 것은 판소리뿐 아니라 갑오경장 이전의 한국 소설 및 민담의 거의 공통된 특징이다. 이것은 한국 문화의 약점이 아니라 오히려 삭임에 근거한 한국인의 독특한 화해 지향적인 특성을 드러낸다(천이두, 1993: 122).

특별히 한국인들은 끊임없이 참혹한 외침을 당했는데도 비극적 모티브를 주요하게 생산하지 않았는데 이는 일종의 역설이며 이를 통해 볼 때 철저한 이원 대립과 복수, 불구대천의 원수를 지향하는 대신 삭임을 통해 외부 환경과 화해하고 선의와 관용으로 이끄는 것이 한국인의 개성이라는 것이다. 그렇다면 이와 같은 한국 고유의 내적 경험인 '삭임'을 중심으로 십자가와 부활 사이를 성찰하면 어떻게 될까?

4. '삭임'의 목회신학적 성찰

'삭임'의 관점에서 예수 십자가 죽음과 부활 사이 경험을 반추할 때 먼저 부각되는 것은 '삭임'의 논의가 드러내는 십자가와 부활 사이의 충분한 시간성이다. 앞에서 간략히 살펴보았듯이 많은 여성 신학자와 목회신학자가 여성 혹은 내담자의 경험을 숙고하며 예수의 십자가 죽음과 부활이 이들에게 어떤 의미를 갖는지 고민하고 또 고민해왔다. 그러나 이들은 예수 십자가 죽음과 부활에 대해 매우 진지하게 관심한 반면, 사이 경험인 죽음 이후 부활 사흘간의 경험에는 거의 침묵하고 있다. 반면, '삭임'의 논의는 예수 십자가 죽음과 부활 사이가 꽤 오랜 시간에 걸칠 수 있다는 시간적 개념을 창출한다. 유대-기독교에서 '3'이라는 숫자가 특별한 의미를 가지듯 예수 죽음의 사흘 역시 특별한 의미를 가진다. '삭임'이란 맛, 모양, 형태 등의 철저한 상함과 변형을 필요로 하는 오랜 기간의 숙성과 발효를 의미한다. 이 삭임의 관점에서 사이 경험을 읽을 때 예수의 죽음이 충분히 오랜 기간에 걸친 완전하고 철저한 부패와 상함, 변형이었을 수 있다고 이해할 수 있다.

삭임의 관점은 또한 사이 경험의 과정성을 부각시킨다. 대부분의 여성 신학자들과 목회신학자들은 예수 죽음과 부활을 이해하는 데 있어 십자가 죽음과 부활을 유별나게 강조함으로써 십자가와 부활 사건을 하나의 독립적이고 분리된 사건(a separate and independent event)이나, 혹은 양극에 놓인 대립적 사건으로 이해하게 하는 것 같다. 이와 대조적으로 '삭임'의 논의는 예수 십자가와 부활 사건 사이의 '되어감(becoming)'을 강조한다. 예수 죽음의 사흘은 오랜 기간에 걸친 완벽한 죽음과 상함이었지만, 동시에 전혀 상상할 수 없었던 부활이라는 질적 변화의 과정이기도 했다. '삭임'은 죽음의 공간에서 일어나는 맛과 형태, 마음이 썩은 것 같이 되어가고 흐물흐물해지거나 상한 냄새가 나게 되면서 곰삭은 맛, 멋들어진 시김새, 그늘진 슬기를 창출해내는 과정을 포함한다. 따라서 '삭임'의 논의는 십자가와 부활 사이에서 부정적 경험이 그 독소를 제거하고 정화시키는 과정의 경험에 머무를 수 있게 한다.

'삭임'의 관점은 십자가와 부활 사이 경험의 다층성을 강조한다. 전통 신학의 논의와 달리 여성 신학이나 목회신학은 인간 경험에 대한 진지한 성찰 속에서 예수 십자가 부활을 새로운 시각에서 논의하고자 하나 대체로 예수 십자가와 부활의 경험을 대속 혹은 연대(solidarity)와 같은 특정의 성공적 의미 창출로 해석한다. '삭임'의 논의는 이와 달리 십자가와 부활의 사이의 공간은 지극히 복잡하고 다면적일 수 있음을 지시한다. '삭임'은 모든 한스러움의 상황이 반드시 성공으로 귀결되는 것이 아니라, 어두운 자락의 한이 밝은 자락의 한, 혹은 정으로 질적 변화를 일으키는 거의 무한대 빛깔의 과정일 수 있다고 한다. 사람마다, 혹은 동일한 경험을 하는 사람이라도 그 생애의 굽이굽이의 수효만큼, 또 그 사람됨의 정도에 비례하여 삭임의 빛깔은 수백, 수천 개일 수 있다는 것이다(천이두, 1993: 115). 때문에 '삭임'의 논의는 십자가와 부활 사이 공간의 다층적이고 임의적인 결합과 수많은 신비한 발생과 생성을 포용한다.

한편, 삭임의 과정에서 활동하는 하나님은 성령 하나님으로 볼 수 있다. '삭임'의 관점에서 십자가와 부활 사이 경험을 숙고할 때 분명한 것은 예수 죽음 사흘의 기간 중 아들 하나님과 아버지 하나님이 모두 없으셨다는 것이다.[3] 내담자의 죽음 같은 고통에 관심해온 목회신학자들은 아들의 끔찍한 참상을 허용하는 아버지 하나님에 대한 신랄한 비판을 수용한다. 성폭력, 가정 폭력 등의 강력한 힘으로 힘없는 가족 구성원을 가혹하게 학대하는 모습을 바로 십자가상의 아들 하나님과 아버지 하나님이 재연하기 때문이다. 그러나 이들 목회신학자들과 내담자에게 있어 아들 하나님과 아버지 하나님은 인격적 내적 대상으로 존재함을 전제한다. 아들 하나님은 십자가 위에서 온몸이 벗겨진 채 혹독하게 고난당하고 조롱거리가 되지만 고통과 죽음 속에서도 내담자나 여성을 위로하기도 하고(doing), 고통을 조장하기도 하면서(doing) 여전히 존재하는 것으로 본다.

반면, '삭임'의 관점에서 바라본 예수 죽음 후 사흘간은 아들 하나님도 없고, 아버지 하나님도 없는 공간이다. 예수의 시체가 무덤으로 가기 전

---

3 하나님도 고난당하실 수 있는가에 관계되는 성부수난설에 관한 논의는 오랫동안 교회에서 논의되어왔다. 프락세아스, 사벨리우스, 노에투스는 하나님과 그리스도의 일치성을 주장하며 성부수난론(patripassianists)을 옹호했고, 터툴리안, 클레멘트, 오리겐은 스토아철학의 영향으로 하나님의 고난 가능성을 반박했다. 성부수난설은 부인해도 삼위일체 하나님의 수난성을 고집한 신학자로는 안셀름, 루터와 몰트만이 있다. 박승호의 『상처받은 하나님의 마음: 한에 대한 동양적 개념과 죄에 대한 서양 기독교적 개념』(대한기독교서회, 1998: 165-166)을 참고할 것.

로마 병정들은 예수가 죽은 것을 확실히 확인하고 그의 다리를 꺾지 않았다. 또한 창으로 예수의 몸을 찔러 옆구리에서 피와 물이 흘러나오는 것을 확인했다(요19: 32-33). 그 뒤 예수는 아리마대 요셉에 의해 옮겨져 향료와 삼베로 감싸진 채 아직 한 번도 장사지낸 적 없는 새 무덤에 묻혔다. 아들 하나님은 바로 그 공간에서 썩어 문드러져 상한 냄새를 풍기며 죽어 있었고, 아버지 하나님 역시 사랑하는 외아들의 죽음으로 그와의 인격적 관계를 완전히 상실한 죽음의 상태에 있다고 할 수 있다. 이는 영혼을 상실할 정도의 집요하고 가공할 만한 폭력을 당해 어떤 인격적인 내적 대상도 창출할 수 없는 내담자의 죽음 같은 심리적 공간의 경험을 숙고하게 한다.

그렇다면 아들도 죽고 아버지도 죽은 하나님 없음의 사이 공간에서 어떻게 부활이 일어날 수 있었던 것일까? 2차 세계대전 중 3년간이나 전쟁 포로 생활을 했던 위르겐 몰트만(Jürgen Moltmann)은 이후 십자가에 달리신 하나님에 대해 깊이 묵상하며 다음과 같이 주장한다. "아들의 죽음은 (…) 아들의 죽음과 아버지의 아픔으로부터 다시 살게 하는 사랑의 영이 생성되는 하나님의 사건의 시작을 의미한다(몰트만, 1979: 266)". 몰트만은 아들의 죽음 속에서 아버지가 당하는 고통은 죽음만큼 크며, 아들의 죽음은 곧 하나님의 아버지됨의 죽음이라 했다. 그런데 바로 그곳, 아들 하나님과 아버지 하나님의 죽음의 시간에 성령 하나님이 시작한다고 한다. 즉, 내담자의 인격적 내적 대상이 완전히 상실된 곳에 부상하는 하나님은 성령 하나님이며, 성령 하나님이 아들과 아버지의 죽음으로 아무것도 없는 곳에서 새로운 시작을 하게 한다는 것이다. 썩음, 상함, 부패의 부정적이고 퇴영적인 한을 생산적인 경험으로 바꾸는 과정에서 활동하는 '삭임'의 하나님 역시 이 성령 하나님이라고 생각할 수 있다.

십자가 죽음과 부활 사이 공간에서 활동하는 '삭임'의 하나님, 성령 하나님은 무엇보다도 생명의 영, 살리는 영, 부활의 영이다. 몰트만이 성령을 공동체와 연결시킨 반면, 판넨베르크는 생명의 영, 살리시는 영으로서의 성령을 우선시했다(황승룡 외, 2010: 215; 몰트만, 1980).[4] 그에 의하면, 성령 하나님의 활동은 구원의 역사 이전에 존재했으며, 창조의 시간에 하나님의 능력과 호흡과 모든 운동과 생명의 기한으로 활동했다고 한다. 생명의 영은 흙으로 돌아간 자들에게 생기를 부어 살리시는 하나님(시104: 29-30), 피조물에게 호흡, 생령, 살아 있는 영을 부으신 거룩한 하나님(창2: 7), 골짜기 마른 뼈들을 서로 연결시켜, 힘줄과 살갗이 붙고, 살아 오르고 생기 있게 하시고 마침내 살게 하시는 하나님이다. 죽음 같은 상황 속에서 '삭임'을 가능케 하고 새로운 존재로 다시 창조되게 하는 것은 바로 이 생명의 영의 활동인 것이다.

마지막으로 아들 하나님, 아버지 하나님 없는 곳에서 활동하는 '삭임'의 하나님은 또한 기독교 공동체를 넘어서는 보편적인 영이다. 판넨베르크는 기독교 역사 속에서 성령의 경험이 왜곡되어 영이 오직 개인 체

---

4 판넨베르크가 생명의 영으로 성서와 연결시킨 근거는 다음과 같은 구절에 기인한다. "주께서 저희 호흡을 취하신즉 저희가 죽어 본 흙으로 돌아가나이다(시104: 29-30)". "여호와 하나님이 흙으로 사람을 지으시고 생기를 그 코에 불어넣으시니 사람이 생령이 된지라(창2: 7)". "주 여호와께서 이 뼈들에게 말씀하시기를 내가 생기로 너희에게 들어가게 하리니 너희가 살리라. 너희 위에 힘줄을 두고 살을 입히고 가죽으로 덮고 너희 속에 생기를 두리니 너희가 살리라 또 나를 여호와인 줄 알리라 하셨다 하라. 이에 (…) 뼈에 소리가 나고 움직이더니 이 뼈 저 뼈가 들어맞아서 뼈들이 서로 연락하더라. 내가 또 보니 그 뼈에 힘줄이 생기고 살이 오르며 그 위에 가죽이 덮이니 그 속에 생기는 없더라. 또 내게 이르시되 인자야 너는 생기를 향하여 대언하라. 생기에게 대언하여 이르기를 주 여호와의 말씀에 생기야 사방에서부터 와서 이 사망을 당한 자에게 붙어서 살게 하라 하셨다. 이에 내가 그 명대로 대언했더니 생기가 그들에게 들어가매 그들이 곧 살아 일어나서 서는데 극히 큰 군대더라(겔37: 6-10)".

험의 영역에만 관여하거나 기독교 공동체만의 고유한 경험으로 축소되었다고 한다(황승룡 외, 2010: 220). 그러나 그에 의하면 성령은 기독교 공동체 혹은 개인적 신앙 경험을 다른 인간적 경험과 구분하지 않는다. 영은 기독교 공동체 경험과 기독교 개인 경험을 넘어서서 다른 인간적 경험과 공동체와 공유하고 있다는 것이다. 때문에 영의 영향력이 창조 안에서 우선한다는 것이다. 몰트만 역시 '생명을 주시는 영' 혹은 '생명을 긍정하시는 하나님'은 보편적 성격을 지닌다고 한다(황승룡 외, 2010: 242). 그에 의하면 성령은 생명의 원천이며, 교회 안에서만 활동하거나 신자 개인의 영혼 구원 사역에 제한된 것이 아니다. 또 열린 우정(open friendship)을 통해 하나님 사랑, 이웃 사랑을 실천하는 공동체, 심지어는 생태계까지 열려 있다. 아버지와 아들의 죽음 속에서 부상하는 삭임의 하나님, 성령 하나님은 바로 하나님 창조의 모든 세계에 열려 있는 보편적인 영이다.

5. 목회상담적 함의

십자가 죽음과 부활 사이 경험에 대한 성찰 속에서 한국인의 고유한 자원인 '삭임'을 중심으로 목회신학적 성찰을 시도했다. 삭임의 목회상담은 십자가 죽음과 부활 사이의 죽음에 대한 진지한 성찰로서 죽음 경험의 시간성, 과정성, 다원성을 강조할 뿐 아니라 아버지-아들 하나님의 죽음 속에서 부상하는 '삭임'의 하나님, 성령 하나님 중심의 목회상담의 시작을 의미했다.

이와 같은 삭임의 논의가 목회상담에 주는 함의는 첫째, 삭임의 목회상담은 찾는 '회복의 상담'이 아니라 만들어가는 '창조의 상담'이라는 것이다. 기존 목회상담에서 상담가와 내담자 관계의 전형은 아버지 하나님 혹은 아들 하나님이었고, 상담자는 이 하나님을 대변하여 내담자 안의 의미 있는 관계(significant relationship) 회복을 목표로 했다. 때문에 상담이란 많은 문제를 가지고 있지만 내담자 안에 가능성으로 존재하는 쓸모 있는 관계 자원의 회복을 찾는 것이었다. 반면, 삭임의 목회상담은 아버지-아들 하나님의 부재를 전제하기 때문에 상담가와 내담자 모두 전적으로 무기력하고 무능력하다. 즉, 끔찍한 외상 속에서 의미 있는 내적 대상을 하나도 갖고 있지 않은 썩어 문드러진 내담자뿐 아니라 그런 내담자의 현존 앞에 상담가 역시 함께 속이 썩어 있다. 따라서 상담은 좋은 자원의 회복이 아니라 '없음'에서 '만들어감'의 상담, 과정 중의 상담인 것이다.

그렇지만 삭임의 목회상담은 내담자와 상담가의 철저한 수동성을 전제로 하는 상담은 아니다. 고통의 현실 앞에서 내담자와 상담가의 철저한 무기력함이 강조되는 경우 성서나 교리 등 외부의 권위적인 지도나 교훈을 상담의 주요 방안으로 제시하기도 한다. 삭임의 목회상담은 이와 달리 내담자와 상담가의 무기력함을 강조하지만 내담자와 상담가의 무력한 순응이나 체념을 강조하지 않는다. 왜냐하면 부정적이고 퇴영적인 한의 악순환을 반복하지 않고자 하는 한의 '삭임'에는 한을 삭히려는 주체의 불퇴전(不退轉)의 정진, 즉 오랜 시간의 긴장 맺힌 정신 집중이 끝없이 필요하기 때문이다(천이두, 1993: 110). 그리하여 '삭임'의 목회상담은 심한 부패와 흐물흐물해짐 속에서 철저히 무능력하지만 죽은 자를 살리시는 창조의 영을 희미하게 자각하며 내담자와 상담자 양쪽 모두 서로가 서로에게, 또 서로가 창조 세계에 온 힘을 다해 스스로를 내어놓고 채워지도록 은근과 끈기로 버티고 노력하는 상호주체적 상담이다.

한편, 삭임의 목회상담은 죽음에 대한 독특한 애도 과정을 특징으로 한다. 그간 목회신학에서 십자가와 부활 사건에 관심하면서도 십자가와 부활 사이에 놓인 사흘의 경험에 충분히 관심하지 못한 것은 서양 문화에 남아 있는 죽음에 대한 부정적 사고의 영향 때문이 아닌가 생각한다. 반면, 예수 죽음의 사흘 경험에 주목하는 삭임의 목회상담은 내담자의 심리적 죽음에 대한 오랜 시간의 삭임과 묵힘의 애도 상담이며 전형적인 서양의 애도 방식을 넘어선다. 한국인 한의 전형을 묘사하는 판소리는 외세와 지배층으로부터 철저히 유린당하는 한 많은 민초의 이야기가 주를 이룬다. 그러나 유사한 일본이나 서양의 서사가 처절함과 숭고함의 정서로 가득 찬 반면, 판소리는 웃음과 해학, 즉흥성과 명랑성, 관용성과 서민성을 특징으로 한다. 삭임의 목회상담 역시 암담한 현실에 대해 진지한 애도를 반복하지만 동시에 내담자와 상담가, 내담자와 창조세계, 또 상담자와 창조 세계 간 살아 있는 영의 다양한 창조 활동에 기꺼이 반응하고 열려 있는 상담이다.

마지막으로 삭임의 목회상담은 장인 정신에 기초하여 다양한 아름다움(美)을 만들어가는 미학적 상담이다. 조선 시대 '쟁이'란 예술과 기술 분야에 뛰어난 솜씨를 갖춘 사람을 뜻하는 '재인(才人)'에서 나온 말로 재능 있는 사람이라는 뜻뿐 아니라 예술가 광대를 지칭했다. 이들은 신분적, 경제적 악조건에도 불구하고 예술을 갈고닦기 위해 심혈을 기울였다(천이두, 1993: 111). 아버지-아들 하나님에 기초한 상담이 상대적으로 구원론적 혹은 일원론적 관점에서의 의미 추구를 지향한다면, 아버지-아들의 부재 속에서 생성하는 삭임의 목회상담은 장인 정신으로 혼을 다해 미각적, 미학적, 윤리적 차원에서 맛, 멋, 슬기의 예술적 경지를 추구한다. 내담자와 상담가는 기존의 특정 가치에 부합하거나 삶에 재적응하는 것이 아니라 혼을 다해 충분한 시간과 과정을 거쳐 자신만의 예술적 맛, 멋, 슬기에 도달하도록 삭히고 묵히는 것을 목표로 한다.

예수 십자가 죽음과 부활 사이 경험에 관심하며 살펴본 삭임의 목회상담은 한 초극 과정에서 발생하는 한국인의 내적 역동에 관심하여 고안한 독특한 형태의 상담이라 할 수 있다. 추후 심층적인 이론 연구와 사례 연구를 통해 이를 보완하고자 하며, 고된 삶 속에서 심리적 죽음을 경험하는 내담자들에 대한 지속적 연구를 통해 삭임 목회상담의 실제 임상 기술을 고안하고자 한다.

2장

군 위안부 길원옥의 탈경계적 영성

:: 근대 모순 치유의 한국 문화 자원[1] ::

"한국의 독특한 영성이 근대의 모순으로부터 세계를 치유하는 (…) 길을 제시할 수 있을까?(Poling, 2010: 517)." 미국의 저명한 목회상담가 제임스 폴링이 한국 기독교와 종교 문화를 연구하며 제기한 질문이다. 헨리 지룩스가 지적하듯, 서구의 근대 문화는 기준 혹은 보편성이라는 이름 아래 지배와 복종, 차별을 특징으로 하는 인간관계를 재생산하고 합리화해왔다(Giroux, 1992: 47-48). 폴링은 서구의 영향 속에 진행된 한국의 근대 문화가 이런 문제를 내포할 수밖에 없음에도 불구하고 서구와 다를 수 있음에 주목한다. 한국은 오랜 시간 종교의 다원성을 특징으로

1 이 장은 다음을 수정·번역했다. Heesung Chung, "Spirituality of Trans-Borders: A Narrative of Transformation of a Korean Sex-slave, *Pastoral Psychology* 59(2010), 483-494.

해왔고, 또 고난의 다층적 경험인 '한(恨)'을 지독히 겪어온 민족이다. 이 같은 한국의 고유한 영적 자원에 대한 깊은 성찰 속에 차별, 지배, 종속을 특징으로 하는 근대 문화 모순 극복의 영적 대안을 한국 문화에서 찾을 수도 있다는 것이 폴링의 주장이다.

사실 근대의 주요 특징인 차별, 경계, 위계로 인한 문제와 이의 승화는 한국의 유수한 기독교 학자들도 오랫동안 고민해온 문제이다. 가령, 한국의 뛰어난 기독교 사상가 함석헌은 고조선, 삼국 시대, 고려 시대, 조선 시대 등 수천 년에 걸쳐 수탈당하고 고통당한 한국인이야말로 한과 고난에 찌들린 '수난의 여왕(queen of suffering)'과 같다고 한다(함석헌, 1996). 하지만 그는 거기서 멈추지 않고 어떻게 한국인의 다층적이고 복합적인 고난 경험을 승화시켜 폭력과 차별로 점철된 세계를 치유하는데 공헌할까 생각한다. 마찬가지로 한국 여성 신학자들도 한국의 여성들이 성차별, 계급 차별, 인종차별 등 다양한 억압에 시달리며 한맺히게 고통당해왔음에 주목한다. 이들은 한 걸음 더 나아가 한국 여성의 억압 경험을 승화시켜 한국뿐 아니라 세계 치유에 공헌하고자 한다.

이런 배경에서 이 장에서는 군 '위안부'였던 한 기독 여성의 경험을 기초로 경계 짓기를 특징으로 하는 근대 모순을 극복하는 한국적 자원인 '탈경계적 영성(spirituality of trans-borders)'을 대안으로 제시하고자 한다. 19세기 말부터 시작된 한국의 근대는 한국의 일반 사회뿐 아니라 기독교 내 다양한 차별과 경계 짓기를 합리화했다. 여기서 주목하는 길원옥은 2차 세계대전 당시 일본군 위안부 생활을 했던 바, 한국 근대의 인종·계급·성차별의 최대 피해자라 할 수 있다. 그러나 길원옥은 한국 근대, 특히 근대 기독교의 엄격한 경계를 힘써 가로지르고 틈내며 마침내 자신뿐 아니라 타인의 치유에 공헌하는 특별한 삶을 살아왔다. 이를

'탈경계적 영성'이라 명명하고 이것이 한국뿐 아니라 세계 근대의 경직된 구획 짓기를 넘어서게 하는 한국적 자원이라 주장하고자 한다.

1. 한국 근대 최고 피해자 군 위안부

현대 신학자 요하네스 메츠는 현대 신학의 새로운 주체는 피해자가 되어야 한다고 주장한다(Metz, 1998: 4). 그는 현대 신학이 사회적 고통과 비극을 경험한 자들의 관점에서 쓰일 때, 근대와 탈근대의 곤경에서 야기된 현대 기독교 문제를 극복할 수 있는 새로운 통찰과 도전을 얻을 수 있을 것이라고 한다. 이 관점에서 볼 때 한국 기독교 신학의 새 주체는 바로 2차 세계대전 당시 피해자였던 군 위안부가 될 수 있다. 이들은 한국 근대 역사에서 가장 고통 받은 자들인 동시에 한국 근대 문제 극복 필요성을 절실히 알리는 주체이기 때문이다.

군 위안부는 2차 세계대전 중 일본이 점령지에 파견한 일본군의 성욕을 채워주기 위해 성노예로 사용했던 수많은 일본 피점령지의 여성들이다(김승태, 1997: 37-68). 2차 세계대전 당시 세계 침략의 야욕에 들뜬 일본은 아시아 곳곳을 점령했고, 주요 점령 지역에 일본 군인을 위한 군 위안소를 설치했다. 그런데 일본 매춘부를 중심으로 운영되던 군 위안소가 군인 간 성병 전파의 매개체가 되자 일본군의 전력이 급감하는 문제가 발생했다. 뿐만 아니라 점령지 일본군이 수시로 점령 지역 주민을 강간하자 점령지 주민의 적대감과 분노가 증가하여 전쟁에서 이들 주민의 도움을 얻을 수 없었다. 이에 일본은 점령지와 멀리 떨어져 있을 뿐 아니라 유교의 영향으로 인해 성병 전력이 거의 없는 한국 여성을 대량 강제 차출했다. 열한 살 어린 소녀부터 스물일곱 살 성인 여성까지 일본은 납치, 속임수, 위협 등 온갖 수단을 동원하여 한국 여성들을 군 위안부로 잡아갔다. 그리하여 아시아 전역에 흩어진 수십만의 군 위안부 중 약 80퍼센트가 한국의 젊은 소녀와 여성일 정도에 이르렀다(정진성, 2001: 22-26, 31-34).

일본군 위안소에서 한국 출신 군 위안부가 경험한 고통과 상흔은 말로 표현하기 힘들 정도로 끔찍했다. 일본군 위안소는 중국, 베트남, 라오스, 캄보디아, 태국, 미얀마, 필리핀, 인도네시아, 태평양 국가 등 일본군이 점령한 대부분의 식민지에 있었다. 멀리 한국서 강제로 끌려간 한국의 군 위안부들은 작은 방에 갇혀 주 중에는 20명에서 30명, 주말과 공휴일에는 40명에서 50명의 군인들을 성적으로 상대해야 했다. 혹 이를 거부할 경우하거나 이를 피해 도망치다 발각되면 이들은 일본군에 의해 심한 구타나 전기 충격, 고문을 당했을 뿐 아니라 심한 경우 그 자리에서 살해당하기도 했다. 군 위안소에서 이들 군 위안부들은 일본군 사이에서 '공중변소'라는 치욕적 명칭으로 불리기도 하고, 또 일제의 '황군'을 위해서라면 언제라도 희생되어도 좋은 소모품 취급을 당하면서 끔찍하고 처절한 세월을 감내해야 했다(여순주, 1997: 120-137).

일본이 한국 여성에 대해 이렇듯 끔찍한 성노예화를 아무 죄책감 없이 감행할 수 있었던 배경에는 그들의 독특한 사회 문화가 있다. 먼저, 당시 일본 사회는 고도로 교묘한 위계 제도에 기초했는데, 이에 따르면 식민지 여성이었던 한국 여성이야말로 가장 낮은 자리, 가장 천한 자리에 위치했다(김승태, 1997: 41). 아시아에서 동쪽에 위치한 한국이나 중국, 일본은 다 같이 유교적 가치를 최고로 여기고 숭상해왔다. 그러나 한국과 중국이 유교적 가치 중 '효'를 최고로 강조한 것과 달리 일본은

‘충’을 최고로 여겨 사무라이 전사들이 이곳저곳에 정치적 힘을 행사하는 것을 도덕적으로 전혀 문제 삼지 않았다. 그뿐 아니라 19세기 메이지 개혁 이후 일본은 천황 숭배 이데올로기를 더욱 강화하여 천황 아래 모든 사회 구성원을 엄격히 서열화했다. 이 위계 제도하에서 여성, 어린이, 외국인은 가장 낮은 자리에 위치했기에, 식민국의 한국 소녀, 한국 여성은 성적으로 대상화해도 문제없는 가장 비천한 존재로 여겨졌던 것이다.

다음으로 성매매에 대한 일본 사회의 고유한 인식 역시 한국 여성의 성노예화를 도덕적으로 문제시하지 않았던 또 하나의 이유였다(김승태, 1997: 43-51). 일본의 전통 종교인 신도(神道)는 성산업을 비도덕적이라 여기지 않았다. 이런 신도의 영향 속에 일본은 특이하게도 전통적으로 성산업과 성매매를 문제시하지 않았을 뿐 아니라 오히려 대중적으로 돈을 벌 수 있는 사업으로 간주하기도 했다. 학생들에게 바른 삶을 가르쳐야 하는 초중등학교 교장조차 창녀촌을 드나들거나 창녀의 주 고객으로서 최하위층 여성을 성적 대상화하는 것에 대해 아무런 수치심을 느끼지 않을 정도였다. 이런 배경에서 일본은 식민지화한 아시아 곳곳에 자국 군인을 위한 성매춘 기지를 설립하고, 일본 군인을 위해 한국 여성을 성노예로 삼은 것에 대해 일말의 양심의 가책도 느끼지 않았던 것이다.

한편, 군 위안부들은 일본에 의한 피해자일 뿐 아니라 한국 근대 지식인과 일반 대중에 의해 침묵당한 피해자이기도 하다. 2차 세계대전 당시 아시아 전역에 강제 차출당한 군 위안부는 대략 10만 명에서 20만 명으로 추정된다. 그러나 일제 패망 후 살아남은 위안부는 약 20퍼센트에 불과한 것으로 나타났다. 대부분은 패전한 일본군에 의해 살해당하거나, 현지에 남아 있다 다른 외국 군인들에게 다시 강간당했다. 그런가 하면 한국으로 돌아오는 배를 간신히 탄 경우에도 그들은 성적 순결을 잃어버린 자신을 받아들여 주지 않을 것이 자명하여 바다에 몸을 던져 자살하기도 했다. 살아남은 경우에도 철저히 피해 경험을 숨기고, 억압하며, 수치와 고통 속에서 긴 나날을 홀로 삭이며 지냈다.

신학자 플로라 케쉬게기안은 터키에 의한 아르메니아인 대학살 경험을 신학적 성찰에 반영하며 피해자의 피해에 침묵하고 피해자에 대한 억압과 학대와 핍박을 덮는 것은 우연이 아니라 선택이라고 주장한다(Keshgegian, 2000: 22). 침묵 그 자체가 바로 피해자들을 역사 속에서 배제하고자 하는 가해자들에 의해 교묘하게 고안된 것이라는 것이다. 마찬가지로 한국 근대 지식인과 대부분의 일반 대중 역시 가해자 일본의 각본에 동조하여 군 위안부의 희생이 시대적으로 불가피했다고 여기며 오랫동안 군 위안부의 피해와 존재 여부조차 관심 가지지 않았다. 그러는 사이 군 위안부들은 한국 사회에서조차 오랫동안 사회적, 경제적, 의약적 약자이자 피해자로서 변방에서 고통받으며 살아야 했다.

거의 50년이 지난 뒤 군 위안부는 자신의 피해 경험을 공적으로 이야기하며 한국 근대 역사의 새로운 주체로 부상한다. 1970년대 한국 기독교 여성 활동가들은 한국을 방문하는 일본인들의 성 관광 문화를 신랄히 비판했다. 이들 기독 여성들은 일본인들이 한국 여성을 다시 '현대판 정신대'로 인식하고 있다고 주장했다. 그리하여 여성 운동 단체는 연합하여 세계대전 당시 군 위안부의 피해 상황을 드러내고 파헤치려 했다. 그러나 일본 정부의 철저한 부인과 증언자의 부재로 군 위안부 문제는 사건화되기가 힘들었다. 그러던 중 1991년 당시 예순일곱 살이었던 김학순 할머니가 처음으로 용기를 내어 자신의 군 위안부 경험을 증언했다(이효재, 1997: 316). 이를 시작으로 근대 역사 속에 완전히 묻힐 뻔했던 군 위안부 문제가 표면에 드러나게 되었다. 남한 234명, 북한 218명의 신고자가 자신의 군 위안부 피해 경험을 공적으로 대중 앞에 밝히며 일본의 죄상을 적나라하게 세상에 알린 것이다.

군 위안부가 자신들의 집단 피해 경험을 기억해내 이야기하고 밝히는 것은 이들이 피해자에서 주체로 자신을 드러내는 귀중한 전환점이라 할 수 있다(태혜숙, 2004: 86). 케쉬게기안은 기억한다는 것은 기억을 소중히 간직하는 것을 의미하는 것이 아니며 기억을 통해 현재 행동에 영향을 주는 것이 중요하다고 한다. 기억한다는 것이야말로 우리를 동반자로 부르시는 하나님의 지속적 구원 행위의 권리를 주장하는 것이라는 것이다(Keshgegian, 2000: 25). 마찬가지로 군 위안부들이 자신의 피해 경험을 기억하고 이야기하는 것 역시 단순한 토설이 아니라 근대의 모든 사악한 힘의 구조의 모순을 고발하고 이에 변혁을 요구하는 정치적 저항이라 할 수 있다. 일본 정부가 군 위안부와 관계된 모든 문서를 파괴하고 범죄를 은폐하는 상황에서 군 위안부 피해 경험을 기억해내는 행위는 일제와 근대의 이성애주의, 인종주의, 계급주의, 국가주의 등 온갖 차별에 대한 저항이며, 이 증언을 통해 군 위안부는 근대 사회가 배제시킨 자신의 존재를 근대 사회의 온전한 구성원으로 재가입시키는 주체적 행위를 한 것이다(양현아, 2001: 60-61).

2. 기독 군 위안부 길원옥의 전복적 기억

극심한 학살과 폭력을 저지른 대부분의 가해자는 피해자가 처음부터 마지막까지 찌들고 침묵하며 살다 피해자로서 비참하게 인생을 마감하기를 기대한다. 피해자 정체성이 그들의 처음이자 마지막 정체성이기를 희망하는 것이다(Keshgegian, 2000: 152). 때문에 길원옥과 같이 피해자 정체성을 넘어서 다양한 정체성을 가지고 생존하고 버텨낸 것을 기억하는 것은 피해자가 주체로서 가해자의 의도를 전복시키는 매우 소중한 기억이라 할 수 있다. 길원옥은 세계대전 당시 군 위안부 생활로 근대 역사 속 철저한 피해자인 동시에 피해자 정체성을 넘어서 '좋은 어머니', '주의 종의 어머니', '존경하는 할머니', '신앙 깊은 교회 권사', '정의의 수호자', '인권운동가' 등 다양한 정체성을 가지고 가해자들의 각본을 전복시키는 삶을 살아냈다.[2]

길원옥은 일제 식민 시기였던 1928년 평안북도의 매우 작고 가난한 마을에서 태어났다(길원옥, 2004: 323-325). 당시 일본의 농지개혁으로 한국의 많은 농민들은 자신의 땅을 일제에 강제로 강탈당하고 뺏겨 대부분 피폐하고 가난한 생활을 영위했다(이만열, 1997: 75-84). 길원옥의 가정 역시 매우 가난하여 어린 시절 길원옥 아버지는 고물상을 수집하러 이리저리 다녔고 길원옥의 어머니 역시 마을을 돌며 저녁 늦게까지 생선을 팔아 생계를 유지했다. 그래서 어린 나이에도 길원옥은 홀로 부뚜막에 올라앉아 저녁밥을 지으며 어머니를 기다리곤 했고, 장물을 잘못 사 감옥에 갇힌 아버지를 풀어내기 위해 자기를 팔아 벌금을 갚으시라고 했을 정도였다. 가난과 외로움, 생계의 부담, 그것이 길원옥의 어린 시절 기억이었던 것이다.

길원옥은 열세 살 때부터 열여덟 살 때까지 중국에서 일본군 위안부 생활을 하게 된다(길원옥, 2004: 325-333). 조선 말기에서 일제 식민 시기

2 한국방송공사, 《이것이 인생이다》, 2003. 8. 29일자 방송을 참고.

초 한국인은 가족을 매우 소중히 지켜야 하는 것으로 여겼으나 문제가 생길 경우, 가족을 살리기 위해 우선적으로 희생시키는 대상은 딸이었다. 가난한 가정에서 세끼 밥 얻어먹는 것조차 미안해했던 길원옥은 열세 살 어린 나이에 일자리를 주겠다는 꾐에 쉽게 넘어갔다. 그러나 돈벌이를 위해 찾아간 만주에서 해야 했던 것은 군 위안소 생활이었다. 길원옥은 그곳에서 "아래를 씻을 시간"이 없을 정도로 군인들을 상대해야 했고 이로 인해 10대 초반에 이미 심각한 성병에 걸려 "평생의 장애"를 얻게 되었다. 그런가 하면 종종 머리에서 발끝까지 피로 물들 정도로 군인들에게 얻어맞아 "그런 지옥"에서 도망쳐나올 생각조차 할 수가 없는 생활을 계속해야 했다.

1945년 드디어 해방이 되었다. 그러나 한국에 돌아와서도 길원옥의 생활은 나아지지 않았다. 대부분의 군 위안부가 한국으로 돌아오지 못한 채 죽거나 현지에 남았지만 일부 위안부들은 해방과 함께 고향인 한국에 돌아왔다. 그러나 한국에 돌아와서도 그들은 군 위안부 생활로 인한 신체적, 경제적, 심리적 고통과 차별을 심하게 겪어야 했다. 길원옥 역시 한국에 돌아왔으나 돈도 벌지 못한 채 고향으로 돌아갈 수 없어 인천항에 머물며 술집을 전전했다. 깡패 부인은 누구도 못살게 굴지 않으리라는 생각에 '깡패 중의 깡패'와 살기도 했으나 그의 잇따른 외도와 방종으로 헤어지고, 다시 술집을 전전하다 남자를 만났으나 수시로 돈을 빼앗아 가는 통에 결국 헤어졌다. 이후 행상, 돈놀이, 첩살이 등 안 해본 것 없이 바닥 생활을 계속하며 살아갔다(길원옥, 2004: 334-338).

그러다 서른 살 무렵, 길원옥의 삶에 극적 전환점이 일어났다. 가난한 10대 여성이 버리고 간 아기를 입양하여 '어머니'가 되면서였다. 군 위안부 여성 중 꽤 많은 여성들은 위안부 시절 감염된 성병 혹은 집단 강간으로 인한 상처 때문에 아이를 가질 수 없었다(이상화, 1997: 245-254). 길원옥 역시 군 위안부 생활 때 입은 상처로 젊은 나이에 이미 자궁을 적출해 아이를 가질 수 없었다. 그런데 어느 날, 길원옥은 동네 병원에서 젊은 여성이 혼자 아이를 낳았다는 이야기를 듣고 불쌍해 친구들과 함께 밥, 미역국, 기저귀를 가지고 갔다가 그 여성이 남기고 간 신생아를 데려와 키우게 되었다. 길원옥은 "한 달이면 스물여덟 날"을 앓는 작고 병든 아기를 '선희'라 이름 짓고, 온갖 정성을 다해 돌보았다. 길원옥은 길거리에서 옥수수, 계란, 번데기를 팔면서도 아들을 뒷바라지해 아들은 마침내 신학대학원을 나와 감리교 목사가 되었다. 그야말로 기독교인의 귀감이 되는 '주의 종의 어머니'가 된 것이다. 또 아들은 정성을 다해 자신을 키운 길원옥의 사랑에 감동되어 결혼 후 자신도 버려진 여아를 입양해 키웠다(정희성, 2011a: 282, 264, 286, 298).

길원옥은 또한 그녀의 수양딸의 가족들로부터 존경하는 '할머니', '장모님'으로 불렸다(정희성, 2011a: 272, 287). 젊은 시절 그녀는 '화투 반장'으로 불릴 정도로 화투 치기를 좋아했다. 그래서 동네 사람들은 길원옥의 집에 모여 술과 담배를 같이 하며 화투도 치고 동네 돌아가는 이야기를 나누곤 했다. 그러던 중 길원옥은 가난한 10대 소녀가 임신을 했으나 남자 친구가 군대에 가야 해서 결혼도 못 한 채 갈 곳 없어 한다는 안타까운 소식을 들었다. 길원옥은 그녀가 안전히 아기를 낳고 독립할 수 있을 때까지 자기 집에 머물도록 허락해 돌보았다. 이후 소녀는 길원옥의 집에서 아이를 낳아 키웠고, 군대를 마친 후 돌아온 남자 친구와 결혼하여 행복하게 살았다. 오랜 세월이 지났지만, 소녀와 남편, 그리고 그 자녀들은 많은 신세를 졌다며 지금까지 길원옥을 '어머니', '할머니', '장모님'으로 부르며 감사해하고 있다.

길원옥은 또한 교회의 신실한 '권사'가 되었다(정희성, 2011a: 279). 길원옥의 삶에 있어 또 하나의 주요한 공간은 바로 교회였다. 길원옥은 아들을 입양한 후 자기처럼 죄 많은 여자가 어떻게 아이를 잘 키울 수 있겠는가 고민하며 절에 다니며 열심히 불공을 드리고 착한 일을 하고자 하다 30대 후반 교회에 열심히 다니던 아들을 따라 기독교로 개종해 교회에 다니기 시작했다. 교회에 다니기 시작해서는 또 열심히 교회의 모든 예배, 즉 새벽 기도, 수요 기도회, 금요 속회, 주일 예배 등에 빠짐없이 참석했고, 성서 암송과 전도에도 열을 올렸다. 교회의 장례식이나 결혼식에 교인들을 위해 음식을 준비하고 방학 성경학교에서 열심히 봉사하여 오랜 세월 교회 권사직을 맡기도 했다.

인생의 후반 길원옥 할머니는 또한 '평화운동가', '여성인권 운동가'로서의 새로운 삶을 살게 된다. "정대협이라는 데가 만약에 없었으면 우리 같은 사람은 여태까지 헤어나지 못했죠…. 정대협이라는 게 우리 같은 사람한테는 얼마나 고마운 일을 많이 하는지 몰라요(정희성, 2011a: 297)". 길원옥 할머니 인생의 또 다른 전환점은 바로 정대협과의 만남이었다. 길원옥도 처음에는 대부분의 위안부처럼 자신의 과거를 드러내지 않으려 노력했다. 그래서 길원옥이 관계한 교회, 이웃, 가정에서 그녀의 과거를 아는 사람은 아무도 없었다. 길원옥은 순결을 잃은 것은 죄된 삶이라고 확고히 믿었기에 사랑하는 아들에게조차 자신의 과거를 말하지 않았다. 그러나 우연히 며느리에게 한 말이 계기가 되어 정대협에 자신이 군 위안부 피해자임을 밝히게 되었고, 정대협이 제공해준 곳에서 함께 살고 활동하며 자신의 비극이 자신의 잘못이 아니라 사악한 일본 정부로 인한 것임을 깨달았다. 그때부터 길원옥은 후대 여성이 자신과 같은 삶을 살지 않게 하기 위해 자신의 고통스런 경험을 대중에게 알리기 시작했고, 수요 집회 및 군 위안부 피해 상황을 알리는 국내외 행사에 꾸준히 참석하며 일본 정부의 진정한 사과 및 세계 여성 인권 회복을 촉구하고 있다. 또 '나비기금'을 출연하여 한국뿐 아니라 베트남 등 다른 나라의 전쟁 피해 여성들을 위한 모금 및 지원 활동에도 열심히 나서고 있다. 그리하여 서울시는 이에 대한 길원옥의 공로를 높이 인정하여 2008년 서울시 여성상 대상을 수여하기도 했다. 2017년 이화여자대학교 신학대학원 역시 이화기독여성평화상을 수여하여 길원옥을 높이 기렸다.

3. 길원옥의 치유와 탈경계적 영성

군 위안부 피해자 길원옥은 한국 근대 역사 속 완전한 피해자로 인생을 마감할 수도 있었다. 그러나 길원옥은 피해자 정체성을 넘어서 주의 종의 어머니, 존경받는 할머니, 평화 운동가, 여성 인권 운동가라는 다양한 정체성을 가진 주체로 치유되었다. 이는 한국 근대의 엄격한 기독교와 모성과 하나님 신앙의 경계를 넘나들고 가로지르며 만들어진 길원옥의 탈경계적 영성 덕에 가능했다.

탈경계적 기독교

2차 세계대전 군 위안부 피해자 여성 중 일부는 이후 무교, 불교, 카톨릭, 기독교 등에 귀의하여 자신의 아픔을 넘어서고자 했다. 길원옥도 마찬가지로 최종적으로 기독교에 귀의하여 치유를 얻었다. 그런데 길원옥의 치유는 타 종교를 타자화했던 당시 한국 근대 기독교의 엄격한 경계를 넘어 유교와 불교와의 상호 협조 속에 일어났다 할 수 있다.

일제 식민 치하에서 한국의 기독교는 다른 한국의 전통 종교들보다 우월한 종교로 여겨졌다. 한국은 무교, 불교, 유교 등의 전통 종교가 다양하게 공존하는 나라로 알려져왔다. 그러나 엄밀히 말해 한국에서 종교는 다원적으로 분포한다기보다 각 시대마다 대표 종교가 있었다. 고대 사회에서는 무교가, 삼국 시대부터 고려까지는 불교가 국가의 대표 종교였다. 또 조선 시대에는 유교가 유일한 국가의 공적 종교였고, 불교, 무교, 기독교는 주로 '산중 종교', '민중 종교', '여성 종교' 등으로 불리며 사적 영역에서 섬겨졌다(이진구, 2000: 147). 그런데 일제 식민 시기 한국의 이같은 종교 지형은 큰 변화를 겪는다. 1915년 일본은 식민지 한국에 특별한 종교령을 발표했는데, 그 내용은 한국에 종교의 자유를 선포하는 동시에 한국 종교를 둘로 분리한 것이었다. 다시 말해 일제는 당시 모든 종교의 선교 자유를 허락하되 기독교, 불교, 신도를 '종교'라 지칭하며 우월한 종교로, 유교, 무교, 및 다른 토속 종교는 '유사 종교 연합'이라 칭하며 열등한 종교로 간주했다.

당시 한국 근대 기독교는 또한 '개신교 오리엔탈리즘'의 특성을 가지고 있었다(이진구, 1995: 158). 오리엔탈리즘이란 서구의 우월성과 비서구인의 열등감을 내면화한 신념을 말한다. 일제 시기 기독교 선교사들은 이 신념 체계를 받아들여 한국의 근대 기독교인과 근대 한국인에게 개신교 오리엔탈리즘을 규준으로 받아들이게 했다. 즉, 기독교는 가장 훌륭하고 유일한 종교인 반면, 다른 종교는 모두 열등한 것이라 가르쳤던 것이다. 구체적으로 불교는 종교라기보다 철학이고, 미신이며, 유교는 위계적인 종교이며 미신이라고 했다. 또 같은 기독교인 카톨릭에 대해서도 카톨릭은 기독교가 아니라 거짓 기독교라 했다. 결국, 이들은 개신교 외의 종교를 모두 타자화하며 개신교만이 절대 진리이며 모든 종교의 최고 정점에 위치한 종교라고 했던 것이다.

불교를 믿다 개신교로 개종한 길원옥은 얼핏 이와 같은 한국 근대 기독교의 이해, 즉 개신교가 다른 종교보다 우월하다는 이해를 지지하는 것 같이 보일 수 있다. 서른 살 남짓 되어 젖먹이 아들을 입양한 길원옥은 군 위안부로서 죄 많은 삶을 산 자신이 아들의 좋은 양육자가 될 수 있을지 진지하게 고민하다 절에 다니기로 결심했다(정희성, 2011a: 259). 특히 쉰 살이 될 때까지 정성 다해 불공을 쌓으면 아들이 성공할 것이라는 스님의 말씀을 믿고, 불교에서 가르치는 온갖 규율과 율법을 다 지키려 노력했다. 불교의 명절마다 제단을 쌓고, 가장 좋은 쌀을 고르고 또 골라 불공을 드리며 아들의 성공만을 오랫동안 기원했던 것이다.

그로부터 10년도 훨씬 지난 어느 날 길원옥은 기독교로 개종했다. 이는 개신교의 우월성을 강조하는 한국 근대 기독교의 이해에 동조하는 것으로 보일 수 있다. 표면적으로는 길원옥이 불교에서 기독교로 개종한 것이나, 보다 심층적으로 접근하면 이는 소위 '제도적 종교'에서 '개인적 종교'로의 전환이라 할 수 있다. 종교심리학자들은 모든 종교에는 종교 규율과 가르침을 강조하는 측면과 개인적 체험을 강조하는 측면이 있다고 한다. 그리고 종교 규율과 가르침을 강조하는 경우 '제도적 종교(organized religion)'로, 내면적 체험을 강조하는 경우 '개인적 종교(personal religion)'로 명명한다(메도우와 카호, 1992: 197-201). 학자들은 한국 근대 문화에서 기독교는 불교와 비교할 때 초월적 실재를 강조하고 사람을 통제하는 측면이 강해 제도적 종교로서의 측면이 더 강하다고 한다(송현주, 2003: 131). 그러나 이와 달리 길원옥은 불교를 통해서는 법과 공덕 쌓기를, 기독교를 통해서는 마음의 평화를 경험했다. 실제 기독교나 불교의 강조점과는 별개로 불교를 통해서는 제도적 종교를, 기독교를 통해서는 개인적 종교를 경험하며 개종을 했던 것이다.

길원옥에 있어 불교와 기독교는 서로 배타적으로 명백한 경계를 가지는 것이 아니라 서로의 종교 간 경계를 넘어 상호 협조하여 영적 치유를 도와주는 것이었다. 목회상담학자들은 극심한 트라우마를 경험한 경우, 대인 관계뿐 아니라 하나님과의 관계에서 인격적 관계 맺기가 어렵다는 것을 지적한다(Hunter, 2005: 465-466). 길원옥 역시 군 위안부라는 지독한 폭력 경험 앞에서 영혼이 온전히 파괴되어, 다른 사람뿐 아니라 하나님과 의미 있는 관계를 맺을 수 있는 능력을 완전히 상실했다. 이런 상황에서 마음의 교류, 마음의 접촉점을 매개로 하는 종교를 그녀는 받아들일 수 없었다. 대신 길원옥은 마음의 접촉 없이도 신앙할 수 있는, 즉 공덕 쌓기를 통한 불교를 통해 파괴의 상황에서도 인간다운 삶을 살기 위해 투쟁하고 노력했다. 그와 같은 십수 년의 불교적 삶, 그리고 갓난 아기와의 십수 년에 걸친 작은 마음의 상호 교류 경험이라는 토대 위에 드디어 기독교를 마음의 종교로 받아들이며 마음 치유의 여정을 시작하게 된 것이다.

길원옥의 치유에 도움이 된 또 하나의 배후 종교는 한국의 전통 종교인 유교였다(정희성, 2011a: 84). 길원옥은 수없이 좌절하고, 수없이 퇴행을 거듭하면서도 또한 끊임없이 선행 행위를 하려고 노력했다. 길원옥은 행상을 하면서도 길 가는 거지를 그냥 보내는 법이 없었고, 먹을 것이 없을 때면 물이라도 끓여서 주었다. 또 동네방네 가난한 사람들을 위해 허드렛일을 돕고, 죽은 사람에겐 수의를 만들어주어, 동네 사람들이 길원옥 때문에 동네에 거지가 가득 찬다 할 정도였다. 그렇게 힘든 상황에서도 어떻게 선한 행동을 계속했느냐는 질문에 그녀는 아마도 유교의 영향 때문이 아니었겠는가 답했다. 길원옥은 한국의 전통 유교 문화 아래 끊임없이 착한 사람, 선한 사람이 되고자 하는 생각을 가지고 있었다.

그리하여 유교는 실상 길원옥의 삶에 기본 축으로서 불교와 기독교의 경계를 가로지르고 상호 연결하며 치유에 이르게 하는 자원이 되었다. 길원옥은 유교의 영향 속에 '착하게 살아야 한다'는 생각을 마음 깊이 간직하고 있었다. 그리하여 그녀는 군 위안부 생활을 할 때도, 이후 지옥 같은 삶을 살든, 조금 나은 삶을 살든지 간에 조금씩이라도 선한 삶의 추구를 위해 항상 노력해왔다. 길원옥은 또한 불교를 믿으면서도 불교의 여러 가르침 중에도 선한 행위를 통해 공덕 쌓기에 집중했다. 기독교 신앙 생활을 하는 기간에도 길원옥은 교회의 온갖 경조사에 참여하며 착한 행동을 계속해왔다.

이와 같은 입장은 길원옥의 신학적 이해에서도 드러난다. 서구 학자들은 엄청난 폭력의 피해자 대부분은 자신의 경험과 연관하여 예수를 고통 받는 종, 혹은 십자가에 달려 죽으신 하나님과 연관하여 이해하는 경향이 있다고 한다(Brown & Bohn, 1989: 2-4; Cooper-White, 1995: 95). 이와 달리 길원옥에게 예수의 이미지는 고통받는 모습이 부각되지 않았다(정희성, 2011a: 274). 그보다 예수는 사람들이 착한 일을 하도록 격려하는 선한 행위의 모범이었고, 하나님은 선한 행위를 결코 잊지 않고 보응하시는 분, 또 교회는 그런 선한 행위를 실행하는 사람들의 공동체로 이해했다. 그리고 성화(sanctification)란 나쁜 행위에서 돌아서는 것이었다. 서구와 다른 한국의 다원적 종교 문화적 배경에서 길원옥은 결국, '선한 생활'을 기본 축으로 유교-불교-기독교를 넘나들며 신앙을 통해 자기 치유에 이르렀다.

탈경계적 모성

적지 않은 군 위안부 피해자들이 그 시절 입은 상처로 인해 생물학적으로는 어머니가 될 수 없었지만, 형제나 친척들이 키울 수 없는 자식, 혹은 고아들을 데려와 어머니가 되었다. 길원옥 역시 병원에 버려진 아기의 어머니가 된 일이 치유의 핵심 사건이었다. 이 길원옥의 모성은 당대 한국 근대 문화에서 강조했던 모성과 달리 생물학적 경계, 젠더의 경계를 넘어서는 탈경계적 모성이었다.

조선 시대 한국 여성에게 가장 강조되었던 역할과 가치는 바로 모성이었다. 조선의 국가 종교였던 유교는 가부장적 체계를 철저히 옹호하며 국가와 가족에서 부계 혈통 계승의 우선성을 특히 강조했다. 그래서 여성의 존재 가치는 아버지, 남편, 아들과의 관계 속에서, 즉 딸, 아내, 어머니로서만 인정받을 수 있었다. 조선 시대 여성은 결혼 후 아들 낳는 것을 가장 중요하게 여겼는데, 이는 아들을 낳음으로써만 가족과 사회에서 권력과 힘을 가질 수 있었기 때문이었다. 이에 조혜정은 남성뿐 아니라 여성 자신도 스스로 모성 획득에 전력하며 무의식적으로 조선 시대의 가부장제 구축에 공모했다고 한다(조혜정, 1986: 156-157). 이는 아들의 어머니가 되는 것만이 가족 구성원과 사회에서 인정받을 수 있는 유일한 방법이기에 가능했던 한국 여성의 비극적 현실이었다.

그런데 한국 근대기 유교의 개혁문혼과 기독교, 일제는 다시 한번 공모하며 여성의 모성을 강조했다. 조선 후기 유교 개혁자들은 여성의 평등한 권리를 주장하는 급진적 사회 개혁을 옹호했다. 당시 막 선교를 시작한 기독교도 하나님은 남성과 여성을 동등하게 창조하셨기에 남녀가 평등하다고 강조했다. 그러나 유교와 기독교는 모두 여성의 역할을 여전히 현모양처로 제한하고 있었다. 당시 여성은 공적 영역에 쉽게 접근할 수 없었기에 현명한 어머니, 선량한 아내로서 가족 안에서 자신의 역할을 다하고 지혜롭게 살림을 운영하는 것이 바람직하다 했던 것이다. 일제 역시 메이지 유신의 영향 속에서 근대 남성과 여성의 성역할을 철저히 구분하는 현모양처 이데올로기를 통해 여성에게 모성을 강조했다(조혜정, 1986: 177).

일제 식민이라는 독특한 상황은 한국 여성이 또 다른 차원의 모성을 강요당하는 계기가 되었다(정희성, 2006: 260-265). 첫째는 한국의 어머니는 '민족의 어머니'가 되어야 한다는 것이었다. 식민 상황에서 많은 남자들은 독립운동을 위해 만주로 떠나거나 돈벌이를 위해 광산으로 향했다. 일부 집에 남아 있는 이들도 있었으나 그들은 급작스럽게 소개된 근대 기술과 근대 교육을 자식들에게 전수하기에는 무능했다. 이에 한국의 어머니들이 아버지 대신 민족의 독립과 한국의 다음 세대를 돌볼 책임을 도맡았다. 즉, '민족의 어머니'가 되어 민족을 살리고 회생시킬 아이들을 양육해야 했다. 일본 또한 한국의 어머니들에게 '군국의 어머니'가 될 것을 강조했다. 일제 식민화가 길어지면서, 일제는 세계 식민화에 도움이 되는 군인을 더 많이 배출해야 했다. 이에 자국의 여성뿐 아니라 식민지 한국 여성에게 아들과 딸을 일제의 식민 전쟁터에 내보내 애국 어머니, 군국의 어머니가 될 것을 강요했다. 군국의 어머니란 일제의 식민주의 확장을 위해 한국의 여성, 한국의 어머니들에게 강조되었던 모성을 뜻했다.

그런데 길원옥의 모성은 위의 한국 근대 문화 속 모성과 같이 특정 목적을 성취하기 위한 '도구적 모성(instrumental motherhood)'이 아니었다. 리트 본스-스토름(Riet Bons-Storm)은 어머니 됨을 강조하는 인식은 아버지 됨을 강조하는 인식과 마찬가지로 하나의 정점 아래 나머지를 위계 질서화하는 사고 체계를 지원한다고 했다(Bons-Storm, 1996: 100, 112-113). 한국 근대의 현모양처 이데올로기, 민족의 어머니, 군국의 어머니가 강조하는 모성 개념 역시 사실상 가부장제 가족, 민족, 일본 제국 같은 질서를 가장 가치 있게 여기고 이의 번영과 유지를 위해 모성을 수단으로 이용하고자 한다. 반면 길원옥의 모성은 약자에 대한 연대 감정, 약자에 대한 공감에서 출발한다. 길원옥은 가난한 어린 산모가 키울 수 없어 놓고 간 갓난아이를 입양해 키우며 어머니가 된다. 그녀의 모성은 유교적 가족, 민족, 일제와 같은 특정 체제를 지원하기 위한 모성이 아니라 군 위안부로서 사회적 약자로서 또 다른 사회적 약자인 어린 생명에 대한 연대의 감정에서 유래했다. 여성 신학자 최만자는 하나님의 모성의 독특한 특성은 공감이라 한다(최만자, 2005: 209). 길원옥의 모성 역시 하나님의 모성과 같이 태어나자마자 버려진 아기, 자신이 돌보지 않으면 곧 죽을 수도 있는 아기를 있는 그대로 지극히 불쌍히 여김에서 시작된 것이다.

한편, 한국 근대 담론에서의 이상적 모성은 성적 순결을 전제했다. 한국 근대 사회에서 강조한 모성은 생물학적 혈연적으로 연결된 자손의 생산을 통해 가족과 국가 혹은 제국주의 정체성을 계승하기 위한 것이었다. 그래서 유교뿐 아니라 근대 민족주의자들은 현모양처로서, 또 민족의 어머니, 군국의 어머니로서 여성의 성적 자율권을 철저히 통제했던 것이다. 한국 근대 기독교 역시 여성의 성을 둘로 나누어 엄격히 통제했다. 즉, 여성을 정녀(정숙한 여성)과 음녀(음탕한 여인)으로 나누고,

엄격한 경계를 세웠을 뿐 아니라 한국 기독 여성이 정녀의 정체성을 가지고 음녀를 혹독히 비판하도록 했다(이숙진, 2006: 165-173).

길원옥의 모성은 이런 한국 근대의 엄격한 생물학적, 성적 순수의 경계를 가로지른다. 군 위안부 피해자였던 길원옥은 소위 생물학적으로 순결하지 않은 여성이었다. 또 성노예 생활을 통한 상처로 자궁을 들어내어 생물학적인 어머니는 될 수 없었다. 그러나 길원옥은 아들을 입양하여 아들의 사랑과 존경을 받는 어머니가 되었다. 죄 많은 음녀가 거룩한 '하나님의 종의 어머니'가 되었고, 생물학적으로 어머니가 될 수 없는 이가 목사의 어머니가 되었던 것이다. 김수연은 현대 포스트모던 여성신학에서 어머니(God as Mother)로서 하나님은 분리와 대립를 전복시키고, 오히려 이런 나뉨을 연결한다고 한다(김수연, 2008: 203-206). 길원옥의 어머니 됨은 이같이 한국 근대가 엄격하게 경계지운 생물학적, 성적, 종교적 순결의 경계를 넘어서 서로를 연결시키는 모성인 것이다.

길원옥의 모성은 또한 사회가 구성한 젠더의 엄격한 경계를 가로질러 계속되었다. 여성학자들은 남성 간 결속인 아버지-아들에 기초한 근대 담론의 한계를 넘어서기 위해 이와 대립되는 결속인 어머니-딸의 결속과 그 관계 경험을 근거로 진정한 여성 정체성에 관해 연구한다. 그런데 길원옥의 삶을 통해 드러난 모성은 이와 같은 표면적 젠더 구분과 연결에 반대되는 것으로 보인다. 길원옥은 자신의 젠더가 아닌, 즉 여성이 아닌 아들을 입양했고, 길원옥의 아들 또한 자신의 젠더와 달리 딸을 입양했다. 길원옥과 그녀의 아들이 자신의 정체성을 찾고 확장시켜나가는 과정은 전통적 젠더 구분에 입각하지 않고 여성에서 남성, 남성에서 여성으로, 젠더 구획과 관계없이 이어진다. 최만자는 여성이 정의하는 모성은 삶, 생명에 대한 상호 힘 주기라고 한다(최만자, 2005: 210). 길원옥의 모성과 길원옥을 모방한 아들의 모성은 젠더 경계를 넘어서 불쌍하고 약한 자를 향해 생명 주기를 원하는 가난한 자, 버려진 자 간의 상호 연대이자 힘 주기라 할 수 있다.

탈경계적 하나님

군 위안부 피해자인 길원옥은 아시아 여성을 위한 목회상담 메타포로 제시한 바 있는 혈루병을 앓는 여인과 예수(막5: 25-34), 또 수로보니게 여인과 예수(막7: 24-30) 이야기에서와 같이 하나님과 상호 치유자가 됨으로써 자기 치유에 이른다. 혈루증을 앓는 여인은 무리 속에서 자신의 문제를 알지 못하는 남성 예수를 만져 자신을 치유했고, 수로보니게 여인 역시 왜곡된 이해 속에 딸의 치유를 거부하는 예수를 적극 설득해 딸의 병 나음을 이끌었다. 그래서 이 이야기 속 여인들은 예수에 의해 치유받은 자인 동시에 예수의 무지와 왜곡을 치유한 상호 치유자(co-healer)라고 한다(Kinikawa, 2004: 50-53). 길원옥이야말로 때로 하나님 없이, 때로 하나님과 함께 온전한 자기 치유에 이르렀다 할 수 있다.

길원옥이 살았던 일제 식민 시기 한국의 근대 지식인들은 특수한 국가적 상황 때문에 기독교의 하나님 신앙에 많은 관심을 표명했다. 당시 한국은 아시아의 다른 나라와 마찬가지로 제국주의의 침략 대상이었다. 하지만 아시아의 다른 나라들이 서구 혹은 미국에 의해 식민지화된 것과 달리 한국은 일제에 의해 식민화되었다. 그래서 서구에 의해 식민화된 다른 아시아 국가들이 서구 종교인 기독교에 적대적이었던 것과 달리 한국은 기독교에 오히려 더 많은 기대와 희망을 걸었다. 즉, 한국 근대 지식인과 일반 대중은 일본의 종교가 아닌 기독교가 한국의 독립에 중요한 역할을 해주리라 기대했다. 기독교야말로 일본을 압도할 강력한 근대 문화와 기술을 한국에 전수해줄 것이라 여겼기 때문이다(Kang, 1997: 34-51).

이런 배경에서 한국 근대 기독교는 하나님과 인간 사이 엄격한 위계와 차이를 강조했다. 서구의 경우, 전근대 사회에서 하나님은 인간 위에 철저히 군림하는 존재로 여겨졌다. 그리하여 서구의 근대는 이를 비판하며 하나님에 반대하는 인간의 주체성, 인간의 주체적 욕망과 권리를 강조했다(Griffin, 1989: 31-40). 이와 달리 일제하 민족 멸망의 위기에 직면한 한국 근대 기독교인들은 하나님의 권위에 질문하거나 도전하지 않았다. 한국이 일제의 식민지가 된 것은 하나님을 믿지 않고 하나님에게 불복종했기 때문이라 믿고, 오히려 하나님에 대한 인간의 절대적 복종, 온전한 충성을 강조하고 지지했다.

그래서 한국 근대 기독교는 하나님과 인간, 남자와 여자의 경계를 과감히 가로지르고자 했던 기독교 하나님에 대해 상호주체적 해석을 시도한 신여성들을 철저히 배제했다. 한국의 대표적 신여성 운동은 1920년대에 시작되었고 이 운동의 대표로 한국 최초의 여성 화가 나혜석, 한국 최초 여성 작가 김명순, 한국 최초의 여성 편집자 김일엽을 꼽는다. 이들은 모두 독실한 기독교 신자로 기독교 신앙의 입장에서 하나님에 대한 새로운 해석을 시도했다. 즉, 하나님과 인간, 성스러움과 세속, 남성과 여성 사이의 엄격한 경계를 가로지르며 글과 그림을 통해 젠더 평등을 호소하고, 하나님에 대한 주체적 해석을 시도했다. 그러나 이들 세 명의 기독교 신여성은 모두 한국 근대 기독교의 거대한 배제와 차별에 부딪혀 소위 '히스테리'로 인생을 마감했다. 나혜석과 김명순은 거리와 정신 병동에서 미쳐 삶을 마감했고, 목사의 딸이었던 김일엽은 기독교를 과감히 버리고 불교에 귀의하여 비구니가 되었다.

얼핏 보기에 길원옥은 이들 기독교 신여성들과 달라 보이나 그녀의 내면은 기독교 신여성과 마찬가지로 주체적으로 하나님을 신앙했다. 목회상담가 크리스티 누거가 지적하듯, 가부장적 사회와 종교는 가족과 사회를 위해 여성의 희생을 강조한다(Neuger, 1999: 115). 한국 근대 기독교 역시 가족과 사회, 혹은 하나님을 위해 여성이 철저히 희생하도록 가르쳤다. 이런 배경에서 길원옥 역시 어린 시절 감옥에 있는 아버지를 빼내기 위해 자신을 팔아 돈을 마련하라고 어머니께 요청할 정도로 지나친 자기 희생을 용납했다. 또 자신도 가난하면서 첩살이를 반복하는 헤어진 남편 가족에게조차 재정적 도움을 계속 주는 어처구니없는 행동을 반복하곤 했다. 자기 한 몸 희생해서 헤어진 남편 식구를 돕겠다는 쓸데없는 희생 정신에서였다. 하지만 길원옥은 하나님을 믿게 되면서 그런 희생은 쓸모없다는 것, 무엇보다 중요한 것은 자신이라는 것을 깨달았다. 또 자신이 주는 돈이 아쉬워 붙잡는 남자에게 위자료까지 주며 헤어지자고 요구했다. 길원옥은 첩살이 끝내려고 위자료 준 사람은 이 세상에 자신밖에 없을거라고 했다(정희성, 2011a: 266-268).

길원옥은 또한 하나님 없던 자신의 내면에 하나님을 만들어 하나님과 인간 사이의 엄격한 경계를 넘나든다. 반복된 군 위안부 생활로 길원옥의 내면에 하나님 이미지는 완전히 파괴된 것으로 보인다(정희성, 2007: 239). 길원옥은 군 위안부 이후 "자신은 없는 것이지요."라고 했다. 하지만 길원옥은 꾸준히 선을 행하며, 또 버려진 아이를 지극정성으로 돌보며 죽었던 하나님을 내면에 받아들일 수 있는 마음의 기초를 쌓는다. 종교심리학자 제임스 존스(James Jones)는 진정한 돌봄에 바탕한 치료적 관계는 종종 내담자가 하나님에 대한 좋은 이미지를 구축할 수 있도록 돕는다고 했다(존스, 1999: 130-131). 길원옥은 그런 치료자를 만나는 대신에 낳자마자 버려진 병약한 아기를 온 맘으로 돌보고 키우며 아기의 치료자가 되는 동시에 자기의 치유자가 된다. 길원옥은 어리고 병든 아기를 애타게 돌보고 키우며 죽어버렸던 내면의 기쁨과 희락과 아픔과 소소한 모든 감정을 조금씩 회복했고, 그 오랜 경험으로 아들의 하나님을 자신의 하나님으로 받아들일 수 있는 기초를 쌓게 된 것이다.

길원옥은 또한 군 위안부 생활로 완전히 파괴된 자기 내면의 하나님을 다시 스스로 만들어나가는 주체였다. 길원옥은 군 위안부 경험 이후 자신은 완전히 파괴되었다고 했다. 반복된 군 위안부 생활로 길원옥의 내면의 하나님 이미지는 완전히 파괴되었다. 하지만 길원옥은 꾸준히 선을 행하며, 또 버려진 아이를 지극정성 돌보며 자기 내면에서 죽어버린 하나님 이미지를 다시 받아들일 수 있는 기초를 쌓았다. 종교심리학자 존스는 진정한 돌봄에 바탕한 치료적 관계는 종종 내담자가 하나님에 대한 좋은 이미지를 구축할 수 있도록 돕는다고 한다(존스, 1999: 130-131). 길원옥은 그런 자신의 치료자를 만나는 대신에 자신이 병든 아기의 치료자가 됨으로써 아기의 치료자가 되는 동시에 자기의 치유자가 된다. 어리고 병든 아기를 애타게 돌보고 키우며, 길원옥 내면의 소소한 일상적 감정이 회복되었고, 그 기초 위에 길원옥은 마침내 하나님을 마음으로 받아들일 수 있게 된 것이다.

길원옥은 또한 긍정적 하나님의 이미지를 내면에 만든 주체이기도 하다. 길원옥은 〈지금까지 지내온 것 주의 크신 은혜라〉를 자신이 가장 좋아하는 찬송가라고 했다(정희성, 2011a: 270). 이후 2017년 이화여자대학교 신학대학원에서의 이화기독여성평화상 수상 예배 때는 "주 안에서 항상 기뻐하라 내가 다시 말하노니 기뻐하라(빌4: 4-9)"를 가장 좋아하는 성경 구절로 뽑는가 하면 하나님을 생각하면 편안하다고 했다.

끔찍한 학대와 트라우마를 경험한 군 위안부 피해자 길원옥이 하나님의 선하심과 인자하심을 이야기하는 것은 이해하기 힘들다. 하지만 길원옥은 자기 피해 사실을 적극 증언하며 자기 삶의 부정적 측면에 대해 정직하게 직면하는 삶을 살고 있기에 이 같은 하나님의 이해가 병리라고는 생각되지 않는다. 그보다는 세린 존스(Serene Jones)가 강조하듯, 길원옥이 하나님을 선하신 분으로 묘사할 수 있었던 이유는 사회 구조와 개인 관계의 여러 어려움에도 불구하고, 끊임없이 자신의 마음과 삶을 개방하며 하나님의 은혜와 선하심을 받아들였기 때문이라 생각한다(Jones, 2000: 124-125). 길원옥은 지옥 같은 삶에 주어진 다양한 좋은 관계와 감정들에 최선을 다하며 마음을 개방했다. 그런 날들이 오래 축적되어 결국 길원옥은 사랑과 이해, 평화와 너그러움 가득한 긍정적 하나님 이미지를 마음 한편에 만들 수 있게 된 것이다.

인생의 노년기에 길원옥은 마침내 하나님과 상호 주체적 관계 맺음의 절정에 다다른다. 기독교로 처음 개종했던 시기에 길원옥은 하늘에서 구름 사이를 둥실둥실 걸어다니는 것 같은 십자가에 달린 하나님을 환상 속에서 보았다. 그런데 당시 그녀는 하나님이 너무 무서워 눈을 마주칠 수도 없었고, 얼굴을 보는 것도 두렵기만 했다(정희성, 2011a: 293). 그로부터 40여년의 세월이 흐르고, 오랜 신앙생활을 한 여든의 길원옥은 기독교 개종 초기 그 하나님을 다시 본다면 어떻게 하겠느냐는 질문에 다음과 같이 답했다. "지금 같으면 매달렸죠…. 하나님 나 어떡할까요, 하고." 오랜 신앙 후 마침내 길원옥에게 하나님은 자신의 말에 귀기울여 주시는 하나님이요, 자기가 물어봐도 되는 편안한 대화의 상대이자 친구가 된 것이다. 성서에 대해서도 길원옥은 또한 "성경을 잘 살펴보면 득이 되고요 그냥 건성 보면 득이 안 되죠."라고 했다(정희성, 2011a: 301). 길원옥은 또한 매일매일 기독교 방송을 들으며 놀고, 찬송을 들으며 춤추고, 교회를 좋은 친구만남의 거룩한 놀이터로 이해하고 있었다. 이제 길원옥에게 하나님, 성서, 교회는 그녀의 질문과 놀이를 허락하고 귀 기울이는 상호주체적 만남의 장이었다.

* * *

지금까지 근대의 모순으로부터 세계를 치유하는 길을 한국의 독특한 영성에서 발견할 수 있을까의 문제에 고심하며 근대 최고 피해자인 길원옥의 탈경계적 영성을 살펴보았다. 길원옥은 2차 세계대전 당시 경험한 군 위안부 생활로 몸과 마음이 죽음의 지경에 이르렀으나 탈경계적 기독교, 탈경계적 모성, 탈경계적 하나님으로 구성된 탈경계적 영성을 기초로 자기 치유뿐 아니라 타인의 치유에 이르는 경지에 이르렀다. 길원옥의 탈경계적 영성은 한국 근대의 기독교, 모성, 하나님 이해의 엄격한 경계를 넘어 경계의 유동성과 탈경계성을 허용한다. 즉, 길원옥의 탈경계적 영성은 최소한 기독교와 타종교, 정숙한 여자(靜女)와 음탕한 여자(淫女), 하나님과 인간 사이 엄격한 차별과 위계 속에 사회적 약자를 억압하고 정당화해온 한국 근대 기독교의 모순을 극복하게 하는 자원이다.

길원옥의 탈경계적 영성을 세계 근대의 모순을 넘어서는 한국 고유의 치유적 자원으로 절대화할 수는 없다. 그러나 한국 고유의 다원적 종교 배경, 한(恨)의 배경, 독특한 종교심리와의 관련성 측면에서 길원옥의 탈경계적 영성을 좀 더 적극적으로 평가할 수 있다. 먼저, 탈경계적 기독교의 영성은 선한 행위를 중심으로 종교 간 상호의존하고 협조하며 피해자의 생존과 생명을 향한 삶을 추구하는 것이다. 이는 기독교가 유일하고 최종적인 종교였던 수천 년 서구의 배경에서는 도저히 제시할 수 없는 영성이다. 때문에 다양한 종교 문화를 배경으로 한 한국의 고유한 영적 자원이라 할 수 있다. 둘째로 탈경계적 모성의 영성은 생물학적 모성의 경계를 넘어서 가난한 자, 약한 자, 억압당한 자들 간 상호 연대와 상호 힘주기를 강조하는 것이다. 서구 역시 이와 같은 약자 중심의 경험과 연대 및 돌봄이 가능하나 이는 수천 년 역사 속 성차별, 계급 차별, 인종차별 속에 피억압자의 한(恨)의 경험을 한국 고유의 정서로 이해하고 있는 한국인에게 더 익숙한 영적 자원이라 할 수 있다. 마지막으로 탈경계적 하나님의 영성은 하나님과 인간 간 엄격한 위계와 경계를 강조하는 이해를 넘어서 하나님의 인간의 공동 파트너십, 상호 주체성을 강조하는 것이다. 그런데 이 하나님과 인간 사이 상호주체적 당당함 또한 한국인 고유의 종교적 심성이다(한자경, 2008: 29-30). 단군 신화에서 인간은 다른 민족의 건국 신화에서와 달리 하나님에 의해 수동적으로 창조되거나 자연스런 진화 과정의 산물로 묘사되지 않는다. 한국인 최초의 인간인 웅녀는 스스로의 부단한 노력을 통해 하나님의 사업에 참여하는데, 이런 하나님과 인간의 상호주체적 모습이 한국 고유의 종교심리라는 것이다.

억압과 약탈과 폭력과 모순을 온몸으로 겪어내야 했던 한국 근대 최고의 피해자 군 위안부라는 틈을 불굴의 노력으로 가로지르며 생명의 기운을 온몸으로 찾고 버텨낸 길원옥의 탈경계적 영성이 보다 깊이 연구되어 한국뿐 아니라 세계의 획일적인 근대 문화를 횡단하고 춤추며 생명을 일궈내는 영적 자원으로 길이 기억되었으면 한다.

3장

수난의 여왕과 풍류도

:: 종교심리의 한국 문화 자원 ::

한국인의 종교심리는 어떤 것일까? 종교심리학은 심리학 이론을 사용하여 종교 현상에 대한 합리적 설명과 관찰을 시도한다. 빌헬름 분트(Wilhelm Wundt), 스탠리 홀(Stanley Hall), 윌리엄 제임스(William James) 등이 종교에 대한 논의를 심리학적 관점에서 규명함으로써 20세기 초 종교심리학은 비로소 하나의 학문으로 발전했다(김동기, 2003: 39; 사미자, 2001: 22). 종교심리학의 이 같은 짧은 역사와 독특한 방법론 때문에 한국을 대표하는 종교심리학자나 한국인의 종교심리에 대한 걸출한 연구는 아직 없다고 할 수 있다. 그러나 위의 홀이나 제임스, 지그문트 프로이트, 칼 융, 도널드 위니캇(Donald Winnicott) 같은 서구 심리학자의 종교 연구만을 근거로 한국인의 종교심리를 이해한다는 것은 충분하지 않다. 서구 경험에 기초한 서구 학자들의 종교심리학적 논의만으로는 한국의 독특한 종교 문화에서 파생한 한국인의 종교심리를 총체적으로 규명할 수 없기 때문이다.

종교심리학 총론을 집필한 데이비드 불프(David Wulff)는 종교심리학의 뿌리를 20세기 초가 아니라 훨씬 오래 전에 쓰인 인문학적 저작에 둔다(Wulff, 1991: 5). 종교심리학에는 질문지 혹은 행동 관찰을 통해 연구하는 객관자 전통(objectivist tradition)과 이와 대비되는 주관자 전통(subjectivist tradition) 연구 방법이 있다. 개인적이고 신비적 경험을 수반하는 종교 혹은 종교 현상은 객관적 관찰만으로는 이해가 불가능하기 때문에 전기, 수기, 고백록, 기타 저작 등을 주관자 전통에서 다룬다. 이런 관점에서 불프는 어거스틴의 고백론, 중세 신비주의자들의 영적 지도(spiritual direction), 조나단 에드워드(Jonathan Edward), 프리드리히 슐라이어마허(Freidrich Schleiermacher), 쇠렌 키르케고르(Soren Kierkegaard), 알브레히트 리츨(Albrecht Ritschl) 등의 저작을 종교심리학의 근원이라 한다. 비록 철학적, 신학적 저작이지만, 종교에 대한 개인 혹은 집단의 깊은 성찰을 반영하고 있기 때문에 종교심리학 연구의 귀한 자료라는 것이다.

이 같은 불프의 주장에 동의하며, 이 장에서는 한국의 독특한 종교 문화에 관련해 한국인의 종교적 자화상과 한국인의 종교적 영성에 주목한 두 인문학적 연구를 통해 한국인의 종교심리를 다루고자 한다. 재야 철학자, 종교 사상가, 비폭력 시민 운동가였던 함석헌은 그의 대표작 『뜻으로 본 한국역사』를 통해 한국인의 종교적 자아상을 '수난의 여왕'이라 규정한다. 평신도 신학자였던 유동식은 유교, 불교, 기독교를 관통하는 한국인의 종교적 마음밭을 '풍류도(風流道)'로 이해한다. 두 논의는 비록 인문학적 저작이지만, 불프의 주장대로 종교적 바탕에서 한국인의 종교적 심성에 대해 깊이 성찰했기 때문에 한국인의 종교심리를 이해하는 귀중한 자원이라 생각한다. 이 장은 서구 논의 일변도인 현행 종교심리학 연구에 '수난의 여왕'과 '풍류도'를 한국 종교심리학의 주요 자원으로 소개하는 데 가장 큰 의의가 있다. 또한 역사학, 철학, 신학, 예술학 등에서 주로 관심했던 함석헌과 유동식의 논의를 한국 종교심리학 연구에 자리매김하는 데도 의의가 있다.

1. 한국인의 종교적 자아상

함석헌은 자신의 책 『뜻으로 본 한국역사』는 단순한 역사 연구서가 아니라 한국의 고난 가득한 경험에 대한 기도와 믿음에 바탕한 저술이라 했다. 김성수 역시 이 책은 분석가의 머리에서 나온 것이 아니라 시인 같은 열정에서 나온 가슴의 책이라 했다(김성수, 2001: 356). 조선 시대 후기에 태어난 함석헌은 조선의 혼란과 멸망, 일제 시기, 6·25, 분단, 독재 시대의 아픔을 온몸으로 겪었다. 그는 이 경험을 바탕으로 종교적 관점에서 볼 때 자신뿐 아니라 한국인은 마치 고난을 운명이자 소명으로 타고난 '수난의 여왕(queen of suffering)'과 같다고 한다.

고난의 예언자 함석헌

함석헌은 망국의 조짐이 한창이던 1901년 태어났으나 어린 시절을 비교적 평탄하게 보냈다(함석헌, 2009b: 21, 69).[1] 당시 조선은 양반 계층이 모든 권력을 독차지해 계급 간 격차가 심했고, 정치, 경제, 사회 모두 지나치게 낙후되어 있었다. 그가 태어난 평안도 용천은 한국의 '이방 갈릴리'로 불릴 정도로 천대받는 지역이었다. 때문에 고향민 모두 상놈이라 계급 다툼이 없고, 더 이상 수탈당할 것도 없어 함석헌은 오히려 그곳에서 모두가 평등하게 사는 삶을 경험했다. 함석헌의 조부모는 교육받지 못한 소작농이었지만 농사 이치에도 밝고, 인간관계에도 의리가 있었다. 부모도 인간관계가 원만하고 이성적이고 주체적이어서 당시 만연했던 굿을 하지도, 점을 보지도 않았다. 그들은 생각없이 남 따라하는 것을 싫어해 고향 사람 대부분이 기독교로 개종할 때도 개종하지 않았다. 후에 기독교인이 되었지만 이 또한 며느리 교육과 노년의 사회봉사를 위한 스스로의 선택이었다.

비교적 평탄한 삶을 살았음에도 함석헌이 민족의 고난을 깊이 숙고하게 된 것은 어린 시절부터 기독교를 접한 때문이었다(함석헌, 2009b: 23-25). 함석헌의 고향은 한국에선 소위 '음지'로 불렸지만 기독교의 전파로 진보적인 민족의식을 깨우친 곳이었다. 한일합방이 되기 전 이미 그의 고향 사람들은 구습 타파를 강력히 주장했다. 그래서 함석헌의 고향에선 정초 덕담도 당시 한국 사람들이 일상적으로 사용하던 '장가 잘 가라', '아들 낳아라!' 대신 '우리나라 독립을 했답네'를 사용할 정도였다. 함석헌이 다닌 덕일 소학교 역시 민족 교육을 강조하는 기독교 학교였

1 어린 시절 함석헌은 어머니와 관련된 다음의 사실을 기억하고 있다. 가정에서 맏아들로 특권을 누리던 자신이 잘 익으면 먹으려고 기다리던 넝쿨 밑 늙은 오이를 약간 모자란 여동생이 먹었다. 함석헌은 특권 의식에 못난 여동생을 구박했고, 어머니가 당연히 자신을 편들 줄 알았다. 그러나 어머니는 오히려 단호한 목소리로 "그건 사람 아니냐!"고 그를 꾸짖었다. 함석헌은 이 어머니의 음성이 평생 자신이 자유와 평등, 씨알사상을 부르짖게 된 밑바탕이 되었다고 했다. 함석헌의 가족 관계에 대해서는 『죽을 때까지 이 걸음으로』(한길사, 2009a)의 228, 252쪽을 참고할 것.

다. 함석헌은 소학교에서 한국의 여러 민족 영웅에 대해 배웠고, 나무총을 매고 '대한 독립 만세'를 외치며 군사 교육을 받았다. 또 교회 예배를 통해 민족 현실에 관심하게 되었는데 당시 그의 고향 교회에선 누구나 '나라를 위해 철창에 들어가 있는 동포'와 '해외에 나가 있는 지사들을 보호해달라'고 간절히 기도했다.

3·1운동 참여 후 정주 오산학교에 진학하면서 함석헌은 민족 현실에 보다 구체적으로 관심하게 되었다(함석헌, 2009b: 26, 28-31). 함석헌은 소학교 졸업 후 의사가 되라는 아버지의 권유로 일본어로 가르치는 공립학교인 평양고등보통학교에 진학했다. 그러면서 점차 기독교에 대한 관심도 줄고, 일본의 지배를 벗어나는 것이 불가능하겠다는 생각을 했다. 그러나 1919년 3·1운동에 참여하면서 함석헌은 조선 회복에 대해 새로이 자각하게 되었다. 그리하여 복학하지 않고 고향으로 돌아와 지내다 고향에 기독교를 처음 소개했던 함석규 목사의 소개로 정주 오산학교에 입학했다. 오산학교는 당시 학문이나 출세가 아니라 나라를 구하기 위한 참사람, 참교육을 건학 이념으로 삼고 있었다. 또한 한국 종교와 기독교에 조예가 깊었던 유영모가 당시 교장이었다. 이런 학교 분위기에서 함석헌은 인생과 생명과 종교에 대해 더 깊게 생각하게 되었을 뿐 아니라 아래와 같이 민족 문제에 점차 관심 갖기 시작했다.

> 나는 어느 사인지 모르게 이담에 의사가 되겠다는 생각을 버렸습니다. 어려서부터 국문을 배웠지만 한글의 의미를 이때까지 몰랐는데 여기서 처음으로 그것을 알기 시작했습니다…. 이날껏 한국, 한국 민중, 한국 문화, 한국의 마음을 생각해본 적은 없었습니다. 이제 한국의 모습이 어렴풋이 어른거리는 것 같음을 느꼈습니다. 찾기 시작했습니다(함석헌, 2009b: 30).

동경 유학 시절 우치무라 간조의 영향 속에 함석헌은 기독교와 민족의 연관성에 대해 깊이 관심하기 시작했다(함석헌, 2009b: 30). 1923년 정주 오산학교를 졸업하고 함석헌은 일본 유학을 떠났다. 그런데 그해 9월 1일 관동 대지진이 일어났고 동경의 3분의 2가 타버렸다. 이때 일본 정부는 사회주의 혁명을 경계하여 민심 수습책으로 한국인을 희생양으로 삼았다. 즉, 한국인이 강도짓을 하고, 방화하고, 우물에 독을 탄다는 헛소문을 퍼뜨려 감옥에 마구잡이로 가두었던 것이다. 함석헌 역시 이때 처음으로 감옥에 갇혔고, 종교와 도덕에 대해 회의하기 시작했다. 불상생을 강조하는 불교 나라인 일본에서, 또 유수한 신학교와 많은 기독교인이 있는 일본에서 그런 일이 일어났다는 것을 이해할 수 없었던 것이다. 그러나 기독교 신앙 때문에 사회주의 혁명에 개입하지 못하고 갈팡질팡하던 중 그는 결국 우치무라의 성경 연구회를 통해 신앙과 민족, 신앙과 애국 사이의 접점을 발견했다. 그리하여 동경 유학을 마치고 한국에 돌아와 오산학교에 역사 교사로 재직하면서 무교회 동지들과 신앙의 관점에서 한국 역사를 이해하는 데 몰두했다.

> 그의 신앙은 우치무라에게서 눈떴지만 한민족의 독자성을 바라보는 그의 신앙은 우치무라를 벗어난 주체적인 것이었다. 그리스도 신앙이 한 민족을 살릴 뿐 아니라 한민족이 세계를 살리는 중책을 가지고 있다는 신앙을 천명한 것이었다(유동식, 2001: 26).

하지만 위의 인용에서 보듯 함석헌은 민족과 기독교를 연결시키는 데 있어 우치무라를 넘어섰다(함석헌, 2009b: 27).[2] 사무라이였던 우치무라는 기독교인이 되었지만, 제도권 교회의 형식과 거짓에 견딜 수 없어 독립 전도를 시작했다. 그는 특히 성경을 중심으로 십자가에 의한 속죄를 강조했고, 두 개의 J, 즉 'Jesus'와 'Japan' 사랑을 강조했다. 함석헌은 그의 영향 속에서 애국이 참 믿음이라는 확신을 갖게 되며 두 J가 아닌 두 C, 즉 'Christ'와 'Corea'를 사랑하는 기독교인으로서 한국 민족을 사랑할 것을 결심하게 되었다. 그리하여 평안도 시골 학교에서 일제 검인정 교과서 몇 권으로 민족 역사를 가르치던 시절, 함석헌은 기독교 관점에서 한국 역사에 대해 깊은 성찰을 시도했다. 함석헌은 한국 역사는 감추려 해도 너무 아픔이 많고 상처로 가득 찼다고 보았다. 그러나 한국 민족의 고난의 경험은 구속사적으로 해석할 수 있으며, 구속사적 관점에서 한국 민족의 고난은 예수가 쓰고 있는 가시 면류관에 비유했다. 결국 그는 한국 민족이 오랜 고난에도 압도당하지 않고 고난의 뜻을 더 깊이 이해하고 승화시켜 새 생명 창조의 산고가 될 것을 강조하며 『뜻으로 본 한국역사』를 집필했다.[2]

이후에도 함석헌은 평생 한국 민족의 고난의 현장에서 고통하는 민족의 예언자와 같은 삶을 살아갔다. 관동 대지진이 일어났던 일본 유학 시절 함석헌은 한국인이라는 이유만으로 처음 감옥에 수감되었고, 이후 고향으로 돌아갔으나 다시 ML당 사건으로 정주 경찰서에서 1주일, 1949년 계우회 사건으로 대동 경찰서에서 1년, 1924년 성서조선 사건으로 서대문 형무소에서 1년 등 해방 전 일제 치하에서 다섯 번이나 감옥 생활을 해야 했다. 해방 후 남북으로 분단되어 북한 치하에 살 때는 공산당이 그를 신의주 학생 사건 배후자로 지목하여 죽을 뻔하기도 했

2 일본인 우치무라는 두 개의 J를 주장하며 한국 문제 해결의 이상적 관계를 대영제국에서의 잉글랜드와 스코틀랜드의 관계에서 찾았다. 그래서 한국이 일본 식민지로 남아 있으면서 어느 정도 자치권을 갖는 것을 지지했다. 함석헌은 이런 역사관에 동의하지 않았다.

다. 이후에도 함석헌은 공산주의자들이 그를 위험 분자로 분류하고 감시하는 바람에 재수감을 반복하다 남한으로 피난을 나와야 했다. 월남 후엔 자유당과 군사독재정권을 통렬히 비판하는 「한국 기독교는 무엇을 하고 있는가?」, 「생각하는 백성이라야 산다」, 「씨알의 소리」 등을 써내어 여전히 투옥과 감금을 반복하는 생활을 해야 했다. 함석헌은 1989년 2월 4일 사망할 때까지 평생에 걸쳐 비폭력과 악과의 싸움을 주장하며 많은 글과 책을 집필하고 그 공로로 노벨평화상에 두 번이나 추천되기도 했다(김성수, 2001: 354-355).

수난의 여왕

『뜻으로 본 한국역사』에서 함석헌은 역사의 근원이자 종착점인 아가페, 자비, 혹은 인(仁)의 관점에서 한국 민족의 역사를 파악하고자 할 때 가장 먼저 살펴보아야 할 것은 바로 한국의 지리라고 했다(함석헌, 2009d: 97-99). 한국은 지리적으로 북온대 지방에 위치하여 다른 나라들이 부러워할 기후 조건을 갖추고 있다. 그러나 관계적 관점에서 사방이 강대국으로 둘러싸여 있다. 한반도 서쪽에 위치한 중국은 풋볼 모양으로 팽팽해지면 어딘가 터질 곳을 찾는 듯하고, 한반도 북부의 만주나 러시아는 추운 계절 탓에 언제라도 따뜻한 남쪽으로 내려오고자 한다. 한반도 남쪽의 섬나라 일본 역시 발전의 시기엔 반드시 대륙을 도발하므로 한국이 최초 대상지가 된다. 한국은 지리적으로 폴란드, 그리스, 팔레스타인, 이탈리아 등과 매우 유사한데, 이들의 공통점은 문화 전수와 교류에 용이하여 강력한 힘을 가진 시기에는 세계를 뒤흔드는 중심이 될 수 있으나, 힘이 없는 시기에는 압박의 틈바구니에서 끊임없이 고통을 겪는다는 점이다. 한국 역시 지정학적으로 이들 나라와 같이 많은 고난을 겪을 수밖에 없다는 것이 그의 주장이다.

다음으로 함석헌이 관심한 것은 한국 사람이 누군가 하는 것이었다(함석헌, 2009d: 117-126). 함석헌은 한국 사람은 역사 이래로 다른 민족과 비교하여 매우 착하고 용맹스러웠다고 한다. 이광수는 『민족개조론』에서 우리 민족에 대한 가장 오랜 평가인 『산해경』에 기초하여 한국인의 특성을 군자라 했다. "우리 민족이 다른 민족에게 준 인상은 군자의 다(이광수, 1972: 51)." 군자란 관대, 박애, 예의, 청렴, 자존을 포함한 '인(仁)'이라는 뜻인데 이것이 조선 민족의 근본 성격이라는 것이다. 구체적으로 한국인은 남을 침략한 적도 없고, 외국인을 존중하며, 민족끼리도 잔인한 행위는 극히 삼간다는 것이다. 그런가 하면, 한국인의 두 번째 장점으로 '용(勇)', 즉 날쌔다는 것을 지적했다. 『동방삭신이경』에서 보듯 한국인은 남이 어려운 일이 있으면 죽을 데라도 몸소 뛰어드는 성향이 있다고 한다. 고구려의 온달, 신라의 처용, 백제의 검도령과 같이 한국인은 현재로서는 상상할 수조차 없는 용맹스러운 모습을 많이 보였다는 것이다. 그리하여 결국 함석헌은 한국인은 큰 나라를 세우고 고상한 문화를 낳을 수 있는 자격이 있다고 주장한다.

그럼 무엇이 문제인가? 함석헌은 장점이 많음에도 한국인의 결정적 문제는 정신이 없었다는 것이라 지적한다(함석헌, 2009d: 126). 함석헌에 의하면, 일제 시기 우리 민족은 심각성이 부족하거나 파고드는 진지함이 없거나 생각하는 힘이 모자랐다. 그래서 시도 없고 철학도 없고 종교도 없는 민족이라 여겨졌다. 그러나 그는 이와 같은 이해는 일부 삼국시대를 경계로 중간에 왜곡된 해석이라 주장한다. 착하고 용맹스러웠던 큰 민족으로서의 성격이 중간에 달라지고 왜곡되었을 수 있다는 것이다. 함석헌에 의하면, 내부적으로 볼 때 한국의 가장 큰 문제는 종교가 없다는 것이었다. 보다 정확히 말하자면, 한국에는 종교가 많지만, 대부분 다른 나라의 것을 빌려오거나 무조건적으로 수용한 종교였다. 따라서 우리 민족의 정신을 살리고 우리 민족을 위한 고유의 종교가 아니었다. 무교의 경우, 다른 종교와 달리 한국의 고유한 특성을 가장 많이 내포하고 있지만 여전히 고등 종교의 형태로 발달하지 못한 상태였다. 때문에 한국 민족은 무엇보다 우리 민족 자신을 위한 종교를 가지는 것이 가장 중요하다는 것이 그의 주장이다.

그리하여 함석헌은 결국 한국 역사 속에서 종교가 어떤 역할을 했는지 살펴보며 종교의 문제를 규명하고자 한다(함석헌, 2009d: 136). 함석헌에 의하면 건국 당시 한국의 종교는 한국인이 하나님의 자손이라고 천명함으로써 한국인이 매우 당당하게 새 역사를 시작할 수 있도록 했다. 기원전 2333년 당시 종교는 비록 기독교와 같은 유일신은 아니었지만 상당히 도덕적 성격이 높은 종교로, 한국인의 자신만만한 출발을 도왔다. 삼국 시대의 불교도 민족 통일의 기반이 됨으로써 이와 같은 역할을 했다. 삼국 시대의 고구려, 백제, 신라에 고루 전파된 불교는 삼국의 정신적 통일을 이루는 데 기여했고, 살생을 금함으로써 전쟁을 최소한으로 막는 한편, 한국인의 사유 세계를 깊게 만드는 데 공헌했다. 즉, 당시 한국 고유 종교의 굿이나 점, 푸닥거리와 달리 생명의 근원을 찾게 하고 인생을 깊이 성찰하게 하여 무력만으로는 이뤄질 수 없는 민족 통일의 정신적 지주가 되었다는 것이다.

그러나 함석헌은 통일 신라 이후 한국의 종교는 민족을 살리는 종교가 되지 못했다고 주장한다(함석헌, 2009d: 165-169, 181). 통일 신라 시대 불교는 한국인의 정신세계에 큰 자극을 주어 최치원의 화랑도 같은 고유 사상이 크게 융성할 수 있게 했다. 그러나 관제를 당나라식으로 고치고, 지명을 한문으로 고치고, 의복과 풍습 및 정치도 중국을 모방함으로써 막 꽃피우던 한국의 정신문화는 곧 말라버렸다. 고려의 불교 역시 수도 송도 13만 호에 절이 300개나 되는 등 극도로 성황했으나 부귀를 탐하는 저자의 종교가 되었다. 조선 시대의 유교 역시 심각한 당파 싸움으로 민족의 유익을 구하지 않았다. 근대에 들어온 기독교는 8·15 해방까지 그나마 민족적 양심을 유지해왔으나 아직 제 책임을 다하지는 못한 상태로, 기독교의 갱신을 통해 불교, 유교도 제 책임을 다하도록 해야 한다. 그에 의하면, 기독교는 내세나 천당 가는 것을 목적으로 해서는 안 되고, 이 땅에 하나님 나라가 임함을 목표로 해야 한다. 또 기독교는 한국 역사에 꼭 필요한 새 종교, 참 종교가 되어야 한다.

한국 민족을 위한 종교, 한국 민족에 응용되는 종교가 되기 위해 함석헌은 한국인의 종교적 자화상이 수난의 여왕이었음에 주목한다. 한국 역사의 오랜 수난과 수탈의 경험에 주목하며 고민하던 중 함석헌은 우연히 프랑스의 유명한 조각가 로댕의 작품을 접하게 되었다. 로댕은 우윳빛 하얀 대리석에 금방이라도 날 듯 아름다운 젊은 아가씨의 육체, 근육질 남성의 깊은 사색을 표현한 많은 조각을 남겼다. 그런데 함석헌은 그중 〈갈보였던 계집〉이라 불리는 조각에 관심하며 아래와 같은 모습의 그 여성이 바로 한국인의 종교적 자화상이라고 주장한다.[3]

> 얼마나 많은 사나이들에게 사랑을 속삭이던 그 빨간 입술은 이 빠짐으로 인하여 오므라졌고, 수없는 날탕 놈들을 유혹시키던 젖통은 시들고 말

3 함석헌이 한국의 종교적 자화상을 이미지화하는 데 영향을 준 로댕의 작품은 〈늙은 창부*The Old Courtesan*〉로 추정된다.

라 슬픈 탄식에 삭은 가슴을 보기 싫게 덮고 있다. (…) 대개 저는 일생을 남을 위하여 산 자라, 억누름을 받았고, 짓밟음을 당했고, 물건같이 다룸을 받았고, 짐승같이 대접함을 겪었다. 그뿐 아니라, 제 스스로가 저를 업신여겼고, 저를 잃었다(함석헌, 2009d: 437).

삼국 시대 이후 거의 한 치도 남의 땅을 뺏은 적 없이 늘 빼앗겨온 민족, 평화가 백 년 이상 지속된 적이 없는 민족, 내란과 몽고의 침략, 일제의 제국주의 등 갖가지 위기 속에서 한낱 고깃덩어리로밖에 취급받지 못한 한국이야말로 끊임없이 유린당하고 버려진 수난의 여왕과 같은 모습이라는 것이다.

그러나 수난의 여왕으로서 한국인의 고난은 뜻 없는 고통이 아니었다(함석헌, 2009d: 443-445). 함석헌에 의하면 한국인은 오랜 역사 속에서 자기를 찾지 않고, 뜻을 찾지 않고, 생명을 찾지 않은 죄를 지어 많은 고난을 겪어야 했다. 그러나 이 고난은 한국인의 착함이 나약에 떨어지지 않게 하기 위한 고난이었으며, 중간에 생긴 종살이 버릇을 없애 고결한 혼을 다듬기 위한 고난이었다. 때문에 한국인의 오랜 고난의 역사는 잔혹한 운명의 장난이 아니라 하나님의 사명을 감당하게 하기 위한 하나님의 섭리라고도 할 수 있다. 한국인은 다듬어진 착함으로 세계의 불의를 책임져 인류의 역사를 도덕적으로 한 단계 높이는 역할을 해야 한다. 세계사의 하수구와 같이 세계의 온갖 폭력과 부정의와 더러움을 당했지만, 이제 한국은 총검이 아닌 참과 진리의 전쟁에 참여하여 세계의 생명을 살리는 일의 주체가 되어야 한다. '겉옷을 뺏으면 속옷까지 주는', '종으로 부르면 형제의 사랑으로 대하는' 비폭력과 평화와 사랑이 이 땅에 실현되도록 앞장서야 한다는 것이 그의 주장이었다.

2. 한국인의 종교적 마음밭

> 고향을 찾아가는 나그네의 길은 언제나 불안하기만 했다. (…) 지금 와서 생각해보면 내가 걸어왔다기보다는 바람(성령)에 밀려 흘려온 데 지나지 않는다. (…) 그런데 바람이 나를 밀어붙인 곳은 놀랍게도 하늘 아버지가 계신 고향이었다(유동식, 2002: 207-208).

함석헌보다 십여 년 늦게 태어난 유동식은 함석헌이 '고난'을 자신과 한국인의 핵심 경험으로 삼은 것과 달리, '나그네' 경험을 자신과 한국인의 핵심 경험으로 이해했다. 뿌리 없이 흐르며 살아온 자신과 유사하게 오랜 역사 속에서 다양한 종교를 흐르듯 섭렵한 한국인의 깊은 종교적 심성 역시 풍류도(風流道)의 관점에서 이해할 수 있다는 것이다.

하늘 나그네 유동식

비교적 안정적으로 어린 시절을 보낸 함석헌과 달리 유동식은 어린 시절부터 확실한 뿌리 의식 없이 자랐던 것으로 보인다(유동식, 2002: 15-16). 1922년 황해도 남천에서 태어난 그는 타향살이를 전전해 특별히 고향이라 여길 만한 지역이 없었다. 또한 유동식은 어려서부터 어머니 없이 할아버지 집에서 조부모, 아버지, 동생들과 함께 살았다. 장로였으나 한문 성경에만 파묻혀 세상사에 전혀 관심 없는 할아버지, 목사이지만 어촌이나 시골에서 조용히 목회하는 숙부를 바라보며 유동식은 현실 세계보다 먼 초월 세계에 더 관심하게 되었다. 그는 자서전에서조차 부모에 관한 어떤 기록도 남겨놓지 않았다. 어머니가 돌아가신 것인지, 언제부터 같이 살지 않았는지, 같이 살았다던 아버지는 도대체 어떤 분이었는지, 어머니와 아버지에 대한 기억이나 감정은 어떤지 한 마디도 적고 있지 않다. 유동식에게 부모는 의지할 근원적 대상이 되지 못했던 것이 분명하다.

피억압국 식민 백성으로서 유동식은 또한 뿌리 없는 나그네와 같은 존재였다(유동식, 2002: 24). 유동식은 한국이 완전히 일제 식민지로 확정된 이후 태어나고 자랐다. 그래서 일제 시대 식민 교육을 받았고 1943년 일본 동경의 동부신학교에서 신학 공부를 시작했다. 그런데 태평양 전쟁으로 전세가 불리해진 일본은 전문대학생을 강제 징집했다. 1944년 유동식 역시 강제로 끌려가 일본 규슈 구마모토에서 사람 죽이는 연습을 하며 전쟁터에 투입되기만을 기다리는 불안한 삶을 이어갔다. 그는 동생에게 보낸 편지에서 당시 생활을 다음과 같이 적고 있다.

> 이곳은 이미 산 생활 터가 아니다. 자유는 물론 인격도 이유도 아무것도 없는 곳이다 (…) 우리에게 남은 것이라고는 증오와 도피의 본능뿐이다. 그래도 나 자신의 존재를 확인하게 하는 것은 하나님에 대한 신앙뿐이다(유동식, 2002: 26).

식민지 백성 유동식은 거센 역사의 소용돌이 속에서 조국의 도움을 전혀 받지 못한 채 현실 세계의 허무와 무의미를 느끼며 절대자의 은총만을 간구했다. 1945년 8월 15일 한국이 마침내 일제로부터 독립한 사건 역시 철저히 초월자 하나님에 의한 천지개벽 사건으로 이해했던 것이다.

유동식은 계속되는 불안정한 삶에도 불구하고 기독교를 통해 자신은 하늘에 본향을 가지는 하늘 나그네라 이해했다(유동식, 2002: 45-47). 일본 식민 지배가 붕괴되고, 불안과 혼란이 가득했지만, 유동식은 조국 회복이라는 희망찬 기대 속에 살고 있었다. 그래서 감리교 신학교에 편입해 졸업 후 공주에서 교사가 되었고 약혼도 했다. 1950년 6월 25일 전쟁이 발발하여 유동식은 피난 중 11월에 미군 담요로 만든 점퍼를 입고 처갓집 안방에서 결혼식을 치러야 했다. 결혼 후 북한군과 중공군에 밀려 후퇴하는 군인의 남행 트럭을 타고 신부와 함께 남쪽으로 내려온 것을 신혼여행으로 꼽을 정도였다. 당시 3천만 명에 이르던 한국인 중 남북한 150만 명이 사망했고 360만 명이 전쟁 중 부상했다. 가족 중 처남과 사촌은 학도병으로 징집되어 전사했고, 화가였던 동생은 실종되었고, 조모, 부친, 숙부가 모두 세상을 떠났다. 유동식은 오랜 식민 생활 후 겨우 해방이 되었는데 왜 동족끼리 또 싸워야 하는지, 역사를 주관하시는 하나님 섭리는 무엇인지를 고민했다. 그러나 이제 자신은 더 이상 고향 없이 떠돌아다니는 나그네가 아니라 고향이 있는 하늘 나그네라고 생각했다. 기독교인에게 고향은 하늘이며, 하늘이 고향인 기독교인은 이 세상에 집착할 필요가 없고, 종교만이 참된 나그네 의식을 갖게 한다고 생각했던 것이다.

하지만 그는 미국에서의 유학 생활 후 하늘 나그네로서 자신은 민족적, 문화적 정체성을 가진 주체자가 되어야 한다고 생각했다(유동식, 2002: 83-84). 35살이 되던 1956년 유동식은 미국 감리교회가 제3세계 지도자 양성을 위해 마련한 십자군 장학기금 장학생으로 보스턴대에서 2년간 신학 과정을 이수했다. 그는 밤새 열심히 공부하여 어려운 신학 수업에 A를 받곤 했지만, 공부를 하면 할수록 자신의 본향으로 생각했던 기독교의 경전이나 신학이 모두 서구 문화의 틀 안에서 형성되었다는 것을 깨달았다. 일제 치하 일본의 식민지 교육을 받고 자란 유동식은 일본의 역사와 문화를 배웠지 한국 문화에 대해 제대로 배운 것이 없었는데 기독교마저 서양 문화에서 성장했다는 것을 각성하자 진정한 복음이란 무엇일까 고민했다. 결국 불트만의 『신약성서와 신화론』을 읽으며 그는 하나님 말씀의 해석에는 이성적인 작업만이 아니라, 인격적 만남의 형식, 곧 실존론적 해석이 필요하다는 데 동의했다. 그리하여 귀국해서는 1960년대 한국 기독교의 토착화 논쟁에 불을 지폈다. 유동식은 한국 기독교가 진정한 민족 정체성을 갖추고, 한국 문화 속에서 복음이 의미 있게 전달될 진정한 방법을 모색해야 한다고 생각했다.

한국인으로서 하늘 나그네가 되고자 하는 유동식의 본격적 연구는 결국 무교를 비롯한 다양한 한국 종교에 대한 연구로 확장되었다(유동식, 2002: 105). 1965년 『한국종교와 기독교』라는 책을 출판한 유동식은 한국인 내면의 종교적 영성을 더욱 진지하게 연구해야겠다고 생각한다. 복음은 한국인의 종교적 마음밭, 곧 한국인의 영성에 뿌리 내려야 한다고 생각했기 때문이다. 그래서 일본 동경에 유학하여 1968년 민속종교 연구의 세계적 대가인 호리 교수 밑에서 『조선 샤마니즘의 역사 구조적 특질』이라는 논문으로 박사학위를 취득했다. 이후 유동식은 연세대학교에 종교주임으로 부임하며 한국 토착 신앙과 민중의 불교 수용 형태, 한국 무교의 역사와 구조, 한일 불교 수용 형태, 한국 무교의 역사와 구조, 한일 불교 수용 형태 비교 등의 연구를 했다. 그리하여 그는 결국 한국인의 마음밭, 한국인의 얼을 풍류도로 규정하고, 풍류도와 한국인의 종교적 심성과의 관계에 관심했다. 그는 지금까지 한국 기독교는 서구 신학의 눈을 빌려 복음을 이해해왔으나 이제는 풍류도라는 한국인의 종교-예술적 영성을 통해 복음을 이해해야 한다고 강조했다.

그런데 유동식에 의하면, 한국인의 풍류도는 한국인의 고유한 마음밭인 동시에 세계 평화에 공헌할 수 있는 한국인의 궁극적 영적 자원이다(유동식, 2002: 196). 엄밀히 말하자면, 풍류도는 한국뿐 아니라 중국과 일본에도 있다(신은경, 1999: 64-65). 그런데 중국의 풍류는 주로 노장적 성향의 정신적 자유분방함을 특징으로 하고, 일본의 풍류는 세련됨, 화려함, 섬세함 같은 사물 외면의 미적 요소를 강조한다. 이와 달리 한국의 풍류도는 형이상학적 요소, 즉 종교성이나 사상적 측면이 부각된다. 즉, 고대 제천 의식이나 화랑도에서 보듯 한국의 풍류도는 예술적, 심미적 전경을 통해 형이상학적, 영성적 후경을 지향하는 종교성에 그 독특성이 있다. 그리하여 유동식은 한국의 고유한 영성인 동시에 궁극적인 가치 실현을 지향하는 풍류도를 통해 세계 평화 실현을 목적해야 한다고 주장한다. 그는 한민족을 강대국 틈에서 겨우 살아남은 약소 민족이지만, 풍류도를 통해 불교, 기독교, 유교 등 동양과 서양의 다양한 종교를 수련하며 사는, 특별한 은사를 받은 민족으로 본다. 따라서 풍류도를 통해 한국인은 정치-경제적 방법이 아니라 종교-예술적 방법으로 남북한과 세계의 갈등 해소를 위해 노력해야 한다고 한다.

풍류도

손호현은 유동식을 자신의 개인 삶의 여정과 한국 종교 문화 역사의 여정이 서로 밀접한 관계를 가지는 매우 특이한 예라 한다(손호현, 2007: 112-113). 유동식은 자신의 나그네 경험을 바탕으로 오랜 역사 속에서 다양한 종교를 흘러가듯 수용한 한국 종교 수용의 특이함에 주목했던 것이다. 한국 종교 문화는 두 가지 독특한 특성을 가지고 있다. 먼저, 세계 유수의 다른 나라들과 달리 한국 역사에서 종교는 시대에 따라 변화했다. 즉, 선사 시대에는 무교, 통일 신라와 고려 시대에는 불교, 조선 시대는 유교, 근대 초기에는 기독교가 지배적인 종교였다. 그런가 하면, 한국은 유교, 불교, 무교, 기독교 등 다양한 종교가 함께 공존하는 종교적 다원 사회이다. 이에 유동식은 민족마다 그들의 이상을 담은 얼, 영성이 있고, 그 영성이 실체가 되어 민족 문화를 형성한다고 했다. 즉, 한국 문화와 동일시할 수 있는 종교는 없었지만, 한국인의 민족 문화를 일관성 있게 유지해온 한국인의 영성이 배후에 있었기에 한국인은 한국인의 기본적 영성을 바탕으로 외래 종교를 수용 혹은 배제하며 민족의 종교의식을 발전시켜나갔다는 것이다(유동식, 2009c: 395).

유동식은 특별히 통일 신라 시대 최치원이 최초로 한국인의 종교의식으로 명명한 풍류도에 주목한다. 최치원은 어린 나이에 당나라에 유학해 외국인으로서 일찍부터 관직에 오른, 학문과 문필에 매우 뛰어난 통일 신라 시대의 인재였다. 최치원은 885년 귀국하여 왕의 벼슬을 받았지만, 귀족 세력이 득세하던 상황에서 배척을 받고 관직을 떠나 자유로이 돌아다니다 불국사와 석굴암에서 예술의 극치를 발견하고 '자랑스러운 동인'으로 한국인을 이해했다. 이는 중국인을 서인으로 이해하는 배경에서 중국인과 동등하게 자부심 있는 백성으로 한국인을 위치시킨 것이라 할 수 있다. 그런데 그는 특별히 이에 더해 한국인의 영성, 종교 의식을 아래와 같이 처음으로 천명했다. "우리나라에는 현묘(玄妙)한 영성(道)이 있다. 이것을 풍류라고 한다. (…) 이는 실로 삼교(유·불·선)를 포함하고 있는 것이며, 뭇 사람들에게 접해서는 그들을 교화한다."[4]

---

4 『삼국사기』의 신라본기 제4진흥왕조 참고(유동식, 『풍류신학 1』, 한길사, 2009a: 28에서 재인용).

그런데 풍류도의 첫 번째 차원은 바로 하나님과 인간이 하나되는 신인합일의 경지이다(유동식, 2009b: 72). 유동식은 풍류가 일반적으로 신선도 사상에서 나타난 것으로 자연과 인생과 예술이 혼연 일체된 삼매경 상태에 대한 심미적 표현이라고 한다. 또 풍류는 한글이 없었을 때 우리말을 한자로 표기한 것으로, 원래는 그 음과 뜻으로 보아 '부루'였을 것으로 추정한다. '부루'는 불, 밝, 환, 한, 하늘을 의미하는 것으로, 빛으로 세상을 다스리는 하나님 신앙에서 나왔다. 3세기 중국 문헌에 보면 한국 사람들은 봄가을에 하느님께 제사를 드리고, 술과 노래와 춤을 통해 황홀경을 경험한다. 이를 통해 자기를 벗어나 하느님과 하나로 융합되는 강신 체험을 하고, 만사형통을 기원하는 것이다. 이렇듯 종교 문화를 매개로 승화된 것이 바로 풍류라는 것이다.

한편 풍류도는 두 가지 차원을 더 포함하고 있다. 먼저 풍류도는 유불선교를 포함하여 하나님의 성품으로 돌아가는 것을 강조한다(유동식, 2009a: 29). 유교는 자기를 극복하고 인간의 본성인 예로 돌아갈 것(克己復禮)을 강조한다. 불교는 아집을 버리고 인간의 본성인 한마음(一心), 곧 불심으로 돌아가는 것(歸一心源)을 지향한다. 또한 도교는 인간의 거짓됨과 사심을 떠나 자연의 법도를 따라 살 것(無爲自然)을 가르친다. 유동식에 따르면 세 종교 모두 자기를 극복하고 하늘이 내린 본성, 하나님의 마음, 하나님이 주신 성품으로 살 것을 강조하는데 이것이 바로 풍류도의 두 번째 차원이다. 풍류도의 마지막 차원은 뭇사람들과 접촉하여 그들이 본래적인 사람으로 돌아가 교화하도록 하는 것이다. 요약하면 하나님과 하나되어 하나님의 뜻을 따라 살며 사랑의 관계를 맺는 것이 풍류도이다.

풍류도를 구현한 전형적인 예는 7세기의 화랑 운동에서 찾을 수 있다

(유동식, 2009a: 69-70). 6세기경 삼국 시대 때 고구려는 중국의 수나 당과도 당당히 겨룰 수 있는 군사 대국이었고, 백제는 중국 문물을 일찍 받아들인 문화 선진국이었다. 그러나 신라는 지정학적으로 고립된 위치 때문에 5세기까지 후진국을 면치 못했다. 그때 신라의 진흥왕은 나라를 발전시키려면 군사력이나 외국 문물 수입에 앞서 민족정신의 주체성 확립이 우선이라 생각하고 민족의 얼인 풍월도를 왕성하게 교육할 것을 강조했다. 그리하여 당시 화랑의 교과 과정을 상마이도의(相麻以道義), 상열이가악(相悅以歌樂), 유오산수(遊娛山水)로 정하고, 도의로써 서로 몸을 수양하는 것, 사람들과 접촉해 그들을 교화할 덕을 쌓는 것, 풍류도를 몸에 익히기 위해 노래와 춤을 즐기거나 명산대천에 임재하신 하나님과 교제하기 위해 노니는 것을 가르쳤다. 이를 통해 화랑은 풍류도를 몸에 지닌 주체적인 청년 지도자로 양성되었고, 고구려, 백제, 신라를 하나로 통일하고 한국 민족문화 형성의 터전을 마련하는 중심이 되었다.

이 같은 풍류도를 현대의 용어로 풀면 바로 '한 멋진 삶'이라고 할 수 있다(유동식, 2009a: 30-31). 먼저 풍류의 의미를 가장 적절히 나타내는 우리말은 '멋'이다. 멋은 한국적 미의식의 표현으로 단순한 자연미가 아니라 실존 개념을 내포하는 말로 인생이 개입된 예술적 미를 지칭한다. 멋에는 생동감과 율동성을 동반한 흥(興)이 들어 있고, 초월적인 자유의 개념과 조화의 뜻이 들어 있다. 즉, 멋이란 세속을 초월하여 자유의 삶에 뿌리내린 생동감과 조화에서 발생하는 미의식이다. 다음으로 풍류도의 포함삼교(包含三教) 포괄성을 나타내는 우리말은 '한'이다. '한'은 하나인 동시에 전체이며, 크다(한밭, 大田), 위대하다(마루한, 王), 바르다(한글, 正音), 중앙(한가위) 등의 뜻이 있다. 또 한을 인격화한 것이 '한님' 곧 하느님이며, 빛(환, 밝)이신 하느님을 믿고 동쪽으로 이주한 우리 조상은 스스로를 한(韓)이라 불렀다. 마지막으로 풍류도의 기능성을 포괄하는 우리말은 '삶'이다. 삶이란 생물학적인 '생명'의 개념과 사회학적인 '살림살이'의 개념 및 '사람'이라는 인간 개념을 포함한다. 문화적 가치를 양산하는 사회적 존재가 바로 사람이기 때문이며, 삶이란 사람의 준말이기도 한다. 그리하여 요약하여 말하자면, 풍류도에 나타난 한국인의 이상은 '한 멋진 삶'이라는 것이다.

유동식에 의하면, 결국 한국인은 풍류도를 통해 '한 멋진 삶'을 추구하는 민족이다(유동식, 2009a: 31-34). 즉, 풍류도는 한 멋진 삶의 길이고, 한국 사람의 삶은 한 멋진 삶이며, 한국 종교 문화사는 한 멋진 삶의 추구와 과정의 역사이다. 그런데 한과 멋과 삶은 각기 독자적이면서도 서로 내재적이며 포괄적이다. 그래서 한의 개념 속에 멋과 삶이 들어 있고 멋은 한과 삶이 서로 만나는 데서 이루어지며, 삶은 한 멋진 것이어야 한다. 한국의 종교사는 바로 이런 한 멋진 삶을 추구하는 한국인의 종교적 심성을 바탕으로 전개되었고, 외래 종교는 바로 이를 구현하기 위한 매개였던 것이다. 불교의 경우 초월적 '한'의 성격이 지배적이며, 유교의 경우 현실을 치리하는 '삶'의 성격이 지배적이며, 기독교는 영적 초월과 역사적 현실이 조화를 이룬 '멋'의 이념이 보다 지배적이다. 그러므로 세 종교를 중심으로 구성된 한국의 종교 문화사는 하나의 풍류도적 구조를 가진 것으로, 우리 민족이 꿈꾸어온 '사람다운 삶', '멋진 한 삶' 추구와 형성의 과정사가 된다.

3. 종교심리학적 성찰

프로이트는 오이디푸스 콤플렉스를 중심으로 개인과 인류의 보편적 종교 경험에 대해 판타지적 서술을 시도했다(프로이트, 2003).[5] 함석헌과 유동식 역시 '고난'과 '나그네' 경험을 자신과 한국인 내면의 핵심 경험으로 이해하며 한국인의 종교적 인식에 대해 논했다. 두 논의는 각기 다른 차원의 경험에 관심하며 한국인의 심성을 묘사한 인문학적 서술이지만 수천 년간 누적된 한국인 내면의 종교심리를 이해하는 주요한 공통의 실마리를 제공한다. 종교적 인간(Homo Religiosus)과 한국 전통 종교 심성의 차원에서 두 논의의 함의를 이해해보자.

종교적 인간 관점에서

종교심리학에 관심하는 많은 목회상담학자들을 그간 인간이 관계적이라는 사실에 주목하고, 인간관계 경험과 하나님 관계 경험의 상관성에 관심해왔다. 종교의 근원을 오이디푸스 시기 아버지와 아들 간 관계 갈등으로 파악한 프로이트의 영향 속에서 목회상담가들은 다양한 이론을 활용하여 어린 시절 주요 양육자와의 관계가 하나님 인식에 어떤 영향을 미치는지를 질문했다. 가령 마이클 세인트 클레어(Michael St. Clair)는 어머니, 아버지 등 어린 시절 의미 있는 타자와의 관계 경험이 하나님 관계 경험에 미치는 부정적 긍정적 상관성에 유념했다(St. Clair,

---

5 종교에 관한 프로이트의 주요 저작인 『인간 모세와 유일신교』, 『강박행위와 종교행위』, 『토템과 타부』, 그리고 『불의 입수와 지배』에서 프로이트는 종교에 대한 엄격한 과학적 방식으로 글을 쓴 것이 아니라 학제 간 연구에 기초한 여러 자원을 통합해서 상상적으로 구성했다.

1998: 115-116). 그는 후기 프로이트 이론인 대상 관계 이론에 관심하며 성 어거스틴과 성 테레제에 대한 사례 연구를 통해 이들의 어린 시절 대상 관계 경험이 이들의 회심과 하나님 인식에 미치는 영향을 구체적으로 분석했다.

그런데 인간 사이의 관계성에 초점을 맞춘 논의로 한국인의 종교적 자화상이나 풍류도를 논한 함석헌이나 유동식의 내면을 충분히 이해하기에는 한계가 있다. 유동식의 경우, 어린 시절부터 타향 생활을 하고 부모보다 조부모 손에서 자라 근원적 뿌리 경험이 미약했다. 때문에 바람 '풍(風)'과 흐름 '류(流)'를 더한 풍류도의 주장과 그의 개인적 인간관계 경험은 일견 관련이 있어 보이기도 한다. 그러나 함석헌의 경우는 매우 다르다. 함석헌은 자신을 포함한 한국인의 종교적 자아상을 수난의 여왕으로 이해했다. 그런데 그의 가족 관계 경험은 실제 수난이나 고난과는 거리가 멀다. 비록 한국의 변방지에서 태어났지만, 함석헌은 나름 주체적이고 이성적인 부모 밑에서 아들로 태어나 특별한 관심과 사랑을 받았다. 오랜 세월을 지독한 고통 속에 학대당하고 유린당한 늙은 창녀로 자신을 동일시하는 근거를 관계적 인간의 틀에서는 발견할 수 없다.

오히려 유동식과 함석헌 논의는 에릭슨의 '종교적 인간' 논의를 통해 이해하는 것이 보다 적절하다. 기독교인의 자아 발달은 심리학 연구에서 강조되어온 어린 시절 관계 경험에 대한 이해도 중요하지만, 하나님과의 관계 경험도 함께 조망해야 한다(정희성, 2013: 195). 즉, 관계적으로 부모 하나님, 연인 하나님, 친구 하나님으로도 경험할 수 있는 삼위일체 하나님에 대한 경험이 인간관계 경험과 상호 작동하여 기독교인의 인격을 형성해나갈 수 있다. 에릭슨 역시 프로이트와 달리 일상적 삶의 관계 경험을 넘어서 당대 사회의 전통적 가치나 종교적 이데올로기를 자신의 주요 대상으로 삼고 갈등하는 종교적 인간의 관계 경험을 주시했다(에릭슨, 1997: 341). 대표적 종교적 인간인 루터나 키에르케고르, 간디처럼 함석헌이나 유동식 역시 어린 시절부터 깊이 몰두했던 기독교를 실제 가족 관계 경험보다 더 근원적 경험으로 여기며 살았다.

그런데 에릭슨이 말하는 종교적 인간이란 콤플렉스에도 불구하고 창의적이고 새로운 정체성 구축을 통해 자신을 치료할 뿐 아니라 당대 사회와 문화에 치유적 대안을 제시하는 인간이다. 콤플렉스는 의식의 통제를 벗어나 마음의 어두운 영역에서 독특한 모습으로 존재하고 있는 심적 에너지이다. 에릭슨은 바른 정체성을 통해 콤플렉스와 같은 마이너스 요인이 능력감이나 사명감 같은 긍정적 요인과 다양한 방식으로 결합하며 생산적으로 승화될 수 있다고 했다. 에릭슨 역시 친아버지를 모르고 자랐으며, 의학을 전공하지 않은 분석가였으며, 대학 졸업장이 없는 저명한 학자였기에 의붓아들 콤플렉스가 있었다. 그러나 그는 이것을 '사랑받는 의붓아들 정체성(favored stepson identity)으로 승화시켰다(박아청, 2010: 15-17, 71, 84-85). 에릭슨이 종교적 인간의 대표로 꼽는 인도의 간디도 아버지와 심한 갈등이 있었을 뿐 아니라 피식민국 유색인종으로서 고질적인 콤플렉스가 있었다. 그러나 간디 역시 자신에 대한 확고한 정체성 속에서 독특한 친밀성과 신뢰감을 조성하며 콤플렉스 에너지를 흡수하고 열정적으로 인도 구국 운동에 앞장섰다(박아청, 2010: 89).

함석헌과 유동식에게 공통적으로 발견되는 것이 한국 기독교인으로서의 종교적 콤플렉스이다. 이들은 기독교의 하나님을 자신의 가장 우선적인 존재 기반으로 삼고, 기독교 하나님을 통해 자신의 삶의 의미를 부여받았으나, 기독교 하나님이 자신의 한국인 됨을 어떻게 수용하는가가 콤플렉스였다. 그리하여 함석헌의 경우, 일본 유학 시절 관동 대지진 후 일본 기독교인에 실망하면서도 공산주의에 가담하지 못하고, 기독교에도 온전히 전념하지 못했다. 그러나 우치무라 간조를 통해 그가 온전한 한국인이면서 기독교인이 될 수 있다는 것을 통찰하고 간조와의 만남을 일제 식민 치하 가장 고귀한 경험 중 하나라고 할 정도로 감격했던 것이다(함석헌, 2009c). 유동식 역시 부모나 조부모와 근원적 뿌리 관계를 맺지 못하고, 기독교가 자신이 돌아갈 참된 본향임을 믿고 굳게 살았다. 그러나 미국 유학을 통해 자신이 의지했던 기독교가 서구의 옷을 입은 기독교임을 알고서는 식민 치하 피식민국 시민으로서의 콤플렉스에 더해 기독교 안에서 다시금 주변화되었다는 콤플렉스를 가지지 않을 수 없었다.

하지만 함석헌과 유동식은 자신들의 종교적 콤플렉스를 창의적인 정체성 구축을 통해 자신뿐 아니라 한국 사람의 딜레마까지 해결하는 종교적 인간이었다. 에릭슨은 종교적 인간에 있어 정직함(integrity)에의 도전은 평생의 위기라고 했다. 종교적 인간은 종종 동료나 부모, 혹은 교사들보다도 조숙해 보이며, 자신이 누구인가에 관한 정체성의 문제에 심각하게 고민한다. 그래서 이들은 정신적으로 취약해 보이기도 하나 결국에는 인간 삶의 총체적 의미를 전달하는 초인간적이고 재능 있는 자로 판명된다(에릭슨, 1997: 341). 함석헌이나 유동식은 자신을 사로잡는 가공할 만한 종교적 콤플렉스에 압도당하지 않고, 자기와 민족을 '수난의 여왕'이라는 새로운 정체성 위에 세움으로써, 또 뿌리 없이 흘러가는 한국인의 종교적 취향의 뿌리를 풍류도로 이해함으로써 마침내 기독교적이며 한국적인 새로운 정체성을 창의적으로 발굴해낸 것이다.

한국인의 종교적 심성의 관점에서

한편, 한국인의 종교적 심성에 대한 연구에 따르면 한국인은 내면 깊숙이 인간 자신이 종교적 주체라는 의식을 가지고 있다(한자경, 2008: 29-30). 일반적으로 세계 각 민족의 건국 신화는 그 민족의 고유한 종교적 심성의 반영이다. 그런데 다른 민족의 건국 신화와 달리 한국의 건국 신화인 단군 신화에서 인간은 신에 의해 수동적으로 창조되거나, 자연스런 진화 과정의 산물로 여겨지지 않는다. 한국 최초의 인간인 웅녀는 환웅을 통해 사람 되는 법을 알게 되었지만, 동굴 속에서 오랜 기간 쑥과 마늘을 먹으며 불철주야 노력하여 사람이 되었다. 한국인 내면에는 이같이 종교적으로 인간이 된다는 것은 타인이 만들어주는 것이 아니라 자기 스스로 만들어가고 되어가야 한다는 의식이 있다.

이와 같은 관점에서 볼 때 함석헌이나 유동식의 논의 역시 자신을 종교적 주체로 이해하는 부분에서 비교적 자유로움을 알 수 있다. 프로이트의 종교 연구는 아버지와 아들 간 철저한 위계를 당연시하며 이의 전복을 통한 아들의 종교적 주체되어감에서 심한 죄책감과 양가감정을 발견하고 있다(프로이트, 2003: 413-420). 이와 달리 함석헌은 종교적 인간의 근본 원리를 '스스로 함'으로 보았고, 외적 구속에서 스스로를 해방하려는 과정의 '대듦'과 '저항'을 필수적으로 보았을 뿐 아니라 이를 참자유함의 과정으로 이해하고 있다(프로이트, 2003: 413-420). 유동식 역시 천지를 지으신 하나님의 자녀된 특성은 복종이 아니라 모든 속박으로부터의 해방을 의미하는 자유를 의미한다고 한다(유동식, 2009c: 317). 이런 특성을 이들의 인간관계적 측면에서 이해할 수도 있겠지만 종교적 주체됨을 궁극적으로 지향하는 오래된 한국인 종교 심성의 무의식적 반영으로 볼 수도 있지 않을까 생각한다.

다음으로 한국인은 종교적 심성 깊은 곳에 인간이 서로 상호 관계적으로 연결되어 있음을 강조한다고 한다(한자경, 2008: 31-34). 프로이트 이론에 있어 종교적 신의 모상인 아버지와 아들은 각기 매우 독립적이며 개별적인 존재이다. 이 둘은 개인으로서 혹은 인류로서 어머니 소유를 유일한 목표로 삼으며 서로 갈등하고 억압한다. 또 다른 종교심리학자 칼 융은 개인 무의식을 넘어서 집단 무의식을 종교심리와 연결하여 이해했다(융, 2001). 그러나 그에게 있어 집단 무의식은 개인의 깊은 종교적 심성에 주로 관계되는 것으로, 개인과 개인, 개인과 사회, 개인과 우주의 상호적 이해와 깊은 연관이 있지는 않다. 반면, 한국인은 표면적인 차원에서 인간은 개별적 존재로 보이지만 심층적 차원에서는 무한한 신적 존재와 연결된 존재라고 본다.

함석헌과 유동식의 논의에도 이 같은 상호성, 관계성의 측면이 부각되어 있다. 함석헌은 오랜 고난의 역사를 배경으로 수난의 여왕을 한국의 종교적 자화상으로 제시하며 수난의 여왕의 고난은 개인의 잘못이기도 하지만, 민족의 잘못이고, 우주의 잘못이라고 한다. 또 수난의 여왕의 고난 승화 역시 개인뿐 아니라 민족과 전 세계, 우주의 고난 승화라고 한다. "사람은 자유지만, 떠넘을 수 없는 절대의 너에게 얼굴을 맞댄 자유(양현혜, 2008: 166)"라는 주장에서 보듯 함석헌에게 인간은 항상 무한한 전체 앞에 자신을 세워야 하는 관계적 존재이다. 풍류도의 관점에서 한국인의 종교적 심성을 연구한 유동식은 무한한 존재와의 연결성을 더욱 분명히 드러낸다. 그에게 있어 한국인의 풍류도는 실상 아래의 요한복음 14장 20절에서 나타난 바와 같이 신인합일의 경지이기 때문이다. "그날에 내가 아버지 안에 있고, 너희는 내 안에 있고, 나는 너희 안에 있음을 알게 될 것이다(유동식, 2009c: 334).”

위의 논의와 연결하여 마지막으로 한국인의 종교적 심성 중 주요한 특징의 하나는 내면 깊숙이 인간 자신의 본질을 하나로 인식하는 것이다(한자경, 2008: 63). 프로이트에게 있어 아버지와 아들의 경계 넘기는 아버지의 죽음 외에는 대안이 없는 폭력적 행위를 동반했다. 때문에 성 만찬이나 기타 예식을 통한 경계 넘음의 기억 역시 심한 죄책감과 강박, 멜랑콜리를 동반했다. 프로이트의 유명한 저서인 『인간 모세와 유일신교』는 이의 구체적 예시로, 아케나텐 종교에서 유대교, 유대교에서 기독교의 파생에는 모두 모세를 비롯한 종교 지도자와 연관된 살해가 배후의 기억으로 있는 것이다(프로이트, 2003: 53). 그러나 이와 달리 한국인은 개별적인 표면적 차이를 넘어서 개별적 존재의 차이를 넘어서고 포용하는 무한의 하나에 관심한다. 그래서 그 무한의 하나를 중심으로 세계가 모두 하나라는 의식을 갖기 때문에 경계를 넘어 무한에 이르고자 하며, 이러한 과정에서 노래하고 춤추고 기꺼이 즐거워한다.

함석헌과 유동식의 지향점은 결국은 종교 간, 민족 간, 계급 간 경계를 넘어서는 탈경계를 통한 하나됨이다. 함석헌과 유동식의 오랜 고민은 기독교와 민족이었다. 그러나 함석헌이 묘사한 한국인의 종교적 자화상, 수난의 여왕은 결국에는 종교 간 경계를 넘어서고, 민족 간 경계를 넘어서고, 억압자와 피억압자의 경계를 넘어선 자아와 타자와 우주의 살림이다. 역사에 응용되는 종교, 살림을 위한 종교가 바로 한국인의 종교적 자아상의 이상인 것이다. 유동식 역시 기독교와 민족에 집착했지만, 결국은 풍류도를 통해 기독교와 민족의 경계를 넘어선다. 그는 풍류도가 종교-예술적 차원으로 한국 분단과 세계 평화에 공헌해야 함을 누차 강조했다. 또한 풍류도를 통해 종교 간 공존과 협력을 경험하고,

동양과 서양의 다양한 종교적 수련을 경험해본 한국이 세계를 위한 비폭력적 종교 간 경계 넘기에 앞장서야 할 것이라 강조한다.

지금까지 함석헌과 유동식의 종교적 자화상과 종교적 마음밭에 관한 논의를 고찰한 후 에릭슨과 한국 종교 심성의 관점에서 이들 논의의 특성을 살펴보았다. 함석헌은 한국인의 오랜 고난 경험을 깊이 숙고하며, 수난의 여왕으로서 한국인은 자기 고난에 대한 깊은 성찰 속에서 세계 평화의 하수구를 뚫고자 하는 종교적 정체성을 보여준다고 보았다. 유동식은 한국인이 다양한 세계 종교를 흡수하면서도 주체적일 수 있었던 이유를 한국인의 집단적 종교적 무의식인 풍류도에서 찾는다. 함석헌과 유동식은 에릭슨의 정의에 의하면 종교적 인간으로서, 고난과 나그네됨이라는 자신과 시대의 핵심 경험을 종교적으로 성찰하여 자신뿐 아니라 시대에 치료적 대안을 제시했다. 이들의 논의에는 예로부터 한국인 무의식에 흐르는 한국인 고유의 종교 의식인, 종교적 주체로서의 한국인, 상호 관계적 존재로서의 한국인에 대한 사고가 반영되어 있다. 이는 서구 논의 중심인 현행 종교심리학 연구에 새로운 통찰을 주는 귀한 자료로 사용될 수 있으며, 이와 같이 다양한 방식으로 종교심리학이 연구될 때 보다 다층적이고 풍성한 연구가 진행될 수 있을 것이다.

4장

기독 신여성 나혜석의 또 다른 목소리로

:: 젠더 평등의 한국 자원 ::

한국 여성의 치유에 관심하며 목회상담학에서 가장 많이 관심해온 것은 피해자로서 한국 여성이 목소리를 내도록 하는 것이었다. 오랜 역사 속, 성차별, 계급 차별, 인종차별을 겪은 한국 여성은 피해자 중 피해자로, 그야말로 가슴 깊이 한 맺히고 한 박힌 여성들이다. 그리하여 조선시대 삼종지도, 열녀 이데올로기 속 여성에 대한 가혹한 억압에 이어 왜란, 호란, 일제, 그리고 한국 전쟁과 독재 속 가혹한 여성의 희생과 수탈에 대해 주로 관심했다. 이처럼 한국 역사 속 피해자로서의 여성의 모습을 부각시키는 것은 가부장제 아래 침묵을 요구받고, 억압되어온 한국 여성 내담자의 모습을 철저히 규명하는 데 도움을 준다. 하지만, 이는 또한 한국 여성 내담자 치유를 위한 과거로부터 긍정적 유산, 긍정적 힘을 전혀 받을 수 없다는 문제를 지닌다. 따라서 한국 교회 여성 내담자의 치유를 위해 한국의 과거 문화 속에서도 한국 여성의 해방과 치유를 지원하는 다양한 목소리를 발굴할 필요가 있다.

사실 한국 근대 기독교 문화 속에서 철저히 잊혔으나 한국의 오랜 가부장제를 격렬히 교란시키고 틈내고자 한 '또 다른 목소리'가 있었다. 바로 1920년대 기독교 신여성 한국 최초의 여성 화가 나혜석, 한국 최초의 여성 편집인 김일엽, 한국 최초의 여성 작가 김명순에 의해서였다. 이들은 조선 왕조가 붕괴되고 일제의 통치가 진행되던 시기 혜성처럼 등장하여 한국 가족에서 여성의 삶에 대해 획기적 주장을 했다(최새은, 옥선화, 2003: 56-57). 나혜석은 소학교 시절부터 기독교를 믿었으며, 김일엽은 목사의 딸이었으며, 김명순 역시 어린 시절부터 기독교적 분위기에서 자랐다(김미영, 2004). 그러나 이들이 여성으로서 자신의 온전한 주체됨을 선언하고 젠더 평등한 삶을 살아내고자 했을 때 한국 근대와 기독교는 이들을 철저히 정죄하고 타자화했다(정희성, 2009). 이에 이들을 한국 기독교 문화 안에 다시 자리매김하여 한국 교회 여성 목회상담의 특별한 유산으로 삼는 작업은 중요하다.

이 장에서는 나혜석을 중심으로 기독교와의 관련성을 부각시키며, 그녀의 독특한 삶과 가족 이해를 살펴본다. 김일엽이나 김명순도 기독교인이었으나 이들을 기독교 문화 안에 배치하는 것은 보다 복잡한 차원의 논의를 요한다. 김일엽은 청년기 이전에 부모와 형제 모두를 잃고 불행한 결혼 생활을 하다 결국 불문에 귀의했으며, 김명순은 소실의 딸로, 성폭행 및 자유분방한 연애 경험 후 기독교에서 소외되고 비극적으로 인생을 마쳤기 때문이다. 나혜석은 한국 최초의 여성 화가로, 뛰어난 문필가로, 선구자적 여성 해방가였다. 나혜석의 삶과 주장을 초기, 중기, 후기로 나누어 이해한 후 여성주의 관점에서 그녀를 기독교 안에 재배치할 것이다. 이를 통해 나혜석을 한국 기독교에서 다시 '기억(re-member)'시키고, 한국 기독교의 주체로 '재가입(re-member)'시키고자 한다. 그리하여 젠더 평등을 향한 기독 여성 나혜석의 불굴의 의지와 꿈을 '영적 연대(spiritual connection)'를 통한 한국 여성 내담자 치유의 한국 기독교 문화 자원으로 삼고자 한다.

1. 초기: 하나님의 딸로서의 인식

동경 유학 시절부터 결혼 전까지의 초기에 나혜석은 하나님의 딸로서 자신의 기독교적 정체성을 확립했고, 결혼 생활의 중기에는 주로 초기에 확립된 기독교적 인식을 근거로 구체적 삶을 반성하고 관찰했다. 이혼 후인 후기에는 제도화된 기독교와 멀어지나 이전부터 형성된 기독교적 인식의 맥락에서 가부장제의 이중성을 비판하고 섹슈얼리티의 평등을 주장했다.

나혜석은 소학교 때부터 기독교를 믿기 시작했다. 1896년 경기도 수원에서 태어난 나혜석은 구한말 대표적인 개화 관료였던 아버지와 교육 사업에 관련했던 친지의 영향으로 일찍부터 기독교 관련 소학교에 다닐 수 있었다. 당시 한국에 갓 전파된 기독교의 선교사들은 한국 가족 내에서 어머니로서 여성의 중대성을 인식하고 전국 각지에 여학교와 부인성경학교를 설립했다(박용옥, 2001a: 260). 스크랜튼 여사도 이화학당을 설립한 후 이어 1902년에는 수원에 삼일여학교를 세웠는데, 바로 나혜석이 다닌 학교였다(이상경, 2000: 50). 삼일여학교는 기독교 학교였을 뿐 아니라 한국 가족에서 억압당하는 여성의 문제에 매우 동정적이었다.

이런 분위기 속에서 나혜석은 한국 사회와 가족에서 여성이 당하는 고통과 억압에 대해 생각하며 자연스럽게 기독교인이 된 것으로 보인다.

동경 유학 기간 그녀는 보다 진지하게 기독교에 귀의하게 된다. 일제 무단 통치하에서 일체의 집회와 출판이 허용되지 않자 한국의 많은 젊은이들이 외국 유학을 시도하며 새로운 삶과 지식을 배우고자 했다. 미국과 유럽 등지에도 유학을 갔으나 절대 다수의 학생들이 가까운 일본으로 유학 갔으며, 조선인 교회나 조선 기독교 청년회관 같은 곳에 모여 한국의 독립과 선각자로서 자신들의 사명에 대해 토론하곤 했다(박용옥, 2001a: 467). 나혜석은 진명여학교를 졸업한 후 1913년 동경여자미술학교로 유학을 떠났다. 나혜석 역시 이 시대에 다른 유학생들과 마찬가지로 기독교 관련 장소에 모여 남녀 교인들과 교제하며 민족 문제에 관심했을 뿐 아니라 선각자로서 사명을 자각하며 여러 활동을 전개했다. 특별히 이 시기에 나혜석은 동경 조선인 교회에서 세례를 받고 기독교에 자신의 삶을 위탁하게 된다(나혜석기념사업회, 2001: 740).

이런 배경에서 이 시기에 나혜석은 자신을 하나님의 딸로서 이해한다. 에릭 에릭슨에 의하면, 청년기의 가장 주요한 과제는 정체성 획득이다. 자기가 누구이며 무엇을 위해 살아야 하는가에 대한 인식을 획득해야 한다는 것이다(Erikson, 1997). 1918년 발표된 나혜석의 자전적 소설 『경희』를 보면, 나혜석은 이 시기 하나님의 딸로서 자신에 대한 인식을 확고히 한 것으로 보인다. 방학을 맞이하여 고향에 돌아간 신여성 경희에게 아버지는 부잣집 아들과 결혼하여 편안하게 살라고 했다. 경희는 아버지의 제안을 단호히 거부하면서도 곧 심각한 갈등에 빠지는데, 탄탄대로와 같은 결혼 대신 아슬아슬하고 척박한 삶을 살아가야 할 이유에 대해 확신이 서지 않았기 때문이었다. 그렇지만 아래와 같은 깨달음에 도달하면서 자유로워진다. "경희도 사람이다. 그다음에는 여자다. 그러면 여자라는 것보다 먼저 사람이다. 또 조선 사회의 여자보다 먼저 우주 안 전 인류의 여성이다. 이철원 김 부인의 딸보다 **먼저 하나님의 딸이다**(나혜석, 2000: 103)."[1]

다시 말하면 나혜석은 이 시기에 경희와 같이 자신이 육신의 부모가 아닌 하나님에 속한 존재임을 확고히 하며 하나님 딸로서 부여된 자신의 사명을 다할 것을 다짐한 것으로 보인다. 기독교 선교 초기, 민족 상실과 고된 가족 관계 속에서 신음하던 한국 여성들은 부모, 남편, 시부모와의 관계를 넘어서서, 하나님께 속한 누구보다 귀한 딸임을 자각하며 자신의 존재 의미를 찾을 수 있었다(박용옥, 2001a: 251). 민족의 위기 속에서, 또 정체성의 고민 속에서, 나혜석 역시 자신이 육신의 부모에 속한 딸이기에 앞서 하나님의 딸임을 자각하며 자신의 존재 의미를 깨닫는다. 소설 속의 경희는 이런 자각을 하게 되자 견딜 수 없는 황홀경의 경지에서 "두 팔 번쩍 들고, 두 다리 껑충 뛰고" 하나님의 딸로서 소명을 다할 것을 맹세한다. 이 기쁨과 감격 속에서 소명을 다짐하는 경희의 모습이 바로 젊은 시절 나혜석이 아니었을까 생각한다.

> **하나님! 하나님의 딸이 여기 있습니다. 아버지!** 내 생명은 많은 축복을 가졌습니다 ….
>
> **하나님!** 내게 무한한 광영(光榮)과 힘을 내려 주십쇼.
>
> 내게 있는 힘을 다하여 일하오리다…(나혜석, 2000: 103-104).

---

1 나혜석의 글은 나혜석의 많은 글을 모아 이상경이 현대어로 편집 교열한 『나혜석 전집』을 주로 참고했으며, 이후 인용부에서의 강조는 필자가 첨가한 것이다.

뿐만 아니라 결혼 전 나혜석에게 있어 기독교는 생활의 일부였던 것으로 보인다. 1917년 『학지광』에 발표한 「잡감(雜感): K언니에게 여(與)함」에서 나혜석은 한국 가족과 사회에서 여성이 인격적으로 대우받아야 하는 이유를 성서를 인용하여 설명한다(나혜석, 2000: 194). 성서에 아내들은 남편을 주를 좇듯이 하고, 남편은 그리스도가 교회를 사랑하듯 아내를 사랑해야 한다고 쓰여 있다는 것이다. 또한 세상 인류가 모두 하나님의 아들과 딸이고 서로 동포지간이므로 여성도 인격적으로 존중받아야 한다는 것이다. 편지 형식의 단편소설 「회생한 손녀에게」에서도 죽어가는 의손녀가 다시 회복되었을 때 하나님께 무릎 꿇어 감사의 기도를 거듭 드렸다는 표현이 나온다(나혜석, 2000: 108). 「4년 전 일기 중에서」에서 쉬는 시간이 생기면 찬송가를 부르는 등 이 시기 나혜석에게 교회와 교인들의 풍속은 매우 익숙한 듯 보인다(나혜석, 2000: 203).

한편, 하나님의 딸이라는 정체성에 근거하여 이 시기 나혜석의 주요 관심은 세 영역에 걸쳐 있다. 먼저, 여성도 사람으로 살아가야 한다는 선구자적 사명에 대한 자각이다. 1918년 나혜석은 『여자계』에 「광(光)」을 발표해 자신을 깨운 빛에 의해 자신의 사명을 뜨겁게 각성했음을 밝힌다.

> 그가 벌써 와서 내 옆에 앉았었으나 나는 눈을 뜨지 못했다
> 아아! 나는 어쩌면 그렇게 깊이 잠이 들었었는지….
> 아아 빛아! 빛아! 마찰(摩擦)을 시켜라.
> 아무것도 모르고 자는 나를 깨운 이상에는
> 내게서 불이 일어나도록 뜨겁게 만들어라.
> 이것이 깨워준 너의 사명이오.

깨인 나의 직분이다.

아! 빛아! 내 옆에 있는 빛아! (나혜석, 2000: 105).

이상경은 나혜석을 깨운 빛을 사랑으로 읽을 수도 있고 근대적 정신으로 읽을 수도 있지만, 근대적 정신으로 읽을 때 기쁨으로 사명을 감당하고자 하는 열정을 더 잘 이해할 수 있다고 한다(이상경, 2000: 162). 그러나 이 시기 기독교와 근대 정신이 상호적으로 엉키며 소개되었다는 점을 감안한다면, 이때 나혜석의 사명을 각성하게 해준 것은 기독교 근대정신이라고 해도 큰 무리는 없을 것이다. 나혜석은 기독교를 통해, 또 하나님의 딸이라는 자각을 통해 시대를 향한 사명을 자각하고 헌신할 것을 다짐한 것이다.

두 번째는 민족 돌봄의 문제이다. 나혜석은 동경 유학 이후 한국에 돌아와 김마리아, 황에스더, 박인덕 등과 함께 정동교회에 모여 3·1운동을 계승할 수 있는 여학생 독립운동 조직 및 자금 지원을 모의하다 옥고를 치르기도 했다. 또한 「회생한 손녀에게」라는 작품을 통해 민족 회복의 꿈과 헌신을 다짐하기도 했다. 이 작품은 나혜석이 병들어 죽은 자신의 약혼자를 제대로 돌보지 못한 개인적 회환과 관계된 작품이라고 이해되기도 한다. 그러나 병든 손녀가 할머니로 지칭하는 화자와 실제 아무런 관련이 없다는 점, 다시 살아난 소녀가 실제 사람인지 사물인지 분명하지 않은 점, 실제 화자의 나이가 할머니가 아닌 점, 또 세 살 때 어머니를 잃었다는 소녀가 태어난 해가 한국의 국권 상실의 해인 1910년경인 점을 고려할 때, 이 소설은 상실된 국권을 애국심으로 회복하자는 내용으로 이해할 수도 있다(한국여성소설연구회, 1995: 101-103). 그렇다면 이 작품을 통해 나혜석은 민족의 할머니, 어머니가 되어 민족 회생에 동참하고자 하는 의지를 강력히 표현하고 있는 셈이다.

하나님의 딸로서 소임을 각성한 이 시기의 나혜석이 관심한 세 번째 영역은 개별 가족에서 양성평등한 삶의 구현이다. 소설 『경희』를 통해 나혜석은 여자는 시집가서 아들딸 낳고 시부모 섬기고 남편 공경만 하면 된다는 주장에 강력히 반발한다. 그리고 여자도 남자 못지않게 경제적인 면에서, 사회적인 면에서 사회적 성취를 해야 한다고 주장한다. 남자가 하는 일이라면 무엇이든 여자도 할 수 있다는 것이다(나혜석, 2000: 100). 그런가 하면, 「이상적 부인」을 통해서 나혜석은 또한 현모양처(賢母良妻)의 교육은 있으나 양부현부(良夫賢父)의 교육은 없는 한국 가족의 남녀 불평등에 대해 비난한다. 한국 가족은 교육을 통해 여성에게 온순하고 유순하게 사는 것만을 강요했는데, 이것은 여성을 노예화하고자 하는 것과 마찬가지라고 했다(나혜석, 2000: 184). 또한 「잡감」에서 여성은 가족에서 삼종지도(三從之道)의 구태의연한 가르침에 얽매여 살지 말고 사람다운 사람의 삶의 추구를 열망해야 한다고 했다(나혜석, 2000: 194).

주목할 만한 것은 이 시기 하나님의 딸로서의 정체성을 가장 중요하게 여긴 나혜석이 매우 독특한 관점에서 개별 가족의 문제를 이해한 것이다. 일반 학문의 가족 논의에서는 주로 두 사람 간의 연애와 결혼, 그리고 그 관계로 인해 형성된 자녀 및 원가족에 관심한다. 반면, 하나님의 딸로서 자신을 이해하는 초기 나혜석에게 있어 이론적으로 이상적인 가족은 하나님을 부모, 아버지 혹은 어머니로 하는 가족이며, 개별 가족은 하나님 가족의 한 부분일 뿐이다. 또한 하나님을 중심한 가족에서는 모든 인류가 하나님의 아들과 딸로서 서로 동등하다. 이 같은 기독교적 인식의 우선성이 이후 나혜석이 가부장제를 넘어서서 여성의 완전히 동등한 평등을 주장하게 된 배경으로 보인다.

2. 중기: 젠더 차이의 인식

하나님의 딸로서 자신의 존재 의미를 파악했던 나혜석은 결혼 후에도 큰 변화 없이 결혼 전에 형성된 기독교적 인식의 영향 아래 있었다. 다만 결혼 전의 이해가 관념론적이고 당위적 측면이 강했다면, 결혼 후의 이해는 아내로서, 어머니로서, 예술가로서 한국 가족에서 경험하는 구체적 문제와 씨름하며 이에 대한 구체적 반성과 관찰에 기초한다. 그렇기 때문에, 나혜석은 결혼 전 형성된 기독교적 인식의 틀을 유지하면서도 개별 가족의 문제에 보다 관심하는 한편 남성 경험과 확연히 다른 여성 경험을 여성의 시각에서 이야기하기 시작한다.

나혜석은 1920년 김우영과 결혼했다. 김우영은 소위 신남성으로서 나혜석이 소망하듯 각자의 개성을 존중하며 평등한 가족 만들기에 적극 협력하겠다고 했다. 그리하여 나혜석이 내세운 세 가지 결혼 조건, 즉 '일생을 두고 지금처럼 자신을 사랑해줄 것', '그림 그리는 것을 방해하지 말 것', '시어머니와 전실 딸과 별거하게 해줄 것'에 무조건 동의했으며, 일찍 죽은 나혜석의 전 애인 묘지로 신혼여행을 가서 비석까지 세워주기도 했다(나혜석, 2000: 400-401). 김우영은 또한 독실한 기독교인이었다. 그는 젊은 시절부터 기독교를 신앙했으며 연애 시절에도 중요한 순간 하나님께 감사 기도를 드렸다(나혜석, 2000: 400). 결혼도 목사의 주례하에 교회에서 했으며, 결혼 이후에도 줄곧 신앙인으로서의 모습을 보여주었다. 이런 배경에서 나혜석은 이 시기 변함없이 기독교적 관심과 입장을 유지할 수 있었다.

그런 까닭인지 결혼 기간 중 나혜석의 글에는 기독교적 사유나 용어가 매우 자연스럽게 녹아 있다. 1923년에 발표한 「모(母)된 감상기」에서 나혜석은 태어난 아기를 돌보느라 한 시간도 마음 편히 잠들 수 없는 피곤한 상황에서도 책을 놓지 않는 이유를 하나님과 연관하여 생각한다. "지금 생각건대 하느님께서는 꼭 나 하나만은 살려보시려고 퍽 고생을 하신 것 같다. 그리하여 내게는 전생에서부터 너는 후생에 나가 그렇게 살지 말라는 무슨 숙명의 상급을 받아 가지고 나온 것 같다(나혜석, 2000: 221)." 또한 이 시기의 여러 글에서 목사 앞에서 결혼을 서약할 때의 감정에 대한 기억뿐 아니라, 창조주이며 조물주인 하나님을 염두에 둔 자문자답 및 경험 서술이 나타나고 있다(나혜석, 2000: 222, 233). 결혼이 파경에 이르렀던 시점까지도 기독교 하나님에 대한 나혜석의 철저한 신뢰는 변함없이 계속되었던 것으로 보인다(나혜석, 2000: 410).

나혜석은 결혼 전 자신을 하나님의 딸로서 이해하며 주목해왔던 세 영역에 대해서도 지속적인 관심을 기울였다. 여성도 사람으로서 살아야 한다는 선각자적 소명과 실천에의 각성은 이 시기 더욱 구체화되기도 했다. 1921년 『매일신보』는 입센의 희곡 『인형의 가(家)』를 연재하며 나혜석에게 마지막 회의 노래 가사를 부탁했다. 나혜석은 이 시에서 결혼 전과 마찬가지로 여성도 자신을 사람으로 만든 하나님의 뜻에 따라 사람처럼 살아야 할 선구자적 사명과 의무가 있다고 했다. 이제는 아버지의 딸, 남편의 인형과 같은 위안물이 아니라 사람다운 사람으로서 사명의 길을 걸어가야 한다는 것이다(나혜석, 2000: 113-114).

사람다운 사람으로 살기 위해 구체적으로 나혜석은 진정한 '나'의 발현을 위해 노력해야 한다고 지적한다. 결혼 전 나혜석의 「잡감(雜感): K

언니에게 여(與)함」은 여자의 허영심과 욕심에 대해 비판하는 K에 대한 반박의 글이었다. 나혜석은 조선 여성도 옷가지나 겉치레에 대한 쓸데없는 허영심이 아니라 사람다운 삶을 살 욕심, 배우는 학문을 자신의 소유로 삼겠다는 욕심, 배움을 조선화시킬 욕심, 활동할 욕심, 자손에게 무언가를 남기겠다는 욕심을 가져야 할 것이라고 이야기했다(나혜석, 2000: 192-193). 이와 같은 사고를 발전시켜 나혜석은 결혼 시기에 "나를 잊지 않는 행복"을 통해서 여성의 진정한 나의 회복에 관심했다. 한국의 여성은 지나친 희생과 겸손과 의존 속에서 참자신을 잊고 살아왔다. 그러나 이제 한국 여성은 자신의 몸과 마음을 귀하게 여기며 사랑해야 한다는 것이다(나혜석, 2000: 314). 「생활 개량에 대한 여자의 부르짖음」에서도 생활 개량이나 살림의 고침보다 먼저 자기 자신을 개량하는 것이 제일 중요하다고 했다(나혜석, 2000: 275). 참자신 구현의 삶을 실천으로 보이듯 이 시기 나혜석은 조선미술전람회에 매회 입상함으로써 한국 최고의 화가로도 뚜렷이 부상했다.

결혼 후 민족 돌봄에 대한 운신의 폭은 좁았지만, 그럼에도 불구하고 나혜석은 나름대로 민족 독립에 동참하고자 했다. 나혜석의 남편 김우영은 일제 치하에서 관료 생활을 시작했다. 1921년 나혜석은 만주 안동현 부영사로 임명된 김우영을 따라 만주로 이사했고, 그곳에서 안동현 여자야학을 개교해 조선인 학생들을 위한 교육 활동을 적극 전개했다(박환, 2001: 165-187). 또한 외교관 부인이라는 권한을 이용하여 일제의 감시를 뚫고 국경을 넘나들던 민족 운동가들의 편의를 봐주었으며, 독립운동가들이 체포 전 맡겨둔 권총을 잘 보관하고 있다가 줌으로써 '민족을 위한 정성'을 가진 사람으로 평가되기도 했다. 의열단 사건으로 옥중에 갇혔던 운동가들을 찾아와 걱정하고 정신적 격려를 아끼지 않기도 했다. 고급 관료의 아내로서 주목을 받으면서도 나혜석은 조심스럽게 민족의 회생을 위한 노력을 계속했던 것이다.

그렇지만 이 시기 나혜석이 무엇보다 많이 관심한 영역은 개별 가족에서 평등한 남녀 관계의 문제이다. 결혼 전 하나님의 딸로서 자신을 이해하며 개별 가족을 하나님 중심으로 구성된 가족의 일부로 이해한 것과 달리, 결혼 생활과 함께 개별 가족에 대한 나혜석의 관심은 점차 증가한다. 특별히 나혜석은 자신의 매우 사적인 경험의 노출을 통해 평등한 남녀 관계, 자유로운 연애, 친구 같은 부부 관계를 사회에 드러냈다. 1921년 《동아일보》에 발표한 「4년 전 일기 중에서」에서 나혜석은 김우영으로 예상되는 K와의 결혼 전에 있었던 연애 경험을 매우 사실적으로 묘사한다(나혜석, 2000: 197-204). 여자인 나혜석이 열차를 타고 K의 집을 찾아간 이야기, K의 정중하고도 귀한 대접에 관한 이야기, 오랜만에 만난 연인 K와 뜨겁게 키스한 이야기, K와 한 집에서 잠을 잔 이야기, 또 자신에 대한 K의 열렬하고 간절한 구애에 관한 이야기 등을 하고 있다. 1923년의 「부처간의 문답」에서도 자신의 경험을 통해 나혜석은 부부지간의 살갑고 정겨운 대화와 웃음, 평등한 부부관계에서의 베개를 맞대고 하는 놀이와 나눔의 모습을 묘사했다(나혜석, 2000: 240). 내외지간의 철저한 분리가 강조됐던 조선 시대, 평등한 관계 속에서 서로 존중하고 사랑하는 신가정의 모습을 드러내고자 했던 것이다.

또한 나혜석은 점차 가족 구성원으로 여성의 독특한 경험에 관심하기 시작한다. 나혜석은 결혼과 함께 다가온 갑작스러운 임신, 출산의 고통, 양육의 어려움 등 어머니로서 여성의 경험이 얼마나 특별나며 이전에 이해했던 바와 다른지를 기록한다. 1923년 발표한 「모된 감상기」에서 나혜석은 그녀의 사랑하는 첫딸을 낳을 때의 경험을 상세히 적었다. 첫

딸에게 김우영과 나혜석의 기쁨이라는 뜻으로 김나열—김우영의 김(金), 나혜석 나(羅), 기쁨(悅)—이라 이름 지을 정도였지만, 임신은 자신이 이전에 상상했던 것과는 너무나 다르고 낯선 경험이었다. 전 인류와 동포에 대한 의무감과 책임에 전념하지 못할지도 모른다는 부담감, 갖은 형벌과 고문 속에서도 마음만 먹으면 못할 것이 없다 되새겼던 신념의 좌절뿐 아니라 급작스런 사고와 몸의 변화는 그야말로 혼자 감당하기엔 너무나 힘든 '모(母)된 선고'였다. 갑자기 배 속에서 꼬물락거리는 존재에 대한 생소함, 혹시 장애아를 낳는 것이 아닐까 하는 불안감, 자신이 어머니 될 자격이 있는가에 대한 질문, 말로 표현할 수 없을 정도의 출산의 고통, 일 년 내내 한 시간도 마음 놓고 잘 수 없는 수유의 고통 등도 이에 포함된다(나혜석, 2000: 219).

나혜석의 이와 같은 논의는 당시 사회에서 한국 여성에게 부과되었던 어머니 역할에 대한 비신화화를 의미했다. 일제 치하 식민지 상황에서 한국의 남성 지식인들이 한국 여성에게 강조했던 역할은 어머니였다. 민족 상실과 가족 구조의 변화 속에서 아무런 역할도 감당할 수 없었던 아버지로서 자신의 처지를 대신하여, 이들은 가족 부양뿐 아니라 민족 회생에 공헌할 자녀의 양육과 교육에 대한 의무를 한국 여성에게 지우고 이를 신성화했다(조혜정, 1986). 이런 상황에서 나혜석의 진솔한 경험의 서술은 모성 신성화에 대한 허구의 지적이자 해체였다. 따라서 백결생 같은 남성은 「관념의 남루를 벗은 비애」라는 반박문을 통해 자신이 선택한 결혼과 그로 인한 임신에 대해 나혜석이 고민하는 것은 책임 관념이 모자란 때문이며, 임신이란 여성의 거룩한 천직이며 인류를 향한 의무임을 자각해야 한다고 비판했다(나혜석, 2000: 673). 이에 대한 반박문을 통해 나혜석은 다시 「모된 감상기」는 자신의 가장 정직하고 용감한 말이었으며 이에 공감할 어머니들이 확실히 있을 것이라고 했다. 여성의 경험에 대한 신뢰와 정직한 관찰을 통해 나혜석은 사회에서 강요된 모성의 허구를 파헤쳤던 것이다(나혜석, 2000: 235-239).

나혜석은 또한 이 시기 부모의 결정에 의한 강제 혼인, 조혼, 소년 과부, 과부 재가 금지로 인한 폐해, 축첩 문제 등 당시 한국 가족에서 여성이 경험하는 불행과 아픔의 경험에 대해 여성의 관점에서 동정과 연민을 가지고 표현했다. 결혼 전 썼던 소설 『경희』에도 유복자 아들을 데리고 평생을 산 불우한 소년 과부의 이야기가 나온다. 그런데 결혼 생활 중이던 이 시기 나혜석은 이렇게 불우한 여성들의 이야기를 보다 적극적으로 소설화한다. 1921년 「규원」에 등장하는 여인은 아버지끼리 술자리에서 한 결혼 약속으로 열여섯 살 때 열세 살짜리 신랑과 결혼하지만 서른도 채 못 되어 남편이 병으로 죽는다. 마치 자신이 남편을 죽인 양 죄인처럼 지내다가 3년상을 지냈는데, 젊은 과부를 탐하는 장주사의 서툰 수작으로 시집과 친정에서 쫓겨나 남의 집 주막에 얹혀사는 슬픈 이야기이다. 「원한」의 여인도 열다섯 살에 열한 살 된 남편과 결혼하나 남편은 노름과 주색방탕을 일삼다 스물세 살에 죽어버린다. 어느 날 김여인을 눈여겨보았던 이웃집 늙은 박참판이 밤에 들이닥쳐 강제로 성폭행한다. 결국 시집서 쫓겨난 김여인은 박참판의 셋째 첩이 되어 큰 마누라의 몸종 같이 지내며 갖은 고생을 하다 몰래 도망 나와 광주리 바구니를 이고 "아이고 아이고 다리야. 다리야. 으흥 (…) 그놈." 하는 신세가 되었다는 이야기이다(나혜석, 2000: 115-125, 136).

3. 후기: 젠더 평등의 주장

나혜석의 삶과 주장을 기독교적 자원으로 사용할 수 있는가 여부에 있어 가장 논란이 되는 것은 바로 이혼 이후의 후기 삶이다. 이 시기에 나혜석은 급작스런 삶의 변화를 경험하며 기독교와 멀어진다. 그러나 기독교적 인식의 측면에서 그녀는 삶의 초기부터 하나님의 딸로 자신을 이해하며 관심해왔던 문제에 대해 지속적 관심을 기울였다. 특히 가족과 사회에서 양성평등적 문제에 관심하며, 섹슈얼리티에 있어서 한국 가족에서 남성과 여성에 대한 이중성을 강력히 비판하고 여성의 온전한 평등을 주장했다.

1929년의 구미 여행은 나혜석 삶에 큰 전환점이 되었다. 칼 융은 인생의 중년기란 새로운 정체성의 갈등이 다시 시작되는 시기라고 했다. 나혜석은 중년에 접어들며 새롭게 제기되는 인생의 문제를 해결해보고자 하얼빈, 모스크바, 스위스, 파리, 벨기에, 네덜란드, 미국 등 세계 각지를 여행하며 새로운 문물과 삶의 방식을 마음껏 흡수했다. 그러나 구미 여행 중 경험했던 서구인들의 자유와 섹슈얼리티에 대한 태도, 이의 영향 속에서 발생한 최린과의 연애 관계 등으로 그녀의 삶은 걷잡을 수 없이 수렁 속에 빠지게 된다. 결국 1930년 생활비도 받지 못한 채 그녀는 이혼장에 도장을 찍어야 했다. 이후 나혜석은 더욱 고립되고 악화되어 정신 질환과 각종 질병에 시달리며 방랑하다 1948년 어느 추운 겨울날 행려병자로 길에서 죽는다.

이와 같이 삶의 급작스런 변화를 겪던 시기 나혜석은 기독교와 소원해진다. 나혜석에게 있어 이혼 전과 이후의 삶은 그야말로 극과 극이었다. 이혼 전 나혜석은 한국 최고의 예술가, 화려한 생활을 연상케 하는 외교관의 아내, 4남매의 훌륭한 어머니로서 황금기를 경험했다. 그러나 이혼 이후 나혜석은 좋은 예술 작품을 그릴 수도 없었으며, 사랑하는 아이들을 만날 수도 없었고, 경제적으로도 매우 곤란한 상황에 놓였다. 이런 삶의 급격한 변화 속에서 나혜석은 이전까지 신앙했던 기독교와 멀어지고 불교에 가까워진다. 1933년 나혜석은 자신이 세운 여자미술학사에 금도금한 불교의 초상을 갖다놓고 불교를 믿기 시작했다고 했다(나혜석, 2000: 648). 또 깊은 좌절과 실망 속에서 한때 선배였던 김일엽 스님을 찾아가 수덕사 밑의 수덕여관에 오래 머물기도 하고, 해인사, 다솔사 등 전국의 명사찰을 방문하며 수양하기도 했다.

그렇지만 이 시기에 나혜석이 기독교를 완전히 떠났다고 보는 것은 성급하다. 자신을 스스로 불교 신자라고 밝히던 1933년 여자미술학사에서의 기록 이후 쓴 「총석정 해변」에서 나혜석은 오랜 시절 믿어왔던 기독교에 대한 여전한 애착과 연민을 드러낸다. 총석정 해변에서 나혜석은 한 여인을 만났다. 여러 가지 이야기를 함께 나누다 뜬금없이 그 여인은 나혜석을 향해 예수를 믿느냐고 질문한다. 나혜석은 지금은 믿지 않는다고 했지만, 곧이어 여인에게 예수를 믿고 마음을 잡으라고 조언하다. 뿐만 아니라 얼마 후 고향으로 돌아가는 여인을 향해 "가서 마음을 붙여 살고 예배당에나 다니며 예수나 믿으시오."라고 한다. 글의 마지막에선 다시 한번 그녀를 회상하며 "아, 하느님, 내 사랑하던 친구에게 건강과 행복의 은혜를 베푸소서."라고 기도한다(나혜석, 2000: 395-396). 기독교를 더 이상 믿지 않는다고 하면서도 자신의 전 인생의 구심점이 되었던 기독교에 대한 아련한 기대와 애착을 보여주는 것이다.

그렇기 때문에 이 시기 나혜석을 방황 중인 기독교인이라고 이해하는 것이 낫지 않을까 생각한다. 이혼 전후 나혜석은 당시 자기 주변의 기독교인들의 반응에 매우 실망했다(김미영, 2004: 75). 자타가 공인하는 독실한 기독교인이었던 남편 김우영에게 나혜석은 이혼에 앞서 다음과 같이 간절히 설득했다. "당신과 내 힘으로 못살겠거든 우리 종교를 잘 믿어 종교의 힘으로 삽시다. 예수는 만인의 죄를 대신하여 십자가에 못 박히지 아니했소?(나혜석, 2000: 410)." 그러나 김우영은 자신이 내세우던 기독교 신앙보다 가부장적 권위와 자존심을 회복하는 것이 더 중요했고, 결국 나혜석의 간곡한 설득을 외면했다. 뿐만 아니라 나혜석이 도움을 요청하며 달려갔던 기독교인 지인들도 호기심 속에 나혜석의 문제를 관망하거나 그녀를 멀리했다(김미영, 2004: 78). 삶의 위기에서 기독교적 사랑과 용서와 화해를 기대했던 나혜석을 이들은 철저히 배척했으며, 그 결과 나혜석은 점차 기독교 공동체에 속할 수 없었던 것이다. 기독교가 나혜석을 버렸다는 표현이 오히려 더 정확할지도 모른다.

그렇지만 기독교적 인식의 측면에서 나혜석은 생애 초기 하나님의 딸로서 관심해온 영역의 주장을 이혼 이후에도 일관성 있게 이어가고 있다.[2] 나혜석은 이혼 후 새로운 삶의 전환점에서 좌절하고 괴로워하면서도 이전부터 계속되었던 하나님의 딸로서 자신의 선각자적 사명에 대한 고민을 이어간다. "한 사람이 이만큼 되기에는 조선의 은혜를 많이 입었다. 나는 보은(報恩)할 사명이 있어야 할 것이다. 교육계로, 농업계로, 상업계로, 언론계로, 문예계로, 미술계로, 인물을 기다리는 이때가 아닌가(나혜석, 2000: 438)." 그렇지만, 이혼으로 인한 잇단 좌절과 분노는 나혜

2 인생의 끝 무렵, 나혜석이 정신적 혼란 속에 더 이상 예술과 글쓰기에 전념할 수 없었던 시기는 이 논의에서 제외한다. 참담함과 완전한 절망 속에 있는 사람에 대해 그전까지 믿었던 종교를 계속 신앙하는지 끈질기게 질문하며 신자 여부를 규명해내려는 작업 자체가 잔인하고 무의미하다고 생각하기 때문이다.

석으로 하여금 세 번째 영역, 즉 한국 사회와 가정에서의 양성평등의 문제에 집중하게 했다. 특별히 섹슈얼리티의 문제에 관심하며, 인생의 후기 삶과 정신이 극도로 피폐해지고 혼미해진 상태에 이르기 전까지 나혜석은 지속적으로 당시 한국 가부장제에서 남성과 여성에 대한 섹슈얼리티의 이중적 잣대를 비판한다.

섹슈얼리티에 있어 한국 남성의 이중성에 대한 구체적 도전은 1934년 『삼천리』에 발표한 「이혼고백장: 청구씨에게」를 통해 시작되었다(가즈에, 1999: 365). 이 글에서 나혜석은 자신과 김우영의 연애부터 11년간의 부부 생활, 두 사람의 부부 관계를 이혼에 이르게 한 시댁과의 관계, 이혼을 앞두고 부부간의 대립과 갈등, 모성애, 이혼 후 소감과 같은 개인적이고도 은밀한 사적 영역의 삶을 공적 영역에 표현했다. 또한 이 이혼이 자신이 원했던 바가 아니며, 김우영의 강요에 의한 것이었다는 것, 여성의 성적 이탈을 문제 삼으면서도 남성인 김우영은 이혼 전에 이미 다른 여자와 동거했음을 지적하며, 조선 남성의 이중성을 함께 고발했다. "조선 남성 심사는 이상하외다. 자기는 정조 관념이 없으면서 처에게나 일반 여성에게 정조를 요구하고 또 남의 정조를 빼앗으려고 합니다. (…) 이 어이한 미개명의 부도덕이냐(나혜석, 2000: 425)." 나혜석은 여성에게 정조를 요구하려면 남성 자신도 정조를 지켜야 할 것이며, 남성 자신이 방종하려면 여성들에게도 똑같은 자유를 주어야 한다고 주장한다. 정조와 성문제에 있어서의 남성 중심적 차별에 대한 강한 항의와 비판을 시도했던 것이다(가즈에, 1999: 366).

한때 연인이었던 최린에 대한 고발 역시 이와 같은 맥락에서 이해할 수 있다. 1934년 나혜석은 변호사를 통해 최린을 상대로 처권을 침해한 과실을 들어 1만 2천원의 위자료 청구 소송을 했다. 소장을 통해 나혜석은 최린과의 만남을 상세히 드러냈는데, 최린이 나혜석을 강제로 성폭행했다는 것, 최린이 이혼을 하고 나오면 장래의 생활비를 대주겠다고 했으나 약속을 지키지 않아 경제적으로 비참한 상황에 처해 있으며, 사회적 배척과 고립 속에 극도의 신경 쇠약에 걸려 있다는 내용이 포함되어 있었다(나혜석, 2000: 683-685). 경제적 이익을 얻고자 하는 의도도 있었지만, 이 고발을 통해 나혜석은 함께 섹슈얼리티의 문제에 개입되었음에도 남성은 비난받지 않고 사회적 지위도 보존되는 반면, 여성에게만 혹독하게 비판이 집중되는 문제를 사회적으로 제기했다(이상경, 2000: 433).

이 시기 나혜석은 결국 섹슈얼리티란 사회적 억압이나 도덕으로, 여성에게 강제될 것이 결코 아니라고 주장한다. "정조란 도덕도 법률도 아무것도 아니요, 오직 취미다. 밥 먹고 싶을 때 밥 먹고, 떡 먹고 싶을 때 떡 먹는 거와 같이 임의용지로 할 것이요, 결코 마음의 구속을 받을 것이 아니다(나혜석, 2000: 432)." 한국 사회와 가족에서 정조나 순결은 여성에게만 요구되어왔다. 그러나 나혜석은 남성과 여성 모두에게 같은 규범이 적용되어야 하며, 보다 바람직한 방법은 섹슈얼리티의 문제가 개인의 선택에 맡겨지는 것이라고 주장했다. 즉, 섹슈얼리티를 무조건 억압만 하는 것이 아니라 남녀 모두가 대상과 방법을 자유롭게 선택하고 시행착오도 거치면서 나름대로 자신만의 방식을 결정할 수 있도록 허용해야 한다는 것이다. 이것은 당시 기성 사회의 관념에 대한 혁신적 발언이자 도전이었다(나혜석, 2000: 473; 이상경, 2000: 422).

4. 기독교 관점에서의 평가

현대 여성 신학자들은 하나님의 딸로서의 정체성이 여성의 의존성을 지속시키는 한편 성과 일상생활에서 남성의 통제를 합리화한다고 보았다. 따라서 어떻게 하면 성숙한 여성으로서의 정체성을 보완하여 여성의 자발적이고 주체적인 섹슈얼리티와 일상에서의 삶을 모색할 수 있는가에 관심한다. 인생의 초기 하나님의 딸로서 자신을 인식했던 나혜석은 중기와 후기로 가면서 성숙한 여성으로서의 인식을 점차 발전시킨다. 때문에 나혜석의 논의는 당대 기독교의 맥락뿐 아니라 현대 여성 신학의 맥락에서 논의할 때 더 많은 의미와 시사점을 갖는다.

먼저, 한국 가족에서 여성의 권리와 평등을 옹호한다는 측면에서 나혜석의 여러 논의는 당대 기독교와의 연장선상에 있다. 나혜석과 동시대를 살았던 많은 기독 여성들에게 기독교는 한국 가족의 억압에서 벗어나 새로운 자기 이해와 삶을 살게 한 복음 그 자체였다. 조선 시대 엄격한 유교의 영향으로 삼종지도나 정절 이데올로기가 강조됐던 가부장제 아래 한국 여성이 할 수 있는 방법은 순종과 인내뿐이었다. 그러나 기독교의 영향 속에서 한국 여성들은 자신도 고귀하게 창조된 존재임을 깨닫고 평등한 부부 관계, 고된 시집살이에서 해방된 삶을 선택했던 것이다. 나혜석의 논의 역시 이와 같은 맥락에서 여성도 사람답게 살아야 한다고 주장할 뿐 아니라 평등한 남녀 교제, 부부 관계, 또 예술가로서의 자기실현에 관심했다. 또 당대 한국의 기독교가 관심했던 조혼, 과부매매, 축첩에 대한 문제의식을 글을 통해 제기했다(박용옥, 2001a: 259). 이는 나혜석 개인의 가족 경험뿐 아니라 한국 가족에서 여성의 위치를 옹호했던 당대 기독교의 영향이었으리라.

그렇지만 나혜석의 논의는 또한 당대 기독교의 가족 이해를 넘어선 것이었다. 당시 한국 교회는 제도화되며 여성에 대한 차별적 입장을 고수했다(박용옥, 2001a: 287-291). 그리하여 남성이 여성보다 먼저 창조되었고, 여성이 뱀의 유혹에 먼저 빠졌다는 이유 등을 내세워 남성에 대한 여성의 종속을 성경적 원리로 가르쳤다. 여성의 일생은 남편을 돕고 자식을 희생하는 삶이라고 함으로써, 근대적 주부상을 강요하기도 했다. 한국 교회 여성들 역시 이러한 영향 속에서 가부장적 성담론을 내면화했다. 이는 정녀(貞女)와 음녀(淫女)의 분리와 성적 욕망의 억압, 순결 이데올로기의 재수용을 특징으로 했다(이숙진, 2006: 165). 반면, 나혜석은 후기에 연애와 섹슈얼리티에 있어 여성의 자율적이고 주체적인 선택을 강조했다. 이는 당대 기독교에서는 받아들일 수도, 이해할 수도 없는 파격적인 주장이었다.

한편, 나혜석 사후 오랜 세월이 지나 현대 여성주의 신학에서는 개인의 사적이고 은밀한 영역에서도 양성평등적 논의가 전개되어야 함을 당연시하고 있다. 세속 학문에서의 여성주의적 통찰, 성서와 기독교 신학의 가부장적 경향성에 대한 문제의식 등을 통해 섹슈얼리티, 연애, 순결과 같은 문제 역시 기독교 담론의 주요 논의거리로 등장하게 되었으며 이에 대한 새로운 접근이 다양하게 시도되고 있다. 즉, 이전의 가부장적 기독교와 사회가 이들 문제에 대한 남성 중심적이고 성기 중심적 관심을 교리화했다면, 현대 여성 신학적 관점은 상호성 및 개인의 책임적 판단 여부를 매우 중요하게 간주한다. 나혜석은 이미 섹슈얼리티의 문제를 비롯한 개인의 사적 담론에서 가부장적 문제를 신랄하게 비판하고 양성평등을 주장했다. 가즈에는 나혜석이야말로 한국 사회에서 연애와 섹슈얼리티의 문제에서까지 양성평등을 최초로 주장한 사람이라고 한다(가즈에, 1999: 366). 그렇다면 그녀는 기독교계에서 연애와 섹슈얼리티 문제에 진정한 평등을 논한 최초의 선각자였다 할 수 있다.

한편, 그 외 나혜석의 여러 구체적 논의들에서는 현대 여성 신학적 통찰과 매우 유사한 점이 발견된다. 먼저, 여성 경험에 대한 정직하고 심층적 관찰이다. 현대의 여성 기독교 학자들은 기독교 전통의 신학적 논의는 하나님에 대한 절대적으로 순수하고 객관적인 논의가 아님에 동의하고 있다. 오히려 이들의 논의는 실제 당대 기독교에 가장 많은 영향력을 행사할 수 있었던 백인 남성 엘리트 기독교인들의 관점이며 경험이라는 것이다. 여성의 기독교적 성찰에 가장 중요한 것은 여성 경험에 대한 진지하고 다각적인 관찰이며 이에 대한 신뢰 속에서 기독교의 신학적 논의가 진행되어야 한다는 것이 그들의 주장이다. 결혼 생활에서의 경험을 중심으로 한 나혜석의 모성에 대한 심층적 관찰, 자유 연애 및 부부 관계에 대한 실제적 묘사는 바로 전통 기독교의 모성과 남녀 관계 속에서 타자화되어버린 여성의 경험에 대한 증언이자, 기독 여성의 신학적 성찰의 출발점으로서 매우 유효하다.

나혜석의 몸에 관한 논의 역시 매우 중요하다. 현대 여성주의 신학에서 가장 중요하게 강조하는 것 중 하나는 몸에 관한 것이다. 서구의 전통적 신학과 사고에서는 이성/몸, 문화/자연, 남성/여성의 이원적 틀을 기준으로 몸과 자연, 여성은 열등한 것으로 이해했다. 그리하여 남성의 이성적 사고야말로 합리적 사고와 신 인식에 있어 가장 중요한 것으로 이해했다. 그러나 여성 기독교 학자들은 몸이야말로 모든 감정과 사고와 미적 통찰의 출발이며 근원이라고 한다. 이분법적 대립을 넘어선 육화된 영(embodied spirit), 육화된 지식(embodied knowledge)을 강조하여 몸을 소중히 여기고 몸의 기초한 경험적 성찰을 매우 중요하게 생각한 것이다(김수연, 2008: 45) 나혜석은 인식, 판단, 사고에 있어 육체적 경험이 중요함을 자각했으며, 임신, 출산 시 몸의 경험, 자궁의 아픔 등에 주목하며 남성과 다른 여성의 경험 인식을 시도했다. 또한 이와 같은 자신의 경험에 다른 여성들도 충분히 공감하리라 확신했다(나혜석, 2000: 283).

몸의 논의와 연관되어 중요한 또 하나의 논의는 여성 자신에 대한 사랑이 이웃 사랑보다 우선한다는 것이다. 전통적인 신학은 교만이나 자기애를 죄로 이해했다. 그리하여 겸손, 순종, 희생과 같은 덕목을 이상화하고 가르쳐왔다. 그러나 현대 여성 기독교학자들은 남성의 죄와 여성의 죄가 다르다고 지적했다. 남성 중심적 사회에서 살아가고 있는 남성들에게는 교만과 자기애가 문제가 되지만, 여성들에게는 지나친 순종과 자기비하, 타인에 대한 우선적 사랑이 문제가 된다. 여성들은 자신이 존귀한 존재인 것을 알고, 자신의 내적 소리에 귀 기울이며, 여성 자신을 먼저 사랑해야 한다. 이와 같은 논의와 매우 유사하게 나혜석은 한국 여성의 문제는 너무 겸손하게 산 것, 지나친 희생과 의존, 또 자신 안에 숨어 있는 능력에 대한 불신 등이라며 한탄한다. 따라서 자신을 귀엽고 사랑스럽게 여기고 마땅히 아껴 자기의 소중한 존재됨을 잊지 않아야만 한국 여성의 해방, 자유, 평등이 있을 것이라고 주장했다.

나혜석은 또한 여성의 이상적 모습에 대한 전형적 이미지의 극복을 시도한다. 기독교 역사를 통해 여성에게 강조되었던 이미지는 고분고분하고 순종적이고 무성적인 여성이었다. 그래서 기독교 여성의 최고 이상형으로 표상화된 마리아 역시 순백의 가련하고 청초하며 성적 경험이 없어 보이는 듯한 여성이며, 이에 반하는 여성들은 마녀로 처형됐다(한국염, 2003: 107-109). 나혜석은 빙그레 웃고 말없이 사라지는 여성, 회의에 조용히 한구석에 앉아 있는 여성에 대해 회의한다. 그녀는 허영심 가득하고, 욕할 줄 알고, 건방지고, 교제가 많은 여성에 대해 비판적인 전통적 입장을 거부한다. 사람다운 사람처럼 살 욕심을 가진 여성, 모방할 허영심을 가진 여성, 무대에 참여할 욕심을 가진 여성, 실패를 두려워하지 않는 여성, 벼락을 맞아 죽든지 진흙에 미끄러져 망신을 당할 욕심을 가질 여성이 되어야 한다는 것이다(나혜석, 2000: 186-188, 192-196). 그리하여 마침내 나혜석은 스스로 자신의 사적이며 성적인 경험도 서슴없이 드러내고, 분노하고, 울고, 웃고, 실망하고, 망신을 당하며 행려병자로 죽기까지의 삶을 살게 된다.

* * *

지금까지 혼란의 시대, 방황의 시대를 몸을 던져 살아간 나혜석을 기독교인으로 자리매김하고 간단하게나마 그녀의 경험을 훑어보았다. 이는 한국 가족에서 구성원으로서 살아가는 교회 여성들에게 몇 가지 중요한 의미를 가진다. 먼저, 나혜석의 논의는 한국 교회 여성이 가족 관계에서 주체적이며 양성평등적 삶을 살게 하는 과거로부터의 무의식적 자산이자 유산이 될 수 있다. 역사적 관점에서 한국 여성의 가족 경험에 대한 대부분의 연구는 한국 여성이 유교화된 가족에서 얼마나 억압되었으며 피해자였는지를 강조했다. 때문에 한국 교회 여성의 역사적 자원은 피해자로서의 목소리뿐이었다. 그러나 남녀 관계, 부부 관계, 섹슈얼리티 등에 있어 완전한 양성평등을 주장했던 선배 기독 여성으로서 나혜석의 존재는 한국 교회 여성 내담자가 가족 안에서 보다 진취적이고 주도적으로 살게 하는, 과거로부터 들려오는 '또 다른 목소리'가 된다.

다음으로 나혜석의 논의는 한국 가족에서 교회 여성에 대한 다양한 담론 탐구에 도움이 될 수 있다. 식민지 경험 및 분단과 독재라는 민족의 위기와 시련 속에 한국 가족에서 교회 여성의 존재는 주로 민족 담론 위주로 단일하게 이해되어왔다. 즉, 한국 가족 내 어머니, 아내, 여성으로서 교회 여성은 민족의 이익에 우선적으로 봉사해야 한다는 것이다. 그러나 최근 민족 우선의 가족 담론이 지닌 한계를 인식하며 다중성과 복합성을 반영하는 다양한 담론을 발굴해야 된다는 주장이 힘을 얻고 있다. 섹슈얼리티에 있어 여성의 권리와 평등을 강조하며 그의 구현을 위해 노력했던 나혜석의 논의는 단일화된 담론의 한계를 넘어서서 민족 담론과 여성 담론을 경합하게 하는 자원이 될 수 있다.

마지막으로 나혜석의 논의는 한국 가족에서 여성의 해방에 관한 자원을 우리 한국 여성에게 돌릴 수 있는 근거를 제공할 수 있다. 자생적인 논의가 전개되기도 했지만, 한국 가족에서 여성의 평등과 권리에 대한 학문적 논의는 주로 서구 여성 신학자들의 통찰에 의존했다. 그러나 나혜석을 기독교인으로 인지하고 그의 논의를 여성 신학계에 끌어들임으로써 서구 여성이 아닌, 한국 여성이 한국 기독 여성 해방의 또 하나의 구체적인 주요 유산임을 내세울 수 있게 되는 것이다.

2부

기독교 문화와 목회상담

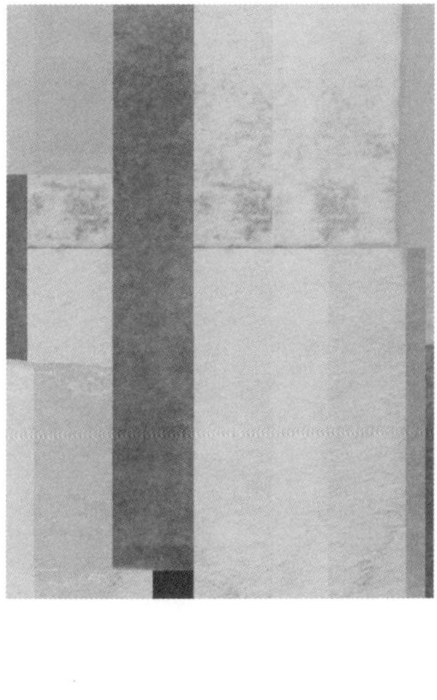

5장

욥기 다시 읽기

:: 아둔한 하나님에서 트라우마의 하나님으로 ::

자수성가하여 한국 굴지의 기업을 이룬 50대의 K집사는 지금 생각해도 도저히 이해할 수 없는 아픈 기억이 있다. 일찍이 승승장구하며 성공가도를 달리던 30대 때의 어느 주일, 예배를 드리고 오던 길에 바쁜 일이 생겨 두 아이와 부인은 택시를 태워 보내고 자신은 다른 차를 이용했다. 그런데 택시가 전복되어 두 아이를 모두 잃는 끔찍한 일을 당했다. K집사는 깊은 실의에 빠졌지만 다시 정신을 가다듬어 매진한 결과 코스닥에 상장되는 거대 기업을 일구었다. 뿐만 아니라 가까스레 살아남은 아내와 아이 둘을 더 낳아 현재 행복하게 살고 있다.

법조인 B씨 역시 회상하기조차 괴로운 과거가 있다. 첩첩산중 시골의 찢어지게 가난한 집안에서 태어난 그는 지독하게 공부하여 군내 최초로

서울의 명문 법대에 입학하고 판사가 되어 청렴결백하게 살아왔다. 그런데 그의 나이 마흔을 갓 넘어 새 집을 마련하여 이사한 직후, 하굣길에 익숙하지 않은 길을 건너던 두 딸과 마중 나간 부인이 모두 기차에 깔려 숨졌다. B는 처참한 기억 속에서 악몽 같은 나날을 보내다 재혼했고 변호사로 전업했다. 70을 넘어선 현재 엄청난 부를 축적했을 뿐 아니라 외아들이 결혼하여 낳은 '두 딸을 똑 닮은 두 손녀'의 재롱을 보며 편안한 노후를 보내고 있다.

성서의 욥을 연상시키는 위와 같은 이야기를 흔하지는 않지만 목회상담의 현장에서, 혹은 주변 이웃의 삶을 깊이 알아가는 과정에서 가끔씩 접하게 된다. 이들의 이야기를 듣다 보면 성서의 욥의 이야기가 우리와 무관한 수천 년 전 이야기가 아니라 바로 21세기를 살아가는 우리의 이야기일 수도 있음을 깨닫게 된다.

오늘날 성서의 욥은 어떻게 읽히고 있는가? 여전히 오래전부터 전승되고 있는 이야기로만 연구되고 있지는 않은가? 학자들은 욥기는 구약성서 중에서도 가장 난해하고 이해하기 어려운 책이라고 한다(안근조, 2005: 3-4). 성서신학, 조직신학, 고전학, 비교문학과 그 외 여러 학문 분야에서 욥에 관한 연구를 오랫동안 해왔으나, 욥기에 등장하는 욥이나 하나님의 모습이 이중적이고 종잡기 어려워 현재까지도 딱 맞는 해석이 없다는 것이다. 그래서 성서학자 안근조는 욥기야말로 다양한 해석학적 문제를 제기하며 일관적 읽기를 거부하는 책이며, 동시에 오늘의 교회 해석자들에게 새롭게 읽히기를 기다리고 있는 책이라고 주장한다(안근조, 2005: 3-4).

필자 역시 이와 같은 문제 제기에 동의하며 목회상담가의 관점에서 욥기에 대한 새로운 성서 읽기를 시도하고자 한다. 일반적으로 욥기는 성서 전문가나 교회 도그마를 옹호하는 목회자들을 중심으로 연구되어 왔다. 후에 설명하겠지만, 성서학자들은 성서학 연구의 큰 흐름과 발맞추어 욥기에 대한 과학적 분석에 관심했고, 교회 목회자들은 교인들에게 교훈을 주기 위하여 욥기의 한 부분만을 주로 강조했다(안근조, 2005: 3-4). 즉, 욥기의 틀 이야기인 서론부(1-2장)와 결론부(욥42: 7-17)를 중심으로 '의인 욥'에 대해 강조했다. 이와 대조적으로 필자는 욥 전체를 하나의 이야기로 보고, 욥의 구체적인 경험에 관심하며 욥 해석을 시도하고자 한다. 이를 위해 먼저, 욥기 읽기의 방법론적 문제를 고찰한 후, 욥기에 대한 칼 융의 심리학적 해석을 살펴본다. 다음으로 욥의 구체적인 문제를 '상실(loss)'로 진단하고 이를 기초로 욥기에 나타난 하나님을 슬픔의 이야기를 허락하시는 하나님, 창조 세계로의 재개입을 명하시는 하나님으로 이해할 것이다.

1. 하나의 책으로 읽는 욥기: 성서신학과 목회신학의 만남

목회상담가로서 욥기에 대한 새로운 읽기를 시도할 때 무엇보다도 고민이 되는 부분은 목회상담에서 주로 사용하는 성서의 부분적 사용이 어느 정도 학문성을 담보할 수 있는가 하는 것이다. 목회상담가 에드워드 윔벌리(Edward Wimberly)는 임상 현장에서 목회상담가는 일반적으로 '내담자의 내면을 이해하기 위해', '내담자 심리 역동 이해를 위해', 혹은 '내담자의 도덕적 행동을 유발하기 위해' 성서 구절을 선택하여 사용해왔다고 한다(윔벌리, 2005: 35). 그런데 신학대학원에서 받은 성서 신학의 복잡한 학문 훈련을 회고해볼 때 이와 같은 성서의 사용이 성서신학 방법론의 오리엔테이션에 일치하는가, 성서 전문가들에게도 설득력을 가지는가는 여전히 딜레마였다.

가령, 현대 목회상담에서 성서를 사용해온 방식은 다음의 셋으로 대략 정리할 수 있는데, 이들 모두에게 있어 가장 주요한 판단 기준은 내담자의 필요와 연관된 것이었다. 목회상담가 도널드 캡스는 현대 목회상담 임상에서 성서를 사용할 때 첫째, 내담자의 독특한 환경과 필요에 적합할 것, 둘째, 내담자의 신체적·심리적 한계에 민감성을 가지고 성서를 사용할 것, 셋째, 임상에서 사용하는 상담의 원리와 방법에 일관성이 있을 것의 세 기준을 제시한다(Capps, 2005: 82-83). 1990년대 이후 이와 같은 성서 사용은 내담자의 필요를 우선시한 나머지 성서는 2차적으로 간주한다는 비판을 받아왔다. 그러나 이들 논의는 보다 근본적인 문제, 즉 목회상담에서 성서 구절을 부분적으로 사용하는 것이 성서신학의 관점에서도 타당한가에 관해서는 아무런 문제 제기를 하지 않았다.

이런 상황에서 "성서는 하나의 책이며, 그 책에 치료적 힘이 있다"고 주장하며 성서의 독서 치료적 접근을 목회상담에 소개한 양유성의 주장은 매우 유용하다(양유성, 2007: 181). 양유성은 90년대 찰스 거킨(Charles Gerkin)의 해석학적 이야기 목회상담, 댄 맥아담스(Dan McAdams)의 이야기 심리학, 마이클 화이트(Michael White)의 이야기 치료 등이 발표되며 성서에 대한 이야기 접근 방식이 활발하게 연구되었음에 주목한다. 그리고 이와 유사한 배경에서 독서 치료가 목회상담에 소개되고 발전하고 있다고 한다. 독서 치료는 'bibliotherapy'로 불리며, 책을 의미하는 그리스어 'biblion'과 치료를 의미하는 'therapia'에서 유래한, 책읽기를 통해 사람의 마음을 치료하는 치료 방법이다(김현희 외, 2004: 32). 양유성은 이의 관점에서 성서 역시 하나의 치료적 힘을 가진 책으로 보고, 성서의 통전적 읽기를 통해 마음의 치료를 이끌 수 있다고 주장한다.

즉, 양유성에 의하면 목회상담가는 내담자가 성서를 한 권의 책과 같이 읽으면서 성서 전체에 일관적으로 흐르는 핵심 주제를 파악하고 하나님이 자신에게 들려주는 메시지가 무엇인지 관찰하도록 돕는 것이 중요하다(양유성, 2007: 182). 그에 의하면, 성서를 상담 현장으로 끌어들일 때 많은 목회상담가는 문자적 의미나 전달 방식에 집착하는 경향이 있다. 그러나 예수 자신도 구약의 구절을 인용할 때 문자 그대로 옮기기보다는 당대의 문화적 상황에 적합한 비유와 이야기를 통해 가르쳤다. 그뿐 아니라, 목회상담가가 상담 현장에서 내담자의 문제에 정확하게 일치하는 성서 구절을 찾아 내담자에게 도움을 주는 경우도 있지만, 방대한 성서 속에서 적합한 구절을 찾지 못하는 경우도 많다. 이러한 문제 해결을 위해서도 목회상담가는 성서를 선택적으로 사용하기보다 내담자 스스로 성서 전체를 읽으며 자기 마음의 치료를 경험할 수 있도록 하는 편이 낫다는 것이다.

한편, 부분적인 읽기에서 전체로 성서를 읽자는 현대 목회상담의 한 흐름과 유사하게 성서신학에서도 최근 비슷한 변화가 전개되고 있다. 성서신학자로서 목회상담학에 관심하는 박종수는 "최근의 성경 해석은 성경을 통전적으로 이해하려는 방향으로 전개되고 있다. (…) 성경을 단편적으로 보지 않고 전체적인 맥락에서 해석하려는 노력들이다(박종수, 2007: 161)."라고 지적한다. 그에 의하면, 성서 해석은 구약 시대부터 현대에 이르기까지 다양한 방식으로 발전되어왔다. 특히 18세기 이후 역사 비평 방법의 도입과 함께 성서 기록 당시의 역사적 상황과 종교적 이해가 성서 해석의 주요 관건이 되어왔다. 그러나 최근 이와 같은 접근은 성서의 부분적 이해에는 도움이 되지만, 성서를 통전적으로 이해하는 데는 도움이 되지 못한다는 비판을 받는다. 이에 역사 비평 방법의 단점을 보완하고 성서의 최종 모습에 관심을 기울이는 신문학 비평 등이 등장하여 새로운 주목을 받고 있다.

욥기 연구에 있어서도 이와 같이 성서를 통전적으로 읽자는 흐름이 대세를 이루고 있다. 현재까지 욥기는 대략 다음의 여섯 가지 방법으로 연구되어왔다(하경택, 2004: 48-72). 첫째는 본문 비평적 연구로 많은 하팍스 레고메나(hapax legomena)의 사용과 315군데 수정이 필요할 정도로 논란이 많은 본문 연구에 관심한다. 또 쿰란, 라스 샴라, 에블라 등지에서 발견된 북서셈어 문헌 연구를 통해 우가릿어, 에블라어 본문과 욥기의 히브리어 본문의 상관성에 대해 연구하기도 한다. 둘째는 고대 중동 문헌과의 관련성에 대한 연구이다. 이 연구는 고고학적 발굴을 통해 욥 문제가 단지 구약 성서 내에서의 문제만은 아닐 것이라 추정한다. 그래서 욥기와 유사한 내용을 가진 고대 중동의 이집트, 바벨론, 수메르 등지의 문헌을 욥기와 함께 비교한다.[1]

욥기에 대한 세 번째와 네 번째 연구 방법은 문헌-편집 비평적 방법과 문학 양식에 따른 연구이다(하경택, 2004: 52-63). 문헌-편집 비평적 연구 방법은 문헌 비평 관점에서 볼 때 욥기가 여러 이질적인 자료와 문

---

1 욥기 연구와 관련하여 고려할 만한 이집트 문헌으로는 기원전 18세기에서 20세기의 것으로 추정되는 「능변을 지닌 농부의 항변(The Complaint of the Peasant)」, 「네퍼-로후의 예언(The Prophecy of Nefer-Rohu)」, 「자살에 관한 논쟁(A Dispute Over Suicide)」이 있다. 바벨론 문헌으로는 기원전 1000년대의 것으로 추정되는 「바빌론의 신정론(Babylonian Theodicy)」, 「바빌론의 전도서(The Babylonian Ecclesiastes)」, 「인간의 비참에 관한 대화(A Dialogue about Human Misery)」가 있다. 마지막으로 수메르 문헌은 기원전 1700년경의 작품으로 보이는 「인간과 그의 하느님(Man and His God)」이다. 노만 스나이드의 『욥기의 형성사: 기원과 목적』(성바오로출판사, 1989), 35-40쪽을 참조할 것.

서로 구분되어 있다는 데 주목한다. 그래서 욥기의 서론과 결론의 틀 이야기와 본문 연구, 문체상의 이질적 특징 등에 대한 연구를 수행한다. 문학 양식에 따른 욥기 해석은 욥기가 지혜 문학적 해설 모델인 교훈시인지, 시편적 해석 모델인 드라마화된 탄식시인지, 혹은 사법적 해석 모델인 논쟁인지에 관심한다. 이들 연구는 상이한 세 모델을 완전히 고립시키는 것이 아니라 세 주제의 교차적 연관성에도 관심한다.

욥기 연구의 다섯 번째와 여섯 번째는 개별 주제에 관한 연구와 문학적 통일성에 기초한 연구이다. 개별 주제에 관한 연구는 욥기에 나타나는 인간론, 신화 같은 여러 주제에 관심하는 것이다. 인간론에 관심하는 연구는 틀 이야기, 욥과 욥의 친구들, 엘리후와 하나님의 발언 등에 드러나는 인간에 대한 물음과 하나님에 대한 물음의 연관성을 질문한다. 신화를 주제로 한 연구는 욥기 전체에 고루 분포되어 있는 '혼돈과의 투쟁 신화' 모티브를 분석하여 욥기에서 차지하는 신화의 의미를 새롭게 조명하고 있다. 마지막으로 문학적 통일성에 기초한 연구는 욥기 본문의 완결성을 전제로 한 통시적 연구이다. 이는 수천 년 전으로 추정되는 욥기의 생성 시기와 현재와의 시간 차이로 더 이상 욥기의 문헌적 발전 과정을 제대로 추적할 수 없다는 점, 또 욥기의 통일성을 부정하는 논거가 불충분하다는 데 관심한다. 그래서 욥기 본문을 한 저자의 작품으로 해석하는 것도 가능하다고 보고, 현재 주어진 본문의 완결성을 전제로 연구한다.

그런데 이런 연구 방법들을 하나의 더 큰 흐름으로 요약하면 작은 단위의 본문 연구에서 전승된 본문 전체의 연구로 그 무게 중심이 옮겨가고 있다는 것이다(하경택, 2004: 72). 성서학자 하경택은 욥기 해석에 대한 위의 다양한 연구 방법을 총평하며 현재는 여섯 번째, 즉 욥기를 완결된 하나의 이야기로 읽는 경향이 대세라고 요약한다. 다시 말하자면, 성서학자들의 욥기 읽기 역시 현대 목회상담의 한 흐름과 유사하게 욥기를 한 권으로 읽는 경향이 활발히 전개되고 있는 것이다.

2. 칼 융의 욥기 이해

위와 같은 목회신학과 성서신학의 현대적 변화에 자신을 얻어 욥기를 한 권의 책으로 읽고자 할 때 목회상담가로서 가장 먼저 관심할 수 있는 책이 바로 융의 『욥에의 대답(Answer to Job)』이다. 융은 신학과 심리학을 두 축으로 하는 목회상담에 지대한 영향을 미친 대표적 학자로서, 77세이던 1952년 중병에서 회복된 후 이 책을 저술했다. 『욥에의 대답』을 통해 융은 성서의 욥기를 하나의 이야기로 읽으면서 인간 내면의 역동에 대한 획기적인 분석을 시도했다. 특별히 그는 욥기에 나타난 하나님이 신구약을 관통하는 주요한 해석의 실마리를 제공한다고 보았다. 그래서 성서뿐 아니라 고대로부터 현대에 이르는 방대한 문화 자원을 활용하여 자신만의 독특하고 난해한 이해를 전개했다.

그런데 융에게 있어 하나님은 일반적인 이해에서의 하나님이 아니다 (Wulff, 1991: 447). 일반적인 경우 하나님은 형상학적 실재(metaphysical entity), 원형(archetype), 혹은 이미지(image)로서의 하나님을 일컫는다. 신학과 철학에서는 주로 형이상학 실재로서의 하나님에 관심한다. 그러나 융은 인간 경험을 넘어서는 형이상학적 실재로서의 하나님에 대해 심리학자인 자신은 논할 자격이 없다고 했다. 또한 신비한 사고와 이미지로 가득 찬 원형으로서의 하나님도 자신이 인식 가능한 영역이 아니라고 했다. 따라서 자신은 다만 이미지로서의 하나님에 관심하며 신 하나님에 대한 존재 탐구가 아니라 인간 내면의 신적 이미지에 관해 관심할 것이라 했다. 『욥에의 대답』을 통해 융이 관심하는 하나님은 신학과 철학에서의 하나님 연구가 아니라 이와 같이 인간의 깊은 심연에서 경험하는 하나님이다.

『욥에의 대답』에서 융은 욥기에 드러난 하나님의 모습을 아래와 같이 정의하고 하나님의 불완전성과 모순에 관심한다.

> 「욥기」는 신적인 드라마의 긴 발전 도상에 있었던 획기적인 사건이다. 이 책이 나왔을 때에 이미 모순에 가득 찬 야훼의 상을 묘사한 많은 증언들이 있었다. 그것은 감정적으로 과격하고, 바로 이 과격함에 고통을 받는 신의 상이었다. 야훼는 분노와 질투가 자신을 삼켰고, 자신이 그것을 알기 때문에 고통스럽다고 시인했다. 자애로움이 잔혹함과 공존하며, 창조력이 파괴의지와 나란히 있듯이, 통찰은 무분별과 나란히 있었다. 모든 것이 거기에 있었고, 어떤 것도 다른 것을 방해하지 않았다. 우리는 이와 같은 상태를 자신을 성찰하는 의식이 존재하지 않는 경우이거나 성찰이 단순히 아무 생각 없이 주어지거나 수반되어 나타난 경우에 생각할 수 있다. 그런 식으로 만들어진 상태는 바로 **비도덕적**이라고 표시될 수 있을 뿐이다(융 2007: 304).

일반적인 유대-기독교 전승에서는 하나님을 도덕성에 있어 최고의 성취를 이룬 모습으로 묘사해왔다. 반면, 욥기의 욥은 이와 대조적이다. 융은 바로 이 자기 성찰이 결여되고 불완전하며 분별력 없는 하나님의 모습에 특별한 강조를 두며 욥기 읽기를 시도한다.

융은 하나님이 인간 욥을 통해 자신의 무의식적 불균형을 의식하고 하나님의 구속 혹은 완성에 있어 인간을 필요로 하는 것이 욥기의 핵심이라고 주장한다(융, 2007: 309-312). 융에 위하면 하나님은 인간이 아니다. 하나님은 분열되지도 않았지만, 완전한 내면의 대극성인 동시에 엄청난 역동성을 가진 존재이다. 이는 하나님이 불완전하거나 악하다는 것이 아니라 하나님이 미분화의 통전성(totality)의 상황에 있다는 것을 말한다. 그런데 이 하나님이 바로 인간 욥의 당돌한 저항과 항의에 직면해 자기 무의식의 분열에 직면하며, 자기보다 인간의 도덕성이 더 낫다고 자각한다는 것이다. 그리하여 변화되어야 하는 대상이 세상이 아닌 바로 자기 자신임을 깨닫고, 자기 무의식 통합의 필요성을 인식한다는 것이다.

때문에 융은 성서 안의 하나님-인간 통합의 문제에 관련하여 성서 안에 나타난 하나님-인간의 통합된 이미지인 성육신 개념에 관심한다. 이를 위해 무엇보다 먼저 융은 욥기와 잠언서가 쓰인 것으로 추정된 고대의 한 시기로 돌아가 이 시기에 인간의 내면에 어떤 변화가 있었는지 관찰한다. 그는 특별히 이 시기에 성육신이라는 개념뿐 아니라 여성적 성향을 가진 소피아, 혹은 지혜의 하나님의 개념이 인간 내면에 독특한 개념으로 자리 잡고 있음을 관찰했다. 그리고 그 소피아가 창조 때 하나님과 함께 했던 소피아이며 여성 존재임을 기억한다. 그래서 융은 이 이야기에서 하나님이 욥을 타락시키는 데 실패했던 자신의 본질 변화를 위해 바로 이 지혜의 도움과 자기 성찰이 필요함을 깨닫는 것으로 이해한다(융, 2007: 332-340; Spiegelman, 2006: 1-17).

결국 융에 의하면 하나님-인간의 통합의 상징으로 나타난 것이 바로 성서의 그리스도이다(융, 2007: 362-363). 융에 의하면, 그리스도는 성서에서 박해자, 비둘기, 혹은 사랑의 여신으로 인식되지만, 완전한 자아 성찰에 이룬 자로 나타나지는 않는다. 예수 역시 종종 조급함 내지는 성마른 성질을 드러내기 때문이다. 그럼에도 불구하고 예외적으로 그리스도가 완전한 자아 성찰에 이르러 자신의 인간성과 신성의 통합에 이른 부분은 바로 십자가에서 "나의 하나님, 나의 하나님 왜 나를 버리셨나이까?"라고 할 때라고 한다. 융은 이 순간에 신은 인간을 체험하고, 인간적인 존재는 신성에 이르게 되는데 이 양자는 하나이며 동일한 것이라고 말한다.

"이 성육신은 한 사람에게 제한되지 않고, 지속적으로 예언된다." (Spiegelman, 2006: 6). 융에 의하면 이와 같은 성육신은 역사적인 예수 한 사람에 국한되는 것이 아니라 지속적으로 계속 예시되어왔다. 즉, 하나님의 내면적 불안정성은 세계 창조의 전제일 뿐 아니라 플레로마적 드라마의 전제 조건이기도 하다고 본다. 즉, 하나님 내면의 비극적 대립이 인류를 만들었는데, 이와 같은 발달의 흔적은 그리스도에게서뿐 아니라 6세기 이후 지속적으로 관찰된다는 것이다. 에녹의 환상 속에 나타난 사람의 아들(Son of Man), 에스겔(Ezekiel)의 기이한 환상, 그리고 그 절정으로서의 그리스도…. 이 모든 성육신의 예시는 인류가 단순한 의식의 합리성에 빠져 들어가지 않도록 보호하며, 태초로부터 되풀이해서 인간을 위협해온 부자연스런 병적 상태, 즉 무의식과 의식의 해리에서 화해, 대극의 통합을 이끌 것을 지시한다(융, 2007: 388-390).

3. 욥 문제의 진단: 다양한 상실의 위기

심리학자 융의 욥에 대한 심리학적 해석은 목회상담적 욥 읽기에 주요한 출발점을 제공했다. 그러나 융의 욥기 해석은 지나치게 난삽하여 욥의 구체적인 경험 및 내면의 변화에 대한 직접적인 정보를 얻기 힘들다. 다시 말하자면, 융은 『욥에의 대답』을 통해 하나님-인간의 대극 통합이 인간 통전성의 필수 불가결한 요소임을 지시하여 인간 심리의 궁극적 치료 방향을 제안했다. 하지만 인간 욥의 문제를 지나치게 추상화하여 욥이 현실에서 경험한 것에 관한 구체적인 진단은 부족했다. 이의 보완을 위해 현대 목회상담학자 캐리 도링(Carrie Doehring)의 상실(loss) 개념을 중심으로 욥이 경험하고 있는 문제가 무엇인지 평가해보고자 한다.

도링은 목회 임상 현장에서 주로 부딪히는 내담자의 문제를 크게 상실, 폭력, 스트레스의 셋으로 구분한다(Doehring, 2006: 65, 74-77). 특히 상실은 목회상담 현장에서 가장 흔하게 볼 수 있는 경우로 물질적 상실, 관계적 상실, 심리 내적 상실, 기능 상실, 역할 상실, 체계 상실의 여섯 가지가 있다(Mitchell & Anderson, 1983). 이들 다양한 상실은 서로 독립적이기도 하지만 때로 중첩되어 상실의 고통을 가중시키기도 한다. 예를 들면, 대모가 준 팔찌를 잃어버린 경우 이것은 팔찌라는 물건을 상실한 것이지만 이로 인해 대모와의 정신적 연결을 상실한 것이기도 하다. 또 배우자의 죽음으로 인한 관계의 상실은 육체적인 상실뿐 아니라 심리 내적·지적·영적·성적·물질적 상실을 초래하기도 한다. 도링에 의하면, 상담가는 내담자의 표면적인 상실을 인지할 뿐 아니라 상실의 다양한 종류를 파악해야 하는데, 이는 상실의 종류가 많을수록 슬픔이 더 복잡해지기 때문이다.

이상의 관점에서 볼 때 욥은 무엇보다도 먼저 갑작스런 물질과 자식과 신체의 상실을 경험했다고 진단할 수 있다. 욥은 당대 동방에서 가장 큰 자로 여겨졌으며, 장성한 자식을 포함하여 아들 일곱에 딸 셋, 모두 열 명의 자식이 있었다. 뿐만 아니라 재산도 무척 많아 소가 오백 쌍, 양이 칠천, 약대가 삼천, 암나귀 오백 마리였고 종도 여러 명 있었던 것으로 보인다. 그런데 하루아침에 괴한이 나타나고, 하늘의 불이 내리고, 큰 바람이 불어 큰형 집에 모여 식사하던 자식들과 한가로이 노닐던 모든 가축들과 종들이 멸망하는 끔찍한 변을 당한다. 그런가 하면 자기 자신도 발바닥부터 정수리까지 악창이 나서 재 가운데서 몸을 긁을 수밖에 없는 천박한 모습으로 남겨진다. 결국 욥은 그런 상황에서 7일 밤낮을 아무 말도 못하는 '무감각'의 증세를 보이기도 하고 심각한 허무와 죽음에 대한 소원 속에서 하나님에 대한 분노와 불만 등을 토로한다.

욥은 또한 역할 상실·기능 상실의 상황에 처한다. 도링에 의하면 한 개인의 문제는 개인의 문제이기도 하지만, 보다 폭 넓은 영역에 관여되어 있다. 즉, 내담자의 문제는 내담자의 사회적 정체성, 그리고 내담자에 영향을 미쳐온 가족·사회·공동체와의 상호 연관성에 영향 받는다(Doehring, 2006: 103). 욥은 노년까지 순탄한 인생을 살며 열 명의 자식들을 잘 키우고, 엄청난 재물을 축적하고, 공동체의 존경을 받아왔다. 구체적으로 가족·사회·공동체에서 모두 주도권을 가지고 도움을 주는 '아버지', '주인님', '공동체의 유지'로서 역할했다. 그런데 갑작스럽게 이 모든 역할을 수행할 수 없게 되었을 뿐 아니라 다른 사람의 도움 없이는 살아갈 수 없는, 받아들이기 힘든 수치와 모욕의 상황에 처해 다음과 같이 한탄한다. "이제는 나보다 젊은 자들이 나를 조롱하는구나(욥30: 1)". "이제는 내가 그들의 (…) 조롱거리가 되었고 그들은 나를 미워하여 멀리하고 내 얼굴에 침 뱉기를 주저하지 아니하나니(욥30: 9, 10)."

그런데 다양한 상실 중 욥에게 가장 충격적인 것은 주변인들이 자신에게서 의인이라는 정체성을 박탈함에서 오는 심리 내적 상실 경험이다. 욥기 1-2장을 보면 욥은 "순전하고 정직하며 하나님을 경외하고 악에서 떠난 자", "동방에서 가장 위대한 자", "큰 자"로, 하나님과 타인, 공동체가 인정한 의인 중의 의인이었다. 그러나 한순간에 이 모든 것을 상실하고, 찾아온 친구들로부터 "너의 죄를 인정하고 회개하라"는 권유를 반복적으로 들어야 하는 죄인으로 전락한다. 7일간의 침묵을 깨고 입을 열었을 때, 그리고 이후 이어지는 수많은 이야기에서 욥은 자식을 잃은 것도, 재물을 잃은 것도, 또 피부병을 앓게 된 것도 한탄하지 않았다. 그보다 욥은 주변 친구들로부터 죄인으로 오해받은 것을 가장 안타까워했다. "내가 내 의를 굳게 잡고 놓지 아니하리니 일평생 내 마음이 나를 책망치 아니하리라(욥27: 6)"고 말하며 욥 자신은 자신의 의인됨을 꼭 붙들었으나 주변인들이 자신을 죄인으로 이해한 것에 상실감을 느끼고 심각하게 고민한다.

이와 같이 처참한 상황에 놓인 욥은 설상가상으로 자신의 가족과 주변인들로부터도 충분한 돌봄과 공감을 받지 못한다. 사실상 위와 같은 상황에서 욥의 부인은 욥 못지않은 피해자이다. 그녀 역시 열 자식을 모두 잃었고, 그동안 욥과 함께 쌓아온 모든 재물을 한꺼번에 상실했다. 때문에 욥의 부인은 고통에 빠진 욥을 위로하고 도울 아무런 자원을 가지지 못한 것으로 보인다. 그래서 악창으로 고통하는 욥을 바라보며 절망적인 상황에서 "당신이 그래도 자기의 순전을 굳게 지키느뇨 하나님을 욕하고 죽으라(욥2: 9)"며 절규하는 것이다. 욥의 부인에 대해 서구 기독교 전승에서는 '사탄의 협조자'라고 혹평하거나 욥의 재산과 함께 부인을 데려가지 않은 것이 문제였다고도 한다(민영진, 2002: 50). 이는 그녀 역시 욥에 못지않은 심한 상실 속에 있음을 감안할 때 지나친 질책이지만, 질고 속의 욥에게 많은 도움이 되지는 못했음을 암시하는 것 정도로 추측할 수 있다.

한편, 욥을 가장 괴롭혔던 것은 바로 욥의 절친한 친구들이었다. 욥의 친구인 엘리바스·빌닷·소발은 욥이 갑작스럽게 곤경에 빠졌다는 소식을 듣고 부랴부랴 고향에서 욥을 찾아온다. 그들은 알아볼 수 없을 정도로 처참하게 전락한 욥을 보고 자신들의 겉옷을 찢고, 하늘을 향해 티끌을 날리려 머리에 뿌리며 아무 말도 하지 못하는 욥과 함께 7일간 함께 앉아 슬픔을 나눈다. 그러나 욥이 간신히 입을 열어 자기의 탄생을 저주하고 죽음에의 충동을 호소하자 이들은 심하게 놀라며, 인과응보 신학에 근거하여 "생각하여 보라 죄 없이 망한 자가 누구인가(욥4: 7)", "네 자녀들이 득죄했으므로 주께서 그들을 그 죄에 붙이셨으니(욥8: 4)", "너는 알라 하나님의 벌하심이 네 죄보다 경하니라(욥11: 6)", "너를 정죄한 것은 내가 아니요 네 입이라(욥15: 6)"라며 욥을 번갈아가며 책망한다. 이에 욥은 안타까움에 가득차서 "부디 고약한 말 하지 말게, 난 정말이지 잘못한 게 없네(욥6: 20)"라고 호소하며 죄인 취급을 하는 친구들에게 자신의 무고를 증명해주실 것을 하나님께 간절히 호소한다. "내가 하나님께 아뢰오리니 나를 정죄하지 마옵시고 무슨 연고로 나를 더불어 쟁변하시는지 나로 알게 하옵소서(욥10: 2)." 이들은 욥의 고통에 함께하고자 했으나 상실의 고통 속에서 울부짖는 욥을 정죄하며 욥을 더욱 심한 좌절에 빠뜨린다.

결국 욥은 신학적으로 그동안 자기 마음 속에 깊이 새겨온 '인과응보 신학'의 위기에 처한다. 도링은 상실의 위기에서 교회 공동체 및 개인이 일반적으로 받아들여진 '새겨진 신학(embedded theology)'의 위기를 지적한다(Doehring, 2006: 112). 유사하게 욥은 모든 것을 상실한 엄청난 위기 속에서 자기뿐 아니라 세 친구, 그리고 당대 공동체 모두 함께 신뢰했던 인과응보 신학에 대한 재해석의 필요에 직면한다. 욥은 평소에도 하나님께 순종하면 축복을 받고, 불순종하면 벌을 받는다는 것을 철저히 받아들여 자신뿐 아니라 자기 자식들이라도 하나님께 죄를 지을까 대신 번제를 지낼 정도로 인과응보의 신학에 절대적인 추종을 보였다(욥1: 5). 그런데 자신의 신학적 틀로는 전혀 설명할 수 없는 상황을 겪자 끊임없이 무죄를 주장하며 하나님의 변호를 요청하는 것이다. 위기 이후에도 여전히 욥은 인과응보 신학의 틀 안에서 하나님께 호소해보지만, 그 인과응보 신학의 균열에 직면한다.

4. 욥의 이야기와 하나님의 이야기

구체적 사실에 관심하며 욥 문제에 대한 진단을 시도했을 때 분명한 것은 욥이 매우 짧은 기간 갑작스럽게 많은 상실을 경험한다는 것이다. 애지중지하던 자녀들의 죽음, 모든 재산의 상실, 신체 및 역할 기능의 상실, 또 자타가 공인했던 의인으로서 자기 정체성의 상실, 그가 평생 최선을 다해 믿어왔던 인과응보의 신학까지 상실의 위기에 처한다. 그는 또한 주변인의 적절한 도움을 받지 못해 심각한 불안과 좌절과 혼돈 및 분노의 상태에 놓인다. 이와 같은 진단을 배경으로 욥기에 나타난 하나님을 어떻게 다시 읽을 수 있는지 38장에 나타난 사건을 하나님 현현 전후로 나누어 이해해보자.

슬픔의 이야기를 허락하시는 하나님

상실의 경험에 관심하여 욥기를 읽을 때 하나님의 현현 이전까지 나타난 욥의 모습에서 가장 부각되는 것은 그가 상실로 인해 심각한 슬픔과 낙담에 빠져 이야기하고 또 이야기하고 있다는 점이다. 데이비드 스위처(David Switzer)에 의하면 상실은 울음, 무력감, 불신, 충격, 분노 등 다양한 감정을 수반하며, 갑작스런 상실은 외상(trauma)으로 경험되어 공포, 방황, 퇴행 등 주변인들이 감당하기 어려울 정도의 증상을 나타내기도 한다(스위처, 2007: 220-222). 욥 역시 갑작스럽게 다가온 총체적인 상실 속에 38장 이전까지 대부분의 장에서 비판과 원망, 분노와 친구들의 오해에 대한 절망 등 수없이 많은 이야기를 쏟아내고 있다.

> 어찌하여 내가 태에서 죽어나오지 아니했었던가 어찌하여 내 어미가 낳을 때에 내가 숨지지 아니했던가(욥3: 11). (…) 내가 생명을 싫어하고 항상 살기를 원치 아니하오니 나를 놓으소서 내 날은 헛것이니이다(욥7: 16). (…) 내 얼굴은 울음으로 붉었고, 내 눈꺼풀에는 죽음의 그늘이 있구나(욥16: 16). (…) 너희가 어찌하여 하나님처럼 나를 핍박하느냐 내 살을 먹고도 부족하냐(욥19: 22). (…) 너희는 칼을 두려워 할지니라 분노는 칼의 형벌을 부르나니 너희가 심판이 있는 줄을 알게 되리라(욥19: 29). (…) 하나님이 나로 낙심케 하시며 전능자가 나로 두렵게 하시나니(욥23: 16).

상실에 관해 연구하는 학자들은 상실 후 삶에 제대로 적응하는 데 있어 중요한 것은 바로 상실의 슬픔에 대해 이야기하는 것이라고 한다(스위처, 2007: 226). 상실에서 재적응에 이르는 과정은 무감각과 부인, 그리움, 혼돈과 절망, 행동의 재편성 단계를 거친다. 상실의 상황을 받아들이기 어려워 현실을 부인하거나 느낄 수 없는 상황에서 상실에 대한 그리움, 자책, 흥분, 혼란, 불안, 긴장 등을 거쳐 마지막에 재적응 단계에 이른다는 것이다. 이와 같은 단계를 거쳐 순탄하게 현실의 재적응을 이르게 하기 위해서는 안전한 상황에서 상실의 슬픔을 충분히 표현하고 이야기하는 애도를 허용해야 한다. 즉, "울고 싶으면 실컷 울라", "말하고 싶은 말은 다 하여라"라고 배려하거나 슬퍼하는 마음에 충분히 공감하며 상처받은 영혼의 아픔을 이야기할 수 있도록 하는 것이다(스위처, 2007: 220-222).

욥의 경우, 자신이 겪은 상실의 아픔을 충분히 이야기하기는커녕 그가 느끼는 감정을 이야기할 때면 친구들에 의해 강하게 저지당하고 정죄당하기까지 한다. 상실의 상황에서 대부분의 종교 혹은 사회 공동체는 상실당한 자의 감정 표현을 억압하고 통제하는 경향이 강하다고 한다(Doehring, 2006: 103-104). 세 친구 역시 오랜 침묵 후 가까스로 상실의 아픔을 이야기하기 시작하는 욥에게 분노를 표현하지 못하게 하고 번갈아가며 그의 행동을 강력히 정죄한다. 성서학자 하경택은 이와 같은 욥과 욥 친구들의 논쟁을 고대 이스라엘의 전환기에 전통적인 세계관과 새로운 세계관 사이의 갈등을 드러내는 패러다임 충돌 현상으로 이해한다(하경택, 2007: 365). 하지만 상실의 관점에서는 그들의 논쟁을 있는 그대로 받아들이는 것이 더 적절하다. 즉, 욥의 이야기를 상실을 경험한 자의 아픔의 이야기로, 친구들의 주장은 상실당한 이의 울부짖음을 침묵시키고자 하는 공동체의 강한 압력으로 보는 것이다. 욥은 가족을 잃고, 재산을 잃고, 건강을 잃고, 모든 것을 갑작스럽게 잃었음에도 슬픔조차 느끼지 못하도록 강요당한다.

그러나 욥의 친구들과는 정반대로 폭풍 속에서 나타나신 하나님은 다음과 같이 두 번이나 욥의 슬픔의 이야기가 정당하다고 확언하신다. "내가 너와 네 두 친구에게 노하나니 이는 너희가 나를 가리켜 말한 것이 내 종 욥의 말 같이 정당하지 못함이니라. (…) 이는 너희가 나를 가리켜 말한 것이 내 종 욥의 말같이 정당하지 못함이니라(욥42: 7-8)." 다른 성서에서라면 한 구절 혹은 한 장 정도로 그쳤을 법한 상실과 아픔, 허무, 절망, 죽음에의 그리움 등 온갖 불경스런 내용으로 가득 찬 욥의 이야기가 욥기에는 수십 장에 걸쳐 장황하게 끝없이 펼쳐져 있다. 이는 이와 같은 슬픔의 이야기가 들려지고 이야기되는 것을 막기보다 오히려 격려하고자 하는 의도가 있지 않나 생각하게 한다. 뿐만 아니라 이와 같은 욥의 불손을 책하는 친구들과 욥의 격렬한 논쟁은 "욥이 스스로 의롭게 여기므로 그 세 사람의 대답이 그치매(욥32: 1)"에서 나타나듯 욥의 승리로 마무리된다. 게다가 폭풍 중에 나타나신 하나님께서 강력히 욥을 편드심은 슬픔의 이야기를 허락하시는 모습과 다름없다.

창조 세계로의 재개입을 명하시는 하나님

한편, 이전 38장에서 욥의 이야기가 주인 반면 하나님 현현 이후에는 자신이 창조주임을 강력히 선포하시는 하나님의 이야기가 대부분을 차지한다. 민영진은 이 부분에서 하나님께서 도전적인 수사학적 질문을 통해 땅과 하늘의 기이한 현상, 바다와 우주의 신비에 관해 이야기하며 욥을 창조의 신비 앞에 서게 하셨다고 한다(민영진, 2002: 252). 하나님께서는 왜 슬픔에 가득 찬 욥에게 자신이 창조주이심을 강력하게 선포하셨을까? 안근조는 이 부분이 욥기 이해를 방해하는 최대의 장애물이라고 주장하기도 한다. 친구들의 집요한 공격에 대항해 자신의 무고함을 증명해주길 간절히 소원하는 욥에게 이와 같은 하나님의 대답은 선문답과 같다는 것이다(안근조, 2005: 4). 하나님께서는 왜 어린 엘리후에게조차 비난 받는 욥의 무고를 변호해주기보다 자신이 창조주이고, 모든 우주 만물의 배후에 있음을 강조하신 것일까?

커다란 상실 속에서 욥이 보이는 나르시시스적 성향에서 이 문제 해결의 실마리를 찾을 수 있다. 나르시시스적 성향이란 자신의 중요성에 대한 과장된 지각, 칭찬에 대한 욕구, 특권 의식을 가지는 자기애적 인격 성향을 말한다. 종교적으로 신실한 사람들은 하나님의 선민, 하나님 나라의 백성이라는 특별한 인식, 혹은 의인으로서의 삶에 대한 집착 속에서 이와 같은 성향을 드러내기도 한다(Wulff, 1991: 352). 욥 역시 동방의 최고 의인이라는 의식 속에 기본적으로 이와 같은 성향을 가지고 있었을 것으로 추정된다. 그런데 상실의 경험은 이와 같은 자기 중심적 심리 역동을 더욱 강화시킨다. 왜냐하면 상실한 대상을 향해 있던 리비도와 애착이 상실 이후 갑작스런 철수의 요청에 저항하며, 자아 안의 대상에 부착되어 자기애를 더욱 강화하기 때문이다(Freud, 1957: 243-244). 즉, 신실한 종교인으로서 기본적으로 나르시시스적 성향을 가지고 있던 욥은 갑작스런 상실 경험 속에서 더욱 집착적으로 자기애적 성향을 드러낼 수도 있다. 욥이 자신에 대한 하나님의 의인 확증을 간절히 소원하는 것도 바로 이와 같은 자기애적 집착의 강한 표현이 아닌가 생각된다.

그럴 경우, 욥에 대한 하나님의 다름의 강조는 욥의 치유를 돕는 효과적 방안의 하나라고 할 수 있다. 나르시시스적 상처 치유의 전문가인 하인즈 코헛은 나르시시스적 성향의 치유에 있어 내담자의 세계를 전적으로 이해해주는 공감도 중요하지만, 공감 후에는 적절한 좌절(optimal frustration) 경험이 수반되어야 한다고 주장한다(코헛, 2006: 92-93). 즉, 자기 중심적 내담자에 대한 충분한 공감으로 내담자의 깊은 내면에 치유의 접점이 마련된 후에는 이를 바탕으로 내담자와 상담가의 다름 경험을 통한 내담자의 좌절 경험이 치유에 필수적이라는 것이다. 그는 이 '관계 속에 있는 독립(separation in relatedness)'의 경험이 내담자의 창조적이고 성숙한 자아 형성에 일조한다고 주장한다. 욥 역시 상실의 상황에서 자기에 지나치게 몰두함으로써 어린아이와 같이 하나님의 변호를 간절히 호소하는데, 이때 하나님의 현현은 욥의 깊은 내면에 대한 적절한 공감으로 이해할 수 있다. 그러나 하나님은 이에 그치지 않고, 자신은 창조주이고 욥은 피조물임을 도전적으로 강조함으로써 자신과 욥의 차이를 설파하신다. 이는 상실로 인해 매몰되어 있던 나르시시스적 경향에서 벗어나도록 하기 위해 욥에게 적절한 좌절을 주는 행위로 볼 수 있다.

"내가 주께 대하여 귀로 듣기만 했삽더니 이제는 눈으로 주를 뵈옵나이다 그러므로 내가 스스로 한하고 티끌과 재 가운데서 회개하나이다(욥42: 5)". 특히 이 구절은 하나님의 이야기가 욥으로 하여금 자기 몰두를 극복하고 창조 세계를 바라볼 수 있게 각성시켰음을 드러낸다. 큰 바람과 함께 나타나신 하나님이 주로 말씀으로 나타나셨기 때문에 욥은 하나님을 그야말로 "귀로 들어" 알 수 있었다. 그런데 하나님은 자신이 만드신 창조 세계의 모든 창조물을 구체적으로 땅, 별, 빛, 어둠, 사자, 염소, 사슴, 나귀, 들소, 말, 타조, 까마귀, 매, 독수리, 베헤못, 리워야단 등으로 명하신다. 또 "새벽 별이 함께 노래하는 소리", "산 염소가 새끼 치는 모습", "메뚜기, 들소가 힘 있게 뛰어다니는 느낌"을 상세히 이야기하여 욥이 상상 속에서 창조 세계를 오감으로 만지고, 느끼고, 볼 수 있도록 돕는다. 이를 통해 욥은 결국 창조 세계의 모든 사건에 함께 하시는 하나님, 혼란과 애매모호함에도 개입하시는 하나님임을 깨닫고 이제야 "눈으로" 주를 보게 되었다고 고백하게 된다.[2]

이제 욥에게 있어 모든 창조 세계는 죄된 세계가 아니라 하나님이 계시는 곳이다. 종교심리학자 불프는 종교적으로 나르시시스적 경향이 있는 사람은 자기 영혼의 정화에만 몰두하기 때문에 이웃과 세계에 무관심한 경향이 있다고 한다(Wulff, 1991: 352). 욥 역시 죄인과 의인, 혹은 죄된 삶과 의인된 삶의 확고한 구분 속에 이전에는 자신과 자식들의 영혼 돌봄에 주로 관심하여 이웃과 세상에 동일한 관심을 표명한 것으로 보이지는 않는다. 그래서 구스따보 구띠에레즈는 욥이 자신의 고통을 통해 예언자의 영감을 받아 가난한 자와 병든 자, 소외된 자들에게 관심하기 시작했다고 주장한다(구띠에레즈, 1990: 79). 그러나 욥을 향한 하나님의 창조 이야기는 민중이나 주변인만이 아니라 그 구별까지도 넘어선 모든 생태계와 우주 만물의 창조에 관한 것이다. 때문에 이제 욥은 민중뿐 아니라 모든 피조세계에 함께하시는 하나님에 대한 신뢰와 창조의 모든 사건 속에 자신을 다시 위탁하기로 결의하는 것이다.

* * *

지금까지 목회상담적 관점에서 욥기에 대한 새로운 읽기를 시도해보

---

2 리워야단이나 베헤못은 혼돈과 악의 대표적 상징으로, 대부분의 문학 전승에서 질서의 세계를 파괴하는 하나님의 원수로서 나타났다. 필자는 이들에 대한 하나님의 창조 사실의 강조가 혼돈과 애매모호함, 때로는 악해 보이는 삶의 문제 속에도 하나님이 여전히 개입하고 계심을 강조하는 것으로 본다.

았다. 먼저 현재 학문의 변화에 관심하여 욥기를 한 권의 이야기로 읽는 것에 대한 타당성을 설명했으며, 다음으로 융의 욥기 해석을 살펴보았다. 그 후 욥의 구체적 경험을 '상실'로 진단하고 상실의 관점에서 욥에 나타난 하나님을 재해석하여 슬픔의 이야기/애도를 허용하시는 하나님, 창조 세계로의 재적응을 적극 명하시는 하나님으로 이해했다. 이와 같은 논의는 결국 욥기를 수천 년 전의 고리타분한 이야기가 아닌 현재를 살아가는 우리에게 살아 움직이는 이야기로 읽게 하며, 특히 다양한 이유로 상실을 경험한 자들이 자신의 아픔을 충분히 애도할 수 있도록 하는 데 도움이 된다. 현재 많은 교회 공동체에서는 여전히 상실을 경험하며 슬퍼하는 자들을 통제하고 억압하는 경향이 있다. 새로운 해석을 통해 욥의 이야기를 슬픔의 이야기를 허락하시는 하나님으로 이해할 때 교회 공동체는 애도하는 자들의 슬픔을 경청하고 함께 울어주는 역할을 할 수 있을 것이다.

다음으로 이와 같은 논의는 상실을 경험한 자들이 아픔 속에서도 모든 창조 세계에 함께하시고 역사하시는 하나님을 신뢰하며 창조 세계로 다시 자신을 위탁하도록 부르심에 귀 기울이게 한다. 역경과 아픔, 고난과 혼란 속에도 창조주 하나님은 우주 만물과 함께하신다. 상실을 경험하는 자들은 충분한 애도 후 자신에 대한 과도한 연민에서 벗어나 하나님의 은혜와 사랑이 여전히 함께하는 세상을 바라보며 새 삶을 살도록 애써야 한다.

마지막으로 이와 같이 상실의 관점에서 욥기를 읽을 때 욥기의 틀 이야기인 서론과 결론 역시 새롭게 이해할 수 있다. 어떤 학자들은 욥이 삶에 재적응하기 시작한 후 그가 받은 여러 가지 축복, 즉 처음 복보다 훨씬 더하게 제물과 가축을 주셨다거나, 열 자식을 다시 주셨다는 이야기를 인과응보 신학의 재확인으로 생각하기도 한다(이환진, 2009: 30). 그러나 보다 적절한 해석은 이 모든 축복을 새로운 각성으로 현실 세계에 다시 적응하려 한 욥에게 자연스럽게 주어진 결과로 보는 것이다. 이미 이전부터 오랜 세월 동안 재산 축적을 비롯하여 삶의 여러 문제에 뛰어난 역량을 보여왔던 그가 새로운 각성 후 다시 현실에 최선을 다했을 때 이전에 못지않은 재물과 삶의 축복이 오는 것은 당연하지 아니한가? 서론 역시 다르게 읽힐 수 있다. 이전의 해석들은 사탄과 협력하여 무고한 자에게 고통을 주시는 잔인한 하나님, 아둔한 하나님, 예측 불허의 하나님으로 초점을 맞추었다. 반면 상실의 관점에서 다시 이해할 때 서론은 의인이라도 상실을 아픔을 겪을 수밖에 없는 현실, 그리고 피해자들의 절대적 무고함을 강조하는 것으로 읽힌다.

현대의 신진 성서학자들은 한 목소리로 욥기는 새로운 해석의 가능성에 열려 있음을 강조하고 또 강조한다. 위와 같은 상실의 관점에서 욥기를 새롭게 읽으면서 이 땅에서 경험할 수밖에 없는 여러 가지 아픔으로 괴로워하는 이들에게 이들의 슬픈 이야기를 기꺼이 들으시는 하나님, 그리고 변함없는 은혜와 사랑으로 창조 세계와 함께함을 알리시며 현실 세계에의 재적응을 명하시는 하나님의 음성과 모습이 전해지길 바란다.

6장

구약의 첫 여덟 권 다시 읽기

:: 이방인 정복에서 영적 순례 이야기로 ::

기독교 신학자로서 최근 팔레스타인 가자 지역에 대한 이스라엘의 비인간적 공격에 구약 성서가 거론된 일은 심히 당혹스러웠다. 이스라엘인들은 로마에 의해 멸망한 후 2,000년가량을 떠돌다 세계대전 이후 복잡한 국제 관계를 이용해 국가를 설립했다. 그런데 그들이 국가를 설립한 곳은 그 후 2,000년간 살아온 팔레스타인들의 거주지였다. 때문에 팔레스타인들은 너무나 갑작스럽게 강제로 오랜 삶의 터전을 빼앗겼다. 그뿐 아니라 이후에도 수시로 공격해오는 이스라엘 때문에 매순간 불안과 공포 속에 살아야 했다. 지난여름에도 삼면이 봉쇄되고, 바닷길마저 막혀버린 팔레스타인 가자 지구에서는 2,200여 명의 사망자가 발생했고 그 대부분은 어린이였다(김재명, 2009). "나는 아직 살아 있어요. 죽고 싶지 않아요. 그러나 언제 죽을지 몰라요."라던 유튜브 속 팔레스타인 어린 소녀의 호소가 아직도 생생하다. 문제는 이스라엘인들이 구약 성서(히브리 성서)를 팔레스타인에 대한 공격과 파괴의 근거로 주장하는 것이다. 자신들이 차지한 지역이 구약의 하나님이 약속한 땅이며, 구약의 하나님은 이스라엘이 이방인인 팔레스타인 주민뿐 아니라 그들의 목축 및 가진 것 모두를 하나도 남김없이 진멸하라고 명하셨다는 것이다.

한국의 기독교 신학자로서 더 큰 고민은 오늘날 일부 한국 기독교인 역시 위의 이스라엘인들과 유사한 패러다임으로 구약 성서를 이해하고 있다는 것이다. 가령, 최근 대학가에서는 학생들이 '전도 거부 퇴치카드'를 만들어 나눠 가지고 있다. 대학 내 일부 기독교인들의 몰지각하고 공격적인 선교를 더 이상 견딜 수 없어 이에 대처하기 위해서라고 한다(《연합뉴스》, 2013). 그런가 하면 부처상이나 단군상의 코를 베거나 머리를 넘어뜨린 사람이 기독교인이라는 기사도 종종 접한다. 국내외 타 종교 구역에서 대대적인 '땅 밟기 운동'이나 '찬양' 혹은 '통성 기도'를 하여 물의를 빚은 기사도 보인다(《국민일보》, 2014; 《크리스천투데이》, 2010). 모두 구약 성서의 '우상 숭배 금지', 혹은 '여리고성 점령을 위한 땅 밟기' 등에서 모티브를 따 문자 그대로 적용한 것 같아 안타깝기 그지없다.

그럼에도 불구하고 구약 학자들은 구약 성서에서 이스라엘과 이방인의 평화적 관계를 지지하는 근거를 찾기가 쉽지 않다고 한다(이경숙, 2014: 39; 장석정, 2004: 367). 한 학자는 타 종교 문화에 대한 보수 기독교의 배타성을 문제 삼으며 보다 평화로운 종교 간 공존을 위한 구약 연구에 관심한다. 그러나 구약에 가득한 이방인에 대한 폭력과 전투, 학살의 모티브 때문에 이 문제 해결은 용이하지 않다. 다른 학자도 유사한 관점에서 이스라엘과 이방인 간 문제 이해에 새로운 해석학적 작업이 필요하다고 한다. 즉, 여호수아서의 다양한 전투에서 하나님은 가나안 사람을 하나도 남김없이 다 죽이라고 명하셨고 이스라엘 사람들은 이를 '하나님의 거룩한 전쟁', 즉 성전(聖戰, holy war)으로 이해한다. 하지만 현대 사회에서 타민족에 대한 이 같은 강제적 약탈과 정복은 옳지 않기에 이에 대한 새로운 해석학적 접근이 필요하다는 것이다.

목회상담학은 구약 성서에 새로운 관점을 제공할 수 있을까? 목회상담학의 관점에서 구약 성서를 다르게 읽을 수 있을까? 목회신학자 도널드 캡스는 발달 심리학자 에릭 에릭슨(Erik Erikson)의 이론에 기초하여 기독교 전통의 주요 자료뿐 아니라 구약 성서를 재해석한다. 캡스는 에릭슨의 생애 주기 이론이 기독교 인물, 성서이야기, 또 구약 성서 해석에 새로운 통찰을 준다고 본다. 특히 구약 성서의 첫 여덟 권을 에릭슨 이론과 병행시켜 구약 성서의 핵심 주제를 기독교인의 영적 순례라 주장한다. 그에 의하면, 에릭슨을 활용하여 이해한 구약 성서의 핵심은 이방인 정복이 아니라 신앙인의 영적 성숙이라는 것이다. 아래에서 캡스 이해에 도움을 주는 다양한 주장들을 먼저 살펴본 후 캡스의 심리학적 구약 성서 해석과 이에 대한 평가를 논하고자 한다. 이 장의 논의는 주로 개인 문제에 적용되었던 캡스의 목회상담적 해석을 공적 영역의 변혁, 구체적으로는 타종교에 대해 지나치게 배타적인 한국 기독교 문화 변혁을 위한 자원으로 활용하고자 하는 데 그 의의가 있다.

1. 목회상담학, 문화 변혁, 성서

캡스의 구약 성서 이해를 공적 영역 변혁의 한 자원으로 살펴보기에 앞서 먼저 논의해야 할 것은 목회상담학이 문화 치유에 관여할 수 있느냐 하는 문제이다. 신학의 한 분과 학문으로 자리 잡으면서 목회상담학은 심리학을 주요한 학문적 파트너로 삼고, 개인의 내적 치유와 성숙에 주로 관심해왔다. 때문에 목회상담학이 개인, 혹은 인간관계를 넘어서 문화의 문제와 해석, 또 변혁까지 관계하는 것이 타당한가 질문할 수 있다.

그런데 목회신학자 낸시 램지(Nancy Ramsey)에 따르면, 목회상담학, 목회적 돌봄, 목회신학은 1990년 『목회적 돌봄과 상담 사전Dictionary of Pastoral Care and Counseling』의 출간 이후 '거대한 변화'를 맞이하고 있다(램지, 2012: 10). 목회상담학과 목회적 돌봄의 다양한 주제를 총괄한 이 책은 미국의 유수한 목회상담학자들의 미국 개신교 전통에 부합하는 20세기 현대 목회적 돌봄 운동에 대한 최고의 지혜를 취합했다. 그러나 이후 돌봄의 범위와 돌봄을 위한 권위, 돌봄 전문가의 정체성 및 역할, 권력의 문제 등에 주요한 재정의와 변화가 있었다. 또한 『목회적 돌봄과 상담 사전』에서 우세했던 임상적 패러다임은 곧 공동체적-상황적 패러다임과 상호 문화적 패러다임으로 대치되었다. 공동체적-상황적 패러다임은 공동체의 돌봄을 강조하는 한편, 돌봄의 공적, 구조적, 정치적 차원에 관심한다. 상호 문화적 패러다임은 돌봄의 상황에서 문화적, 인종적, 종교적 다원주의에 많은 주의를 기울인다.

목회신학자 보니 밀러-맥르모어(Bonnie Miller-McLemore)도 지난 십여 년 사이 미국 목회상담학에 의미 있는 변화가 일어났음을 지적한다(밀러-맥르모어, 2012: 74). 그중 가장 두드러진 변화는 목회상담학을 개인적 맥락에서 협소하게 이해하는 것에서 벗어나 좀 더 넓은 문화적, 사회적, 종교적 맥락에서 정의한 것이라 한다. 1950년대까지만 해도 목회상담학은 안톤 보이슨(Anton Boisen)의 영향 아래 목회상담학의 텍스트를 '살아 있는 인간 문서'라 지칭했다. 그러나 현대 목회상담학에서는 이를 '살아 있는 인간 관계망'으로 대치하고, 지역적이며 세계적인 수준에서, 또 정치적이며 사회적인 맥락에서 목회적 돌봄을 연구하고자 한다.

밀러-맥르모어는 또한 현대 기독교의 많은 상담적 문제는 공공 신학 관점에서 접근해야 한다고 한다(밀러-맥르모어, 2012: 75-76, 88). 공공 신학이란 넓은 의미에서 사회 질서를 보다 포괄적 맥락에서 분석할 뿐 아니라 사회 질서에도 영향을 끼치려는 신학이다. 때문에 공공 신학은 종교의 현대적 사유화를 격렬하게 비판하며 종교가 결국 공적 영역과 연관될 수밖에 없다고 강조한다. 밀러-맥르모어는 목회상담학 역시 이와 같은 공공 신학적 관점에서 개인의 문제를 개인의 상황뿐 아니라 공공의 맥락과 연관하여 이해해야 한다고 주장한다. 즉, 목회상담학이 개인 문제 상담뿐 아니라 개인의 삶에 영향을 미치는 아동 복지나 경제 정의의 문제에도 관심해야 한다는 것이다. 특히 목회상담학에서 많이 접하는 가정 폭력이나 가족 문제, 성폭력 등은 더욱 공적 맥락에서 관심해야 한다. 왜냐하면 위의 문제는 개인의 성적 욕망이나 구성원의 성격 혹은 관계 문제만이 아니라 사회적이며 종교적인 영향을 밀접하게 받기 때문이다. 즉, 성차별적이고 인종차별적인 제도와 이데올로기, 또 사회 권력의 악용이 위 문제의 상담가 치유와 밀접하게 연관된다. 그리하여 밀러-맥르모어는 내담자의 복잡한 문제를 이해하고 온전히 치유하기 위해서 목회상담학은 개인의 사적 영역뿐 아니라 공적 영역에 관심하고 공적 문화 변혁을 위한 목소리 내기에 힘써야 한다고 한다.

그런데 밀러-맥르모어는 목회상담학의 공공 신학적 관심은 각국 마다 고유한 문화적 차이가 있음을 간과해서는 안 된다고 한다. 가령, 밀러-맥르모어가 속해 있는 미국의 경우, 헌법 1조에 교회와 국가의 제도적 분리를 명시하고 있다. 그러나 영국의 경우 국가가 종교를 설립했으며, 중국이나 다른 공산 국가에서는 국가가 종교를 강력히 금지하고 있다. 미국 사회는 구체적으로 1960년대 이민법을 자유화함으로써 종교다원주의 사회의 특성을 갖고 있으며 기독교 안에서는 보수 기독교 복음주의의 급격한 성장이 문제가 되고 있다. 반면, 유럽의 경우, 기독교가 각 나라의 주요한 종교지만 기독교의 영향력과 인구는 급격히 쇠퇴하고 있는 실정이다. 밀러-맥르모어는 공공 신학적 관점에서의 목회상담학 연구는 이처럼 나라와 지역마다 다른 공적 상황에 맞게 연구될 수밖에 없다고 주장한다.

한국의 신진 목회상담학자 김경은 한국 문화에 대한 공공 신학적 목회상담학 연구를 수행하며 한국의 독특한 문화 배경에서 형성된 권위주의의 문제에 관심한다(김경, 2012: 39-40). 그는 한국 사회의 세계화 열풍은 한국 문화와 세계 문화, 한국 기술과 세계 기술 간의 급격한 소통을 가능케 했으나, 지나친 약육강식의 사회 구조 또한 유입하여 한국인의 비인간화를 가속화했다고 한다. 예를 들어, 경계 없는 경제 구조 속에 소수의 한국인은 자본과 권력을 독점하고 있고 과도한 특권을 누리지만, 다수의 많은 비특권층 한국인은 경제적인 고통뿐 아니라 정서적으로도 가족적으로도 많은 갈등을 경험하고 있다는 것이다. 그래서 그는 목회상담학이 공공의 영역까지 그 관심을 확대하여, 고통하는 한국인 내담자들이 해방적이고 저항적인 주체가 될 수 있게 해야 한다고 주장한다. 이를 위해 그는 권위주의의 문제를 사회학적, 사회 구성적, 정신역동적, 가족 치료적 관점에서 분석하고 목회상담을 통해 어떻게 이 권위주의를 해체시키고 극복할 수 있을지를 모색한다. 구체적으로 그는 한국 문화의 권위주의를 유교뿐 아니라 식민 경험, 군사주의, 독재주의, 자본주의와 연결시킴으로써 권위주의로 인한 내담자의 고통을 다각도에서 분석하고 있다.

그런데 위 연구에서 매우 주요한 점은 김경이 공공 신학 관점에서 한국 목회상담학 연구에 성서에 대한 새로운 읽기가 동반되어야 한다고 주장한 점이다. 찰스 테일러(Charles Taylor)는 목회상담학에서 기독교인 내담자의 인지 재구성을 핵심적 치료 방안으로 제시한다. 그래서 그는 성서를 비롯한 다양한 기독교적 자원을 내담자와 상담자 인지 재구성에 활용하고 있다(테일러, 2003). 이와 유사하게 김경은 이야기 치료 관점에서 찰스 거킨(Charles Gerkin)을 활용하여 성서가 내담자에게 새로운 해석학적 지평을 제공하여 '새로운 이야기의 침투'를 가능케 한다고 주장한다(김경, 2012: 66-68). 즉, 상담에서 새로운 자기 찾기는 상담자와 내담자의 끊임없는 상호 관계를 통해 사회적으로 구성된 자기에 대한 해체와 재구성을 시도한다는 것이다. 그런데 성서는 내담자-상담자만의 관계를 넘어서 인간 구원과 회복의 방향을 새로 지시하는 또 하나의 자원이 될 수 있다. 한국 권위주의의 문제 역시 인간 존재의 존엄성을 강조하는 창조 이야기를 통해 내담자가 자신을 억압하는 이야기에 틈을 내는 새로운 이야기로 변할 수 있다는 것이다.

필자 역시 한국 기독교 문화의 변화를 위해 성서에 대한 새로운 접근은 강조하고 또 강조해도 지나치지 않다고 생각한다. 기독교 선교 초기, 출애굽기를 비롯하여 성서의 많은 이야기들이 한국 기독교뿐 아니라 한국 사회 문화에 대한 공적 돌봄의 근거가 되었다. 그리하여 한국 기독교는 일본 식민 세력에 저항하여 독립운동에 관여했으며, 성차별적이고 위계적인 한국 문화 변혁뿐 아니라 가난한 이들과 고아들을 위한 많은 돌봄을 제공했다. 그러나 김경이 지적하듯, 현재 괄목할 만한 성장을 이룬 한국 기독교는 성서를 소수 지배 계층과 정치 계층의 권위를 무조건적으로 수용케 하는 정치적 조작 도구로 사용하기도 한다(김경, 2012: 67). 한국 기독교는 약자가 아닌 사회적 강자와 지배층을 지지하고 옹호하기 위해 교회의 권위, 성서의 권위를 사용하기도 한다. 따라서 진정한 돌봄과 성숙을 지향하는 목회상담학 연구는 새로운 성서 읽기에도 관심하여 개인과 기독교와 사회의 온전한 변화를 위해 노력해야 한다.

그러나 현재 한국 주류 기독교 학계에서 출판하고 있는 성서 관련 목회상담학 연구는 주로 개인 치유 차원에 관심하고 있다. 『한국기독교신학논총』, 『목회와 상담』, 『신학사상』, 『신학과 실천』, 『한국기독교상담학회지』의 성서 관련 논문의 경우, 대체로 심리학적 관점에서 성서의 특정 주제나 특정 인물을 분석하고 있다. 예를 들면, 성서의 모세나 요셉, 요나, 삼손, 욥 등의 인물을 심리학적으로 분석하거나 용서나 화해, 성폭력 등의 주제를 성서와 연결하여 이해하고 제언한다. 그런가 하면 성서를 활용하여 이혼이나 노년기 성에 관련한 내담자의 문제에 대해 구체적으로 지도하거나 도움을 주고자 한다. 이들 연구는 성서를 활용하여 내담자 치유 문제에 관심하지만, 여전히 대부분 개인 차원의 치유에 한정되어 있다. 다시 말하자면, 심리학과 성서를 연결하여 기독교의 구조적 문제나 문화적 문제에 대한 치유적 통찰을 제공하는 데까지는 나아가지 못하고 있다. 때문에 공적 관심에서의 적극적인 목회상담적 성서 연구와 이에 도움이 되는 기존 연구의 재해석이 필요하다. 캡스에 대한 이 장의 논의는 후자의 관점에서 시도하는 것으로 기독교인의 발달과 치유에 관한 통찰을 제공하며 성서에 대한 새로운 이해를 통한 한국 기독교 문화의 성숙에도 많은 도움을 준다.[1]

2. 에릭슨, 생애 주기 이론, 캡스

인간의 전 생애 발달에 관한 에릭슨의 생애 주기 이론은 그의 저서 『아동기와 사회』에 집대성되어 있다(에릭슨, 1988). 이 책에서 에릭슨은 프로이트와 달리 자신의 독특한 도식에 맞추어 인간 발달을 설명하며 인간 발달은 성인이 되어 멈추는 것이 아니라 평생에 걸쳐 계속된다고 한다. 즉, 그는 인간 발달 단계는 유아기, 아동기, 놀이기, 학령기, 청소년기, 초기 성인기, 성인기, 노인기의 여덟 단계로 나눌 수 있으며, 각 단계는 특정 나이와 연관될 뿐 아니라 나이와 연관된 단계별 과제도 있다고 한다. 에릭슨은 연구 초창기 프로이트와 마찬가지로 청소년기까지의 첫 다섯 단계에 많은 관심을 표명했으나, 1960년대 이후 성인기의 발달 단계에 더 관심한다. 그는 또한 프로이트의 연구를 기본 바탕으로 삼았으나 이에 더해 인간 발달은 생물학적 요소, 자기 및 사회의 집단 구성원과의 역동 속에 일어난다고 본다. 즉, 생물학적 과정, 자기 과정, 사회적 과정과 같은 조직 과정에 의해 개체의 인격 발달이 이루어진다는 것이다.

헤티 조크(Hetty Zock)에 의하면, 에릭슨의 생애 주기 이론의 특성은 다음의 셋으로 요약할 수 있다. 첫째, 에릭슨의 생애 주기 이론은 점성

---

1 캡스뿐 아니라 제임스 파울러(James Fowler), 존 글리슨(John Gleason), 도널드 브라우닝(Donald Browning) 같은 신학자들이 에릭슨의 이론을 활용하여 신앙 및 영성 발달에 관한 연구를 했다. 그런데 그중 캡스야말로 에릭슨의 생애 주기 이론에 가장 창의적으로 몰두하여 성서 및 기타 기독교 전통 자료에 대한 새로운 해석을 시도한다. 다음을 참고하라. 박노권, 「에릭슨의 이론을 통해 본 영적 발달의 이해」, 『한국기독교상담학회지』 18(2008), 44; Rodney Hunter ed., *Dictionary of pastoral care and counseling*(Nashville: Abingdon Press, 1990), 649-650.

적 원리(epigenetic principle)에 기초한다(Zock, 1990: 36). 영어로 점성을 뜻하는 'epigenesis'는 해부학에서 유래한 용어인데 해부학에서는 태아의 발달을 시간에 따른 순차적인 것으로, 태아 각 기관의 발달 역시 고정된 시기에 발달한다고 본다. 에릭슨은 인간 발달 역시 이와 유사하다고 보고, 이를 적용한다. 그래서 각 발달 단계는 각각의 발달 시기에 맞춰 발달하며, 서로 위계적으로 연결되어 있다고 본다. 하지만 에릭슨이 위계의 절대성을 주장하는 것은 아니다. 에릭슨은 후기 발달 단계가 초기 단계를 대치할 수는 없으나 어떤 발달 단계도 한 번에 이루어지지 않는다고 한다. 해부학에서와 달리 인간 심리 발달은 지속적 재통합과 흡수 또한 중요하며, 특정 발달 단계의 실패가 결정적으로 작용하지는 않는다. 후기 단계에서 전 단계 완수의 새 기회가 주어지기도 하기 때문이다. 어찌됐든 에릭슨은 이를 통해 프로이트와 달리 인간 발달은 심리·성적 영역뿐 아니라 인간관계의 전 영역, 즉 감각계, 근육계, 운동계, 나아가 실존적 영역까지 관련되어 있다고 보았다. 또, 인간의 자아란 인지, 감각의 종합과 통합의 능력을 가지고 현실과 관계하며 본능에만 의존하는 것은 아니라고 보았다.

에릭슨 생애 주기 이론의 두 번째 특징은 심리 사회적 원리(psycho-social principles)이다(Zock, 1990: 36-37). 에릭슨은 그의 초기 글에서 이미 '자아 발달(ego development)'이라는 용어를 '심리 사회적 발달(psycho-social development)'이라는 용어로 대치하고 '단계별 구체적 과제(stage-specific tasks)'를 '심리 사회적 과제(psycho-social tasks)' 혹은 '심리 사회적 문제(psycho-social issues)'로 바꾸었다. 에릭슨은 자아는 항상 사회적 맥락에서 발생하므로 어린이가 심리·성적 욕구 혹은 기관적 욕구를 표현할 때 반드시 그 특정 욕구를 채워주는 의미 있는 관계와 만남이 있음을 강조했다. 에릭슨은 욕구 발생 영역이 구체적으로 사회적 관계와 어떤 연관이 있는지 정확히 규명하지는 않았으나 사회적 만남을 통해 어린이의 신체적 경험은 사회적 의미를 획득하고, 세계와 새롭게 관계 맺는 법을 배우게 된다고 한다. 에릭슨은 또한 외부 세계는 사회 질서의 모습으로 어린이의 내부 세계와 관계한다고 본다. 즉, 사회 질서의 각 단계는 특정 사회 제도와 연결되어 있어, 인간 발달은 심리, 사회, 문화의 상호 관계 속에 있다는 것이다.

조크는 에릭슨 생애 주기 이론의 마지막 특징은 에릭슨이 심리 사회적 위기(psycho-social crises)를 강조한 것이라 한다(Zock, 1990: 39-41). 에릭슨은 인생의 각 발달 단계마다 인간은 심리 사회적 과제나 위기를 경험한다고 한다. 그러나 이는 중성적 개념으로 특정 문제나 병리를 의미하는 부정적인 것은 아니다. 보다 정확히 말하면 이는 진보와 퇴행 결정의 중요한 시점, 성장과 통합의 주요 전환점이다. 에릭슨에게 있어 각 발달 단계는 근본적으로 부정적 축과 긍정적 축의 두 양극을 가지며 이는 역동적인 동시에 상호 보완적이다. 즉, 한 축이 다른 한 축을 완전히 압도하는 것이 아니라 조화로운 비율과 균형이 필요하다. 일반적으로 긍정적 축이 많음은 심리 사회적 건강, 즉 자아의 질이 향상했음을 의미한다. 이는 곧 개인이 주어진 단계에서 그 자아가 충분히 건강하여 사회 제도의 구조와 각 기관의 적절한 통합을 시기적으로 완수했음을 보여준다. 그러나 에릭슨에게 있어 보다 중요한 것은 자아가 모든 차원을 총괄하고 역동적 질을 함양할 수 있도록 하는 두 축의 변증법적 균형을 이루는 것이다.

목회신학자 캡스는 이 같은 에릭슨의 생애 주기 논의가 목회적 돌봄의 목적과 목표를 분명히 하는 데 도움을 주었다고 한다(캡스, 2001: 7,

66-67, 72, 139). 그에 의하면 목회적 돌봄의 영역에서 에릭슨의 발달 이론을 활용하는 방법에는 두 가지가 있다. 하나는 특정 연령 집단이나 생애의 결정적 시기에 맞추어 목회적 돌봄 대상들에 관심하는 것이다. 다른 하나는 발달 이론의 개념들을 목회적 돌봄의 목적과 목표를 이해하는 데 활용하여 목회적 돌봄 실천에 초점 맞추는 것이다. 가령, 도덕적 상담가로서 목회적 돌봄가는 내담자 혹은 교인의 도덕적 혼란과 방향이탈적 요소를 분별하여, 혼란을 조장하는 치명적 악덕에 대해 적극적으로 교훈하고 조언해주어야 한다. 또한 의례의 협력자로서 목회적 돌봄가는 교회의 정기 의례뿐 아니라 일상 의례의 다양한 의례를 통합하여 그 의례가 일관된 방향으로 흘러 교회의 기본적 방향 감각을 분명히 하도록 도와야 한다. 마지막으로 개인적 위로자로서 목회자는 발달 단계에서 인간이 경험하는 고통의 심각성을 인지하고, 교인 혹은 내담자가 궁극적으로 고통에서 벗어나도록 도울 뿐 아니라 고통 중에도 그가 하나님의 사랑에서 끊어질 수 없다는 확신을 갖도록 해야 한다. 캡스는 에릭슨 이론이 목회 돌봄 실제를 보다 구체화하는 데 도움을 주었다고 보았다.

그런데 캡스는 에릭슨의 생애 주기 이론을 보다 창의적으로 재구성하여 에릭슨 이론과 기독교를 아주 밀접하게 연관 맺는다. 에릭슨은 생애 주기 이론 구성 후 곧 발달 단계에 따른 덕목의 스케줄을 제시한다 (Erikson, 2000: 193-206). 즉, 인간 발달의 각 단계마다 고양시켜야 할 덕성이 있다고 주장하고, '소망'(기본적 신뢰 대 기본적 불신), '의지'(자율성 대 수치감과 의심), '목적'(주도성 대 죄책감), '실력'(근면성 대 열등감), '충성'(정체성 대 정체성 혼란), '사랑'(친밀감 대 소외감), '돌봄'(생산성 대 침체성), '지혜'(자아 통합과 절망감과 혐오감)를 각 단계별 덕성으로 제시한다. 이에 캡스는 단테의 『신곡』에서 '지옥편'이나 초서의 『캔터베리 이야기』 같은 중세 문학에서 힌트를 얻어 에릭슨의 덕성에 병행하는 여덟 단계의 대죄(deadly sins)를 발견한다. 바로 '탐식'(유아기), '분노'(초기 아동기), '탐욕'(놀이기), '시기'(학령기), '교만'(청소년기), '색욕'(초기 성인기), '냉담'(장년기), '노년기'(우울)이다. 캡스는 이를 기초로 성서 혹은 기독교의 전통 자원을 연결하여 기독교 이해의 새로운 지평을 연다.

가령, 캡스는 구약 성서의 인물이나 성서 이야기를 에릭슨의 생애 주기와 구체적으로 연결시킨다(캡스, 2008: 129-191). 구약 성서의 에서는 미래에 주어질 장자권 대신 눈앞의 즉각적인 만족을 위해 상속권을 한 그릇 팥죽에 팔았다. 캡스는 에서를 유아기 대죄와 덕목인 탐식과 희망의 예로 본다. 모세는 분노의 사람인 동시에 출애굽을 이룬 대단한 의지와 용기의 인물이다. 캡스는 모세야말로 초기 아동기(분노 대 의지와 용기)를 대표하는 인물로 본다. 캡스는 또한 발람, 사울, 요나, 삼손, 전도서의 전도자, 욥을 각각 놀이기, 학령기, 청소년기, 초기 성인기, 장년기, 노년기 대죄와 덕목의 대표적 인물로 보았다. 또 캡스는 에릭슨 생애 주기의 덕목을 마태복음 5장의 '팔복(The Beatitude)'과 연결한다. 다시 말하자면, 예수의 산상 수훈 앞부분에는 "…는 복이 있나니" 하며 예수가 축복을 내리는 구절이 반복된다. 그런데 이 팔복의 실제 내용은 일반적으로 생각하는 '복(blessing)'이 아니라 '태도(attitude)'를 의미한다. 때문에 캡스는 이 팔복을 에릭슨의 덕목과 연관시킬 수 있다고 보고, 팔복 하나하나를 에릭슨의 생애 주기 단계와 각기 연결시킨다. 예수는 팔복을 통해 인간에게 성령 충만한 삶의 메타포를 전달했으며, 신앙은 다름 아닌 구원의 덕성 함양과 능력 증진임을 강조한 것이다.

캡스는 또한 에릭슨을 『천로역정』과 연결하여 기독교 전통의 핵심 메시지가 무엇인지 현대적으로 이해하도록 한다. 『천로역정』은 17세기 영국의 작가이자 침례교 설교가인 존 번연이 쓴 책으로 역대 신앙 서적 중 성서 다음으로 많이 팔린 베스트셀러이다(번연, 2005). 주인공 크리스천이 죄와 싸우는 순례의 여정을 통해 하늘나라에 이르는 이야기를 우화의 형식으로 담고 있으며, 기독교 신앙의 핵심을 전하고 있다. 그런데 캡스는 『천로역정』의 주인공 크리스천이 하늘나라에 이르기까지의 여정이 에릭슨의 발달 단계와 상응한다고 주장한다. 그는 크리스천의 여정이 에릭슨의 발달 단계와 완전히 일치하지는 않으나 그가 경험하는 두드러진 악과의 조우는 에릭슨 이론과 매우 유사하다고 한다. 캡스에 의하면 현대 기독교인들에게 『천로역정』 이야기는 더 이상 새롭지 않고 설득력이 별로 없다. 그러나 에릭슨의 발달 단계와 연결하면 『천로역정』의 가치를 새롭게 이해할 수 있다고 한다. 에릭슨의 이론을 통해 보면, 이 책은 아래와 같이 기독교인의 삶은 평생에 걸쳐 죄와 싸우는 순례자의 여정임을 설명해주기 때문이다(캡스, 2008: 227-236).

〈표 1〉과 같이 캡스는 『천로역정』과 에릭슨의 생애 주기 이론 연결을 통해 기독교인의 삶은 결국 도덕적 선을 배양하는 순례의 여정임을 강조한다(캡스, 2008: 241-242). 캡스에 의하면, 『천로역정』에서와 같이 기독교인의 삶은 순례의 여정이며, 순례 여정은 대죄와 구원이 덕이 경쟁하고 싸우는 전투와 같다. 그래서 신앙인이 된다는 것은 죄 혹은 구원의 덕성으로 인도하는 음성과 영향력을 분별하는 것으로, 우리 인생에서 죄를 한 번에 극복할 수 있는 쉽고 단순한 방법은 없다. 죽음이 끝날 때까지 인간은 끊임없는 전투 속에서 고민하고 갈등하고 쓰러지며 또 일어서며 산다. 그런데 그 전투는 특정 교훈이나 규율이 아니라 바로 성서를 통해 이길 수 있다. 캡스는 루터의 찬송가 〈내 주는 강한 성이요〉를

〈표 1〉 에릭슨의 발달 단계와 『천로역정』

단계	『천로역정』의 악과의 조우
유아기	파괴의 도시
초기 아동기	낙심의 늪
놀이기	도덕의 마을
학령기	해석자의 집
청소년기	아름다운 성/무서운 골짜기들
초기 성년기	허영의 시장
장년기	회의의 성
노년기	마법의 땅

인용하여 성서야말로 인간의 도덕적, 영적 투쟁에 영원한 도움이며, 삶을 바꿀 수 있는 힘을 가지고 있다고 한다. 성서는 우리 인간의 순례 여정에 함께하며 자유롭게 하고, 온전하게 하고, 해방과 권세의 도구가 된다는 것이다. 에릭슨의 생애 주기 이론을 '팔복'이나 『천로역정』과 연결한 캡스는 구약 성서 역시 동일한 방식으로 조명하고 있다. 다음으로 구약 성서의 처음 여덟 권에 대한 논의를 살펴보자.

3. 캡스와 구약 성서의 처음 여덟 권

구약 성서는 큰 틀에서 오경, 역사서, 성문서, 예언서 등으로 나누어 연구된다(김영진 외, 2004: 10-25). 오경은 유대교와 기독교 전통에서 토라로 불린 구약 성서의 처음 다섯 권을 말하며, 역사서는 이스라엘의 역사를 나름의 관점에서 다룬 신명기 역사서와 역대기 역사서를 말한다.

신명기 역사서는 신명기 기자와 관련된 역사 서술에 기초한 여호수아, 사사기, 사무엘서, 열왕기를 말한다. 역대기 역사서는 역대기, 에스라, 느헤미야로 구성되어 바벨론 귀환부터 알렉산더 왕의 등장까지 200여 년의 시기에 대한 정보를 담고 있다. 성문서는 히브리어 성서 전통과 70인역 성서 전통이 다르지만, 개신교에서는 지혜 문헌(잠언·욥기·전도서), 묵시 문학(다니엘), 시편, 다섯 권의 축제 두루마리(룻기·아가·저도서·애가·에스더)를 포함한다. 또 예언서는 이사야, 예레미야, 에스겔의 3대 예언서와 아모스, 호세아, 미가, 스바냐, 나훔, 하박국, 학개, 스가랴, 말라기, 오바댜, 요엘, 요나 등 열두 예언서를 포함한다.

한편, 구약 성서 처음 책들에 관한 연구는 이들 책을 다섯 권(5경)으로 묶을 것인가, 여섯 권(6경)으로 묶을 것인가에 관한 논의를 일으키기도 한다(노희원, 2004: 177-179).구약의 처음 다섯 권은 전통적으로 그 저자가 모세인 것으로 알려져 모세 5경으로 불리기도 한다. 창세기에서 신명기가 이집트에서 요단강 건너까지의 연속성 있는 이야기를 다루고 있고, 요한복음의 여러 부분(5: 46, 7: 19, 9: 29)에서 예수도 모세가 토라라고 불리는 5경을 기록했음을 시사하는 말씀을 했기 때문이다. 그러나 최근 모세 5경에 대한 과학적 접근을 통해 한 저자가 아니라 여러 자료가 모여 하나의 성서를 이루었다는 자료설과 내용상 5경보다는 6경으로 접근해야 한다는 주장도 나오고 있다. 창세기 원역사(primeval history)를 끝으로 하나님은 아브라함으로부터 이스라엘 민족을 일으키시는데, 이때 하나님께서 아브라함에게 하신 약속이 바로 '자손과 땅의 약속'이다. 자손에 대한 약속은 아브라함이 100세 때 간신히 얻은 이삭을 통해 이루어지지만, 땅의 약속은 가나안땅을 얻고 분배한 여호수아서에서 이루어진다. 때문에 내용상 여호수아서까지 포함해 여섯 권을 연속적으로 묶어 이해해야 한다는 것이다.

따라서 에릭슨의 여덟 발달 단계에 기초하여 성경의 첫 여덟 권을 하나의 묶음으로 보는 것은 캡스 자신의 주장처럼 비전공자가 억지로 '꾸며낸' 허황된 주장 같아 보이기조차 한다(캡스, 2008: 221). 성서의 처음 여덟 권은 창세기, 출애굽기, 레위기, 민수기, 신명기, 여호수아, 사사기, 룻기까지다. 이들 책은 5경뿐 아니라 역사서인 여호수아와 사사기, 또 성문서인 룻기 등 각기 다양한 분류에 속한 책들이다. 하지만 캡스는 성경의 첫 여덟 권을 함께 묶을 수 있다 주장한다. 그에 의하면, 성서의 첫 여덟 권에는 소위 이야기 속의 이야기, 즉 '메타스토리(metastory)'가 있다고 한다. 그리고 그 메타스토리는 다름 아닌 인류 처음 가족인 아담과 하와의 가족 이야기에서 다른 가족인 나오미, 룻, 보아스 가족의 이야기로 끝난다. 다시 말하면 이 여덟 권을 관통하는 메타스토리는 하나님께서 창조했지만 하나님께 범죄한 아담과 하와의 가족 이야기에서 시작한다. 그러나 창세기, 레위기, 민수기, 신명기, 여호수아서를 거쳐 단단해지고 성숙해진 룻과 보아스 가족에서 완성되는 구원의 이야기로 마무리된다. 이 여덟 권의 이야기가 놀랍게도 에릭슨의 생애 주기 단계와 각기 일치하며, 생애 주기 단계와 관련하여 이 책들을 읽을 때 성서의 이야기를 〈표 2〉와 같이 우리 삶의 죄와 구원을 종합적으로 다루는 순례의 이야기로 해석할 수 있게 된다는 것이 그의 주장이다(캡스, 2008: 222).

캡스에 따르면 창세기, 출애굽기, 레위기는 생애 주기 이론의 유아기, 초기 아동기, 놀이기와 평행한다(캡스, 2008: 222). 생의 첫 단계인 유아기에 인간은 기본적 신뢰와 불신의 위기 속에서 이 세상에 태어난다. 창세기는 세계와 인간 창조에 이어 이스라엘 민족의 탄생에 관해 기록되어 있으며 하나님이 아브라함의 영원한 하나님이 될 것이라는 약속이

〈표 2〉 에릭슨의 발달 단계와 성서의 처음 여덟 권

단계	성서	내용
유아기	창세기	세상을 차지하며
초기 아동기	출애굽기	세상의 경계를 탐색하며
놀이기	레위기	세상의 법을 배우며
학령기	민수기	이방인과 맞서며
청소년기	신명기	땅 얻기를 예비하며
초기 성인기	여호수아서	발판을 얻으며
장년기	사사기	공동체를 세우며
노년기	룻기	성소를 찾아서

담겨 있다. 초기 아동기에 아동은 이제 세상을 탐색하며 경계가 있음을 발견한다. 유사하게 출애굽기는 이스라엘 민족이 자신들이 살아온 터전의 경계를 넘어 새로운 땅으로의 탐색을 위한 여정에 참여하고 있다. 놀이기는 부모의 존재를 인식하며 세상에 법과 규율이 있음을 인지하는 시기이다. 이스라엘에 대한 제의와 정결 문제, 성결 법전으로 가득 찬 레위기는 바로 이 시기 경험을 대변하고 있다는 것이다. 캡스는 이와 같이 창세기, 출애굽기, 레위기 속에 하나님의 백성으로 태어나 온전한 보호 속에 살아 충분히 신뢰가 형성된 이스라엘 백성이 경계를 넘어 세상을 탐색하며 좌절과 위험을 겪고, 다시 법을 세워 바른 책임감과 양식을 키우고자 하는 이야기가 담겨 있다고 한다.

민수기, 신명기, 여호수아 역시 생애 주기 이론의 학령기, 청소년기, 초기 성인기와 유사하다(캡스, 2008: 280). 학령기에 어린이는 학교를 통해 타인과 교류하며 성인으로서의 본격적 삶에 앞서 다양한 기술과 실력을 연마한다. 민수기 역시 이와 유사하게 가나안땅 도달 이전 광야에서 이스라엘 공동체의 군사를 조직하고, 다양한 광야에서의 행군을 통해 탄탄하게 이스라엘 조직을 준비하는 과정을 다루고 있다. 청소년기에 인간은 다양한 신체적, 정신적 위기에서 새로운 이데올로기와 사상들을 동일시하며 정체성을 다시 한번 확고히 한다. 이와 비슷하게 신명기도 모세가 죽기 전 이스라엘 사람들에게 요단강 동편에서 다시금 자신들이 누구인가를 가르치고 있다. 초기 성인기는 성인 세계에 발을 들여놓고 자기의 영역을 지배하는 다른 성인들과 경합을 벌이는 시기다. 유사하게 여호수아서에서 이스라엘 각 지파는 각자 관리하고 통치할 땅을 드디어 분배받는다. 자신들에게 권리가 있다고 믿는 땅을 차지하기 위해 실력을 다지고, 군사적, 영적으로 준비하고, 성인으로서 발판을 놓기 위해 애쓰는 이야기가 이들 책에 담겨 있는 것이다.

사사기와 룻기 역시 장년기와 노년기에 비교할 수 있다(캡스, 2008: 280). 장년기는 직장이나 가정을 유지하기 위한 책임을 떠안고, 끊임없이 일하고 분투하는 시기이다. 사사기는 옷니엘, 에훗, 삼갈, 드보라 등 이스라엘의 전설적인 부족 지도자에 관한 이야기를 모은 것으로, 여호수아기에 마련한 땅에 공동체를 탄탄하게 건설하기 위해 애쓰는 자들의 노력이 적혀 있다. 노년기는 존엄성과 자유를 빼앗기지 않고 신체적, 심리적, 영적 필요를 충족하기 위해 도움을 주는 기관이나 성소, 혹은 쉼터를 찾는 시기이다. 룻기는 이스라엘인 나오미가 자신뿐 아니라 자신과 공동의 운명을 나누기 위해 온 이방인 룻이 피난처를 찾는 이야기로 끝나고 있다. 그리하여 이스라엘이 추수한 곡식을 하나님께 바치는 칠칠절에 애독되어 결국 축제의 노래로 승화되었던 것이다.

이와 같은 비교를 통해 캡스는 결국 성서의 첫 여덟 권 이야기는 죄와 구원의 변증법적 여정에 살고 있는 순례의 이야기라고 주장한다(캡스,

2008: 225). 일반적으로 기독교 전통에서 아담과 하와의 이야기는 하나님 앞에서 범죄하고 교만했던 인간의 본래적 죄성에 대한 이야기로 이해되어왔다. 그러나 캡스는 이들 인류 첫 가족의 이야기는 인간 죄성의 본래성을 규명하는 이야기가 아니라 순례의 시작에 놓인 인간의 방황과 연약함과 불안에 초점 맞추어야 한다고 한다. 또한 룻, 나오미, 보아스의 이야기도 시어머니와 며느리의 상호 연대 이야기로 읽기보다 시작은 가망이 없었으나 온전해지는 구원받은 가족의 순례 이야기로 읽어야 한다는 것이다. 캡스에 의하면, 이 가족의 순례는 아담과 하와가 에덴동산에서 쫓겨나는 것에서 시작하여 보아스의 탈곡장이 들녘에서 절정을 이룬다. 창세기에서 시작하여 룻기에 이르는 순례의 여정은 결국은 구원의 덕성이 대죄를 이겨내는 승리를 묘사하는 것이다. 그에 의하면 아담, 하와, 뱀과 대조되는 나오미, 룻, 보아스의 이야기는 성서 어느 곳에서도 찾기 힘든, 인종과 문화와 젠더 차이를 극복하고 서로 돌보고 관계하는 아름다움과 지혜와 자아 통합의 이야기이다.

4. 캡스의 이해 재평가

앞에서 현대 한국 기독교의 구약 성서 사용 문제를 의문시하며 목회상담학자 캡스의 구약 성서 이해가 이 문제에 도움이 될 수 있는지에 관해 논의했다. 이를 위해 먼저 현대 목회상담학의 주요 강조점 변화에 따라 캡스 연구 재해석의 중요성을 논의했고, 다음으로 캡스가 에릭슨의 생애 주기 이론을 통해 기독교의 전통적 자원을 어떻게 이해했는지 살펴보았다. 마지막으로 캡스가 구약 성서의 처음 여덟 권을 어떻게 재해석하여 구약 성서의 핵심 메시지를 기독교인의 영적 순례에 대한 강조로 이해했는지 살펴보았다. 그럼 이제 구약 성서에 기초해 이와 같은 캡스의 논의가 가지는 공격적이고 배타적인 기독교문화에 대한 의의와 한계를 살펴보자.

먼저, 캡스의 구약 성서 이해는 여느 학자 못지않게 기독교의 핵심 메시지를 잘 간파한 것이라 할 수 있다. 기독교에서 예수는 구약과 신약 해석의 최종적 성취자이다. 그래서 예수의 삶이야말로 구약과 신약 핵심 메시지의 완성이며 지향점이다. 그런데 전통적으로 신학자들은 예수의 메시아됨을 세 가지 관점에서 이해한다(손호현, 2008: 138-139). 즉, 예수가 구원자인 까닭은 그가 십자가 위에서 인간 대신 죽어, 신의 용서를 받은 희생 제물이었기 때문이다. 또 예수는 그의 죽음과 부활을 통해 세상의 모든 죄와, 죽음과 사탄을 완전히 이겼으며, 마지막으로 예수야말로 인간에게 도덕적 삶의 진수를 보여주신 완전한 표상이라는 것이다. 캡스는 예수를 통한 기독교 핵심 메시지 중 세 번째 측면, 즉 예수를 인간의 도덕적 교사로 본 측면을 포착하여 구약 성서를 기독교인의 영적, 도덕적 발달의 관점에서 해석해낸다. 구약에 관심하는 성서학자들이 성서의 전통적인 연구 방법론에 천착하여 고민하는 동안, 캡스는 심리학적 통찰을 활용하여 구약 성서 이해의 새 차원을 열었던 것이다.

그리하여 그는 구약 성서의 처음 책들을 중심으로 현대 기독교인들에게 더 설득력 있고 유용한 해석을 제시한다. 즉, 그는 에릭슨 이론으로 읽어본 구약 성서는 기독교인의 영적 순례와 관한 이야기로서, 기독교인의 삶의 목표는 영적 발달의 단계와 순서에 따라 다양할 수 있다고 한다. 그런데 목회상담가 박노권은 캡스의 논의는 육신의 발달뿐 아니라 신앙의 발달에도 적용될 수 있다고 한다(박노권, 2008: 44-45). 이를 구체적으로 설명해보자. 한국 기독교에서 가장 우월한 가치로 여기는 개종, 혹은 '기독교인 됨'은 캡스의 도식에 의하면, 하나님을 부모로 새로 태어나는 영적 발달의 첫 단계 유아기의 경험과 유사하다. 따라서 기독교인은 타 종교를 절대적으로 배제하는 유아기적 상태에서 머물 것이 아니라 이후에도 지속적으로 영적 발달 수준에 맞는 다양한 덕목 쌓기를 노력해야 한다. 캡스 스스로도 기독교인의 가장 가치 있는 삶은 타인 개종만이 아니라고 한다(캡스, 2008: 242). 결국 캡스의 논의는 세계적으로 다양한 종교와 문화에 노출되어 끊임없이 이들과 함께 살아야 하는 상황 속에서 보다 성숙한 기독교인의 영적 삶의 방안을 구체적으로 제시한다고 할 수 있다.

또한 캡스의 논의는 기독교 공동체 진단에 적용할 때도 매우 유용하다(Capps, 1979: 223-235; 1989: 229-253; 1992: 209-233). 1979년 캡스는 에릭슨의 생애 주기 이론을 기초로 지역 교회 공동체를 이해하고 분석했다. 1989년에는 에릭슨과 기독교의 전통적 자원을 연결하여 평신도들에게 치명적 죄과 구원이 어떻게 이해되는지, 또 1992년 목회자들에게 치명적 죄와 구원이 어떻게 이해되는지 연구했다. 이를 통해 그는 기독교 전통의 자원으로 기독교 공동체의 문제와 자원을 진단할 수 있게 했던 것이다. 캡스의 구약 성서 이해는 에릭슨의 발달 단계와 기독교 전통, 또 구약 성서를 활용해서 기독교 공동체의 위기와 자원을 진단할 수 있게 했다는 점에서 의의가 있다. 특히 한국의 보수 기독교와 같이 성서에 지대한 권위를 두는 경우, 이와 같은 이해는 성서를 활용해 교회의 문제를 진단하고 또 극복하게 하는 독특한 접근을 시도할 수 있게 한다.

구체적으로 캡스의 구약 성서 이해 도식을 통해 한국 기독교 공동체를 진단해보자. 앞서 살펴본 대로 캡스는 창세기, 출애굽기, 레위기, 민수기, 신명기, 여호수아, 사사기, 룻기의 여덟 권을 에릭슨의 유아기, 아동기, 놀이기, 학령기, 청소년기, 청년기, 성인기, 노년기의 여덟 단계와 병행했다. 창세기는 하나님을 부모로 모시는 새로운 탄생의 시기이고, 레위기, 민수기, 신명기는 하나님 안에서 성장하며 하나님의 법과 규율을 내면화하는 시기, 여호수아는 드디어 하나님 백성으로서 제 몫을 할 수 있는 땅과 분깃을 받는 시기, 사사기, 룻기는 그 이후 영적 성인기와 노년기의 시기와 유사하다. 그런데 구약 성서의 첫 여덟 권에 대한 캡스의 논의는 개인의 영적 발달 평가뿐 아니라 공동체의 영적 발달 평가에도 사용할 수 있다. 왜냐하면 성서 자체가 이스라엘 공동체의 신앙 고백이며 영적 순례 여정의 기록이기 때문이다. 이를 한국 기독교 공동체 진단에 활용할 경우, 한국 기독교의 현재 상황과 신앙 발달의 목표를 좀 더 구체화할 수 있는 것이다.

일반화할 수는 없지만, 현재 한국 사회에서 기독교가 나름 주류임을 인정한다면 캡스의 도식에서 사사기나 룻기 단계에 있다고 보아도 무방하다. 선교 초창기의 한국 기독교는 온갖 타종교 문화에 둘러싸여 하나님을 모르는 백성들에게 하나님을 참 부모로 모시게 했기에 창세기의 단계와 유사했다. 때문에 생존을 위해 투쟁하며 개종을 주요 목표로 삼았을 수 있다. 그러나 현재 기독교는 한국 종교 인구의 4분의 1 이상을 차지하고 곳곳에 교회가 있으며 한국 사회와 정치에 막강한 영향력을 끼치고 있다. 한국 교회는 이미 출애굽기, 레위기, 민수기, 신명기, 여호수아의 단계를 넘어선 것으로 보인다. 연단과 훈련 속에 이웃 종교 문화와 경쟁하며, 법을 만들고, 수많은 교회 설립을 통해 땅과 분깃을 차지한 단계 이상인 것이다. 오늘날 한국 기독교는 캡스의 도식으로 보자면 오히려 사사기와 룻기 단계이며 그 덕목인 '돌봄'과 '지혜'를 발달의 목표로 삼아야 한다. 즉, 이제는 성인기에 접어든 공동체로서 생존을 위한 공격적 개종이 아니라 다음 세대를 위한 삶을 생산적으로 일구고, 타종교와 타 문화인을 주도적으로 포용하여 '함께' 하나님을 섬기는 공동체를 목표로 노력해야 하는 것이다.

캡스의 구약 성서에 대한 새로운 이해는 목회상담학의 맥락에서도 매우 주요한 의미를 갖는다. 목회상담학자들은 성서가 목회상담의 이론과 실제에 매우 주요한 자원임에 대부분 동의한다. 기독교 내담자들에게 성서야말로 도움을 청하는 이들에 신적 지혜와 치유의 능력을 전달하는 매우 영향력 있는 자원이라는 것이다. 그러나 목회상담학자들의 성서 연구는 대부분 성서를 부분적으로 발췌하거나, 성서의 특정 이야기를 내담자 이해의 자원으로 이해하거나, '사랑', '정의', '돌봄' 같은 성서의 핵심 가르침을 두루뭉술하게 적용하여 상담의 근거로 삼았다(정희성, 2010: 338). 때문에 목회상담학자들의 성서 연구는 부분적이고, 파편적이고, 통전적이지 않은 것으로 여겨지기도 했다. 이와 달리 캡스는 에릭슨 이론을 활용하여 구약 성서 전체를 관통하는 해석을 제공하여 목회상담학자의 성서 이해도 성서 전체를 관통하는 주제를 해석해낼 수 있음을 증명했다. 물론 그동안 캡스는 돌봄의 관점에서 성서를 여러 가지 방법으로 연구했다(Capps, 2003). 하지만 이번 구약 성서에 대한 연구야말로 성서에 대한 캡스의 가장 자신감 있고 창의적인 연구라 할 수 있다.

그러나 캡스의 구약 성서 이해에 몇 가지 한계점이 있는 것도 사실이다. 먼저, 캡스의 논의는 에릭슨의 논의를 주요 근거로 삼았는데, 이것이 현대와 같이 다양한 삶과 문화 경험의 시대에 얼마나 보편성을 지닐 수 있는가의 문제가 있다. 여성주의 목회신학자들은 에릭슨의 논의가 여성, 장애인, 노동자 계층 등 다양한 사회 문화적 경험을 하며 살아가는 사람들의 발달 경험을 포괄하지는 못한다고 한다(Orr, 2000: 45). 때문에 에릭슨의 생애 주기 이론에 전적으로 의존한 캡스의 논의 역시 성서 해석 및 이에 기초한 기독교 문화 해석의 완전한 자료일 수 없다. 또한 에릭슨의 심리학 자료에 기초한 캡스의 구약 성서 해석은 영적 순례의 개인적이고 사적인 차원이 주로 부각된다. 따라서 구약 성서에 내포되어 있는 예언자적, 역사적 차원의 메시지를 어떻게 그의 이론에 수용하여 해석할 수 있을지는 좀 더 고민해야 하는 문제이다.

마지막으로 캡스 논의를 기독교 문화 해석에 적용할 때의 가장 큰 문제는 바로 성서 배열의 차이에서 드러난다. 기독교에서 구약이라 부르는 유대교의 히브리 성서 『타낙』은 율법서, 예언서, 성문서의 순으로 배열되어 있다. 그래서 유대교에서는 창세기, 출애굽기, 레위기, 민수기, 신명기가 앞서 나오고 전기 예언서에 해당하는 여호수아, 사사기가 이어 나온다. 그러나 룻기는 모든 예언서가 나온 지 한참 후에 성문서 모음에서 나온다. 반면 기독교의 구약 성서는 율법서를 제외하고 유대교와 배열이 다르다. 여호수아서는 예언서가 아니라 역사서에 편입되고, 성문서는 나눠져 룻기의 경우 전기 예언서에 포함된다. 그래서 5경 다음은 여호수아, 사사기, 룻기의 순이 된다(민영진, 2004: 119-120). 캡스는 바로 이 순서에 따라 구약 성서의 첫 여덟 권을 에릭슨의 생애 주기 이론과 연결했다. 때문에 캡스의 논의는 현재와 같은 구약 성서 배열을 가지는 기독교에서만 유효하다. 이론의 치명적 결함이 드러나는 부분이다.

하지만, 캡스의 구약 성서 이해는 한바탕 놀이와도 같지 않나 생각한다. 기존의 전통적인 성서 해석이나 신학적 논의에 구애받지 않고 돌봄의 관점에서 심리학 이론을 얽어매고, 쪼개고, 나누어 구성해본 놀이!

게다가 캡스의 논의는 전통적인 성서 해석 못지않게 기독교 핵심 메시지의 하나를 꿰어내며 다양한 이웃 종교와 경쟁하고 씨름하는 이 시대에 더욱 필요한 새 해석을 제시한다. 교권이나 정치에서 벗어나 자유롭게 구약 성서와 놀이하면 틀에서 벗어나 보다 치유적인, 결국 하나님의 가르침에 더 가까운 성서 이해가 가능하지 않을까 생각해본다.

7장

야곱의 축복 다시 읽기

:: 하나님 가족 가계도의 관점에서 ::

오래 전 머레이 보웬(Murray Bowen)의 가족 치료를 통해 내담자의 다세대 간 가계도 탐구가 내담자의 문제 및 갈등을 보다 심오하게 이해하는 데 도움이 된다는 것을 알게 되었다. 개인 치료 이론이 내담자의 증상을 진단할 때 주로 개인의 어린 시절이나 내적 역동에 관심해온 것과 달리, 다세대 접근은 내담자가 관계하는 가족 및 원가족, 혹은 그 이상의 가족 관계 배경 속에서 내담자 문제를 이해하고자 한다. 따라서 내담자 문제에 영향을 미치는 다세대 간 전수 과정 및 상호 관계에 대한 총체적 시각을 제공하며, 내담자의 문제를 내담자 개인만의 문제로 한정짓지 않는다. 즉, 내담자의 증상을 가족 상호 작용의 맥락에서 볼 수 있게 하여 개인 치료 접근보다 큰 맥락에서 내담자의 문제에 접근할 수 있도록 하는 것이다(Bowen & Kerr, 1988).

그런데 보웬의 이론을 스스로에게 적용해보며, 인간관계를 중심으로 한 가계도 탐구가 기독교 내담자 이해에 조금 부족하지 않나 생각하게 되었다. 수업 중 학생 모두 각기 자신의 가계도를 그려보고 다세대 간 상호 관계 속에서 형성된 자신에 대해 발표하는 시간이 있었다. 나 역시 부모와 조부, 또 그 윗세대에 대한 정보를 면밀히 추적하며 내가 어디서 왔고, 나의 성격이 어떻게 형성되었는지 파악해보고자 했다. 이는 그동안 이해하기 힘들었던 나 자신의 독특한 성향뿐 아니라 가족 내 다른 구성원의 성격적 차이를 용납하는 계기도 되었다. 하지만, 그럼에도 불구하고 인간관계에 의존한 가계도만으로는 나 자신을 충분히 설명할 수 없었다. 결국, 젊은 날 삶의 강인한 동인이 되었던 하나님과의 관계에 기초한 가계도를 추가로 그려 자신의 복잡한 성향과 성격 특성에 대해 소개했다.

당시 병원에서 만났던 두 여성 노인 내담자와의 경험도 언젠가 목회상담의 관점에서 가계도에 대해 새로 접근해봐야야겠다는 생각을 하게 했다. 미국 병원에서 처음 만났던 내담자 A는 독실한 기독교 신자로 80대 중반의 중산층 백인 여성이었다. 지금도 생생하게 기억할 정도로 눈부시게 아름다웠던 A는 원만하고 안정적인 중산층 백인 부모 밑에서 사랑받으며 자랐다고 했다. 그녀는 유사한 배경에서 자란 남편을 고등학교 시절 교회에서 만나 평생 여유롭고 사랑 가득한 가정을 유지했다. 자녀와의 관계 또한 원만하여 자녀 모두 내담자 집 근처에서 살고 있다며 병상 옆 탁자의 남편, 자녀, 손주들 사진을 자랑했다. A는 자신은 하나님께 많은 축복을 받은 사람이라 밝게 미소지으며 이야기했고, 나는 다세대 간 안정된 정서적 경험이 자손의 행복한 정서적 경험을 배태할 수 있다는 가계도적 이론을 강력히 입증하는 사례라고 생각했다.

하지만 곧 같은 병동의 다른 병실에 홀로 누워 있던 내담자 B를 만나고서 다시 갈등이 시작됐다. B는 60대 초반의 흑인 여성으로 침례교인이었는데 평탄하지 못한 삶을 산 듯 80대 중반의 A보다 훨씬 늙어 보였다. 예상대로 B의 조부모는 노예였고, 어머니 역시 가난과 학대 속에서 홀로 자식을 키웠으며, 술과 방랑을 일삼는 남편을 만나 B는 막일과 노동으로 생계를 이으며 외동딸을 홀로 키웠다. 그런데 어려운 환경에서 훌륭하게 자라준 외동딸마저 결혼식을 일주일 앞두고 웨딩드레스를 입으러 자기 방에 들어갔다가 돌연사했다. B는 급격한 충격에 휩싸였지만 다시 일터로 나가야만 했고, 사고로 한쪽 다리를 잘라냈으며, 남은 다리마저 잘라내야 해서 병원에 입원했다. 그럼에도 불구하고 B는 십자가를 한 손에 잡고, 깊은 감격 속에서 "하나님 아버지 감사합니다. 찬양합니다. 축복 주신 하나님께 감사드립니다!" 라고 고백했다.

다세대에 걸친 가난과 학대, 상실에도 불구하고 내담자 B는 도대체 어떻게 자신을 축복받은 자로 확신할 수 있었을까? 사랑 많은 부모와 조부모, 여유 있는 경제생활, 원만한 부부 관계와 자녀 관계 등 이 모든 것의 대물림이 축복이 아니란 말인가? 경제적·정서적 안정, 건강 및 자손의 축복 중 어느 것도 충족되지 못한 B가 자신을 축복받은 자라고 한다면, B가 생각하는 축복의 구체적 내용은 도대체 무엇인가? 결국 나는 내담자의 부모나 남편, 그리고 조부모 등과 같은 내담자 인간관계에 대한 관심에서 벗어나 내담자의 하나님 아버지/어머니 관계에 관심하고서야 B의 삶의 고백을 조금이나마 이해하게 되었다. 또한 기독교인의 가족 관계 탐구는 다세대 간 인간관계 측면에서뿐 아니라 부모 같은 하나님과의 관계도 함께 연구해야 보다 총체적인 실마리를 찾을 수 있음을 알게 됐다.

이 장은 위와 같은 나의 오랜 고민을 구체적으로 풀어내고자 하는 것으로 창세기의 야곱을 중심으로 연구한다. 야곱은 이스라엘의 대표적 족장으로 추앙을 받았으나, 사실상 다세대 간 축적된 미성숙한 인격 성향을 가졌을 뿐 아니라 오랜 세월 타향살이와 더부살이, 또 가족 간 복잡한 갈등의 틈바구니에서 많은 고민과 아픔을 겪으며 살았다고 할 수 있다. 그러나 그럼에도 불구하고 야곱은 하나님 아버지/어머니와의 관계에서는 태어나기 전부터 하나님의 특별한 축복을 예정 받은 자였으며, 일생을 축복받은 사람으로 여겨졌다. 이와 같은 야곱의 모습 역시 아버지/어머니 되시는 하나님과의 관계에 대한 탐색 없이 인간관계 가족 연구만으로는 이해가 불가능하기 때문에 야곱을 그 구체적 예로 들어 목회상담에서 가족 연구의 한 방법을 제시하고자 한다. 즉, 야곱이나 내담자 B뿐 아니라 기독교인에 대한 목회상담에서의 가족 관계적 접근은 인간관계의 가족과 하나님 아버지/어머니를 구성원으로 하는 가족 관계에 대한 연구가 함께 수행되어야 하며, 이때 창출되는 다양한 통찰과 사이 경험에 주목할 때 내담자에 대해 보다 정교한 이해가 가능하다는 것을 제안하고자 한다.

1. 인간관계 가족에서 본 야곱

야곱과 야곱의 조상은 이스라엘의 대표적 3대 족장이다. 때문에 성서는 가족이라는 인간관계 맥락에서 야곱의 정보를 비교적 상세하게 알리고 있다. 그런데 다세대 가족 관계의 빛으로 야곱을 살펴보았을 때 야곱은 성서의 그 어떤 인물보다 인간적 결점이 많고, 파란만장한 삶을 산 것으로 보인다.

먼저, 창세기의 내용을 중심으로 야곱의 일생을 간단히 살펴보자. 야곱은 가나안 브엘세바에서 이삭과 리브가의 둘째 아들로 태어났다. 오랜 불임 끝에 리브가는 결국 쌍둥이를 낳았는데 그 둘째가 바로 야곱이었다. 야곱이라는 이름은 '발꿈치를 잡았다'는 뜻으로, 태어날 때 형 에서의 발꿈치를 잡고 태어났기 때문에 그렇게 이름 붙여졌다. 그런데 야곱은 청년기 직전으로 추정되는 시기에 장자권의 축복을 놓고 형 에서와 심한 갈등을 빚다 고향 가나안을 떠나 밧단 아람으로 도망가야 했다. 야곱은 그곳에서 오랜 기간 외삼촌 라반 밑에서 더부살이로 지냈고, 라반의 딸 레아 및 라헬과 각각 결혼했다. 또 야곱은 레아와 라헬의 여종 실바와 빌하를 첩으로 두어 열두 아들과 딸 하나를 두었다. 결국 야곱은 타향살이 20여 년이 지난 후에야 드디어 고향으로 돌아올 수 있었다. 형 에서의 용서 속에 자신의 모든 가족과 노예, 재산을 가지고 가나안으로 귀향했던 것이다. 그러나 고향 땅에서의 삶 역시 순탄하지 않아 야곱은 곧 딸 디나의 겁탈과 사랑하는 라헬의 죽음, 맏아들 르우벤이 자신의 첩과 관계하는 치욕적인 일을 겪어야 했다. 게다가 배다른 아들 간 끊임없는 시기와 경쟁으로 가장 사랑했던 어린 아들 요셉이 죽은 줄 알고 지냈다. 야곱은 노년기에 이르러 기근을 피해 간 애굽에서 장성한 요셉과 재회하지만, 야곱은 애굽왕 바로 앞에서 자기 인생을 다음과 같이 이야기한다. "내 나그네 길의 세월이 (…) 우리 조상의 나그네 길의 연조에 미치지 못하나 험악한 세월을 보내었나이다(창47: 9)." 그의 말대로 147세에 애굽에서 생애를 마친 야곱은 그야말로 나그네 삶, 파란만장한 삶을 살았던 것이다.

야곱의 삶에 대한 자세한 이해를 위해 야곱과 그의 다세대 가족 관계

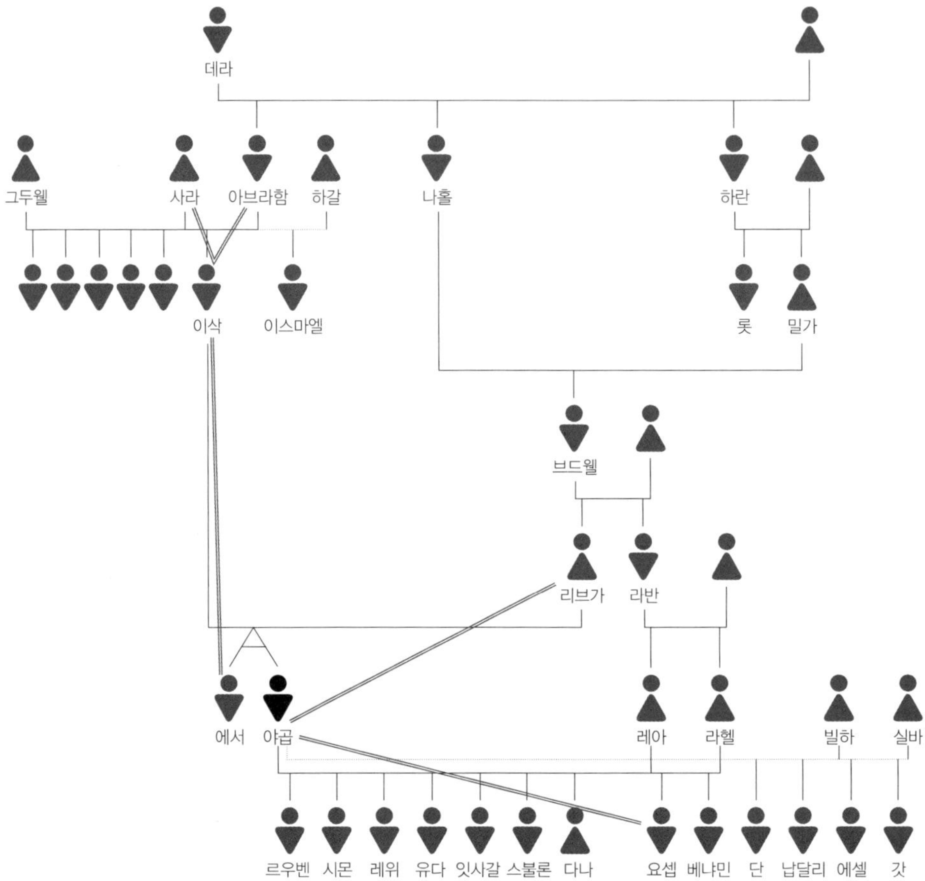

〈그림 1〉 인간관계 가족에서의 야곱

를 그림으로 그려보면 〈그림 1〉과 같다.[1]

한편, 다세대 가족 관계 연구의 물꼬를 튼 보웬은 '분화(differentiation)'를 가족 이해의 핵심적 개념으로 소개한다(Bowen & Kerr, 1988:

1 이 장의 가계도는 편의상 보웬의 방식을 따르지 않았다.

89). 그에 따르면 가족은 감정 체제로서 가족 구성원 상호 간 서로 감정 반사 행동을 한다. 가족 간 서로 깊은 감정을 공유할수록 감정 반사 행동이 커지며, 감정 반사 행동을 쉽게 하는 경우 분화가 되지 않은 사람, 감정 반사 행동을 잘 하지 않는 사람을 분화가 잘 된 사람이라고 한다. 보웬은 또한 분화는 진짜 자신과 가짜 자신의 비례로 나타나는데, 진짜 자신이 많을수록 감정 반사 행동이 적으며 분화의 수준이 높아진다고 한다. 또 분화 수준을 0에서 100까지 분류하여 분화 지수가 낮을수록 다른 사람에게 계속 매달려 관계에 강하게 융해(fusion)되고 의존적이며, 분화 지수가 높을수록 불안한 관계 속에서도 지적 체계를 활용해 자기의 삶을 잘 이끈다고 한다. 그래서 그는 가족 간 상호 작용에서 미분화를 지양하고 분화의 수준을 높이는 것을 치료 목표로 했다.

김수영은 보웬 관점에서 야곱 가족을 조명하며 가족 내 갈등 상황에서 야곱의 조부모인 아브라함과 사라의 분화 수준이 그렇게 높지 않은 것으로 본다(김수영, 2001: 43). 야곱의 조부 아브라함은 매우 효과적으로 지도력을 발휘하여 고향 우르를 떠나 새 땅에서 터를 일궈 가족 밖 일 처리의 분화 수준은 높았다고 할 수 있다. 사라 역시 의사 표현이 분명했던 점으로 보아 분화 수준을 일정 수준 이상으로 이해할 수도 있다. 그러나 자손 문제로 가족 내 문제가 심화되었을 때 이들 아브라함과 사라는 지적 체계보다 감정 체계에 의존하는 경향이 강했다. 즉, 사라가 하갈을 자신의 처소에 들였을 때, 또 하갈과 이스마엘을 내쫓고자 했을 때 아브라함은 매우 소극적이며 비합리적으로 대처했다(이관직, 2012: 32). 사라 역시 자신의 불임에 대한 해결로 자기 몸종 하갈을 이용했고, 당시 법이 첩이나 첩의 아들을 맘대로 내쫓지 못하도록 되어 있었음에도 하갈에게 심하게 분노하며 감정에 치우쳐 하갈과 어린 아들을 죽음의 땅으로 잔혹하게 내쫓아 버렸던 것이다.

그런데 야곱의 원가족 중 가장 분화 수준이 낮은 사람은 야곱의 아버지 이삭이 아니었나 생각된다. 구약 성서학자 게르하르트 폰 라트(Gerhard Von Rad)는 창세기 족장 중 이삭에 관한 이야기는 아브라함이나 야곱 이야기와 비교할 때 매우 적게 배정되어 있다고 한다(폰 라트, 1981: 299). 다양한 해석이 있지만, 아브라함이나 야곱과 비교할 때 이삭은 자신의 삶과 가족 문제에 있어 독자적이고 주체적 판단을 내리는 분화된 주체로 기능하지 않는 듯한 면모를 보인다. 가령, 창세기에서 이삭과 관련된 주요 이야기는 아브라함이 이삭을 제물로 바치려고 했던 이야기, 이삭의 배우자를 선택하는 과정의 이야기, 이삭이 아들에게 축복권을 부여하는 이야기 등을 예로 들 수 있다. 그런데 이들 이야기에서 이삭은 목숨이 경각에 달렸는데도 의심 없이 아버지의 결정에 순응했고, 배우자 선정에서도 아버지와 그 종의 선택을 전적으로 믿고 따랐다. 그런가 하면, 장자권의 축복 대상을 바꿔버린 아내 리브가와 야곱에 대해서도 한마디 항변조차 하지 않는 등 그저 주변 인물에 순응하는 수동적인 모습만을 보였다(김수영, 2001: 44).

이와 같은 다세대 투사는 야곱의 다른 가족, 즉 리브가와 야곱, 야곱과 요셉의 관계에서도 나타난다. 리브가는 이삭과 달리 결혼 전 스스로 양을 몰고, 결혼 문제에서도 자신의 의견을 분명하게 표현하는 등 주체적 여성이었다. 그런데 결혼 후, 장자 축복권의 계승 문제에 관련하여 리브가는 가족 내 주요 문제 결정에서 배제된 듯하다. 이에 김수영은, 리브가의 야곱에 대한 편애가 바로 리브가 불안의 투사였을 수 있다고 주장한다(김수영, 2001: 45). 다시 말하면, 가부장제에서 남편보다 항상 순위가 밀렸던 리브가가 차남으로서 역시 장자 계승 순위에 밀렸던 야곱에게 자신의 욕망을 투사하여 장자권 획득에 대한 야곱의 갈망을 더욱 부추겼을 수 있다는 것이다. 야곱 역시 라헬의 첫 자식인 요셉에 대해 과도한 사랑을 투사했다. 야곱은 그의 네 아내 중 라헬을 가장 사랑했다. 그러나 아내의 죽음 이후 아내에 대한 사랑뿐 아니라 어머니를 여읜 요셉에 대한 안쓰러움을 과도하게 투사하여 손위 열 아들의 엄청난 시기와 불만을 야기할 정도였다. 이 같은 리브가와 야곱의 왜곡된 투사는 결국 투사 대상과 투사 대상이 아닌 아들 사이에 심각한 갈등, 즉 서로를 죽음의 상황으로 내몰거나 죽이고 싶은 강한 충동을 야기하기까지 했다.

한편, 이관직에 의하면, 야곱의 인간관계의 주요한 특징은 바로 '경쟁(rivalry)'이다(이관직, 2012: 52-53). 야곱은 어머니 배 속에서부터 형 에서를 이기려고 했고, 지속적으로 형과 경쟁하며 형의 권리를 빼앗을 방법을 모색했다. 가령, 사냥하고 돌아와 배고파하는 형에게 죽을 쑤어주면서도 형의 장자로서의 명분을 팔라고 했고, 형 에서에게 축복이 내려지는 순간 온갖 방법을 동원하여 형의 축복을 가로챌 정도로 경쟁심이 심했다. 이관직은 경쟁 의식은 형제 간, 특히 쌍둥이 형제 간 성장 과정에서 흔히 발생하지만, 이삭과 리브가의 편가름 사랑이 이를 더욱 조장했을 것이라고 한다. 즉, 이삭은 외향적이던 에서를, 리브가는 내향적인 이삭을 더 사랑했는데, 이들의 편애가 야곱의 경쟁심을 더욱 부추겼으리라는 것이다.

흥미롭게도 이 '경쟁'은 또한 야곱 가족 간 가장 고루 퍼져 있는 인간관계 방식이기도 했다(이관직, 2012: 54). 가령, 야곱의 두 부인 레아와 라헬은 야곱을 사이에 두고 치열하게 경쟁했다. 법적으로는 레아가 야곱을 먼저 차지했지만, 야곱은 라헬을 더 사랑했기에 두 사람은 야곱의 관심을 차지하기 위해 여종까지 동원하여 서로 경쟁했다. 자식을 오랫동안 잉태하지 못한 라헬은 야곱의 자식을 얻지 못하면 죽어버리겠다고 야곱을 협박하면서 사랑을 얻고자 애써 임신을 시도했다. 그리하여 자신의 여종이 아들을 낳자 "내가 형과 크게 경쟁하여 이기었다(창30: 8)." 라고 하기도 했다. 레아 역시 아기를 갖는 데 특효가 있다는 합환채를 놓고 라헬과 끊임없이 경쟁하여 야곱의 사랑과 인정을 받고자 했다. 이 어머니 간 경쟁을 바탕으로 야곱의 아들들, 즉 열 아들과 요셉 역시 서로 경쟁하며 경쟁 대상을 완전히 제거해버리고자 하는 충동에 사로잡히기도 한다.

이관직은 또한 야곱의 다른 인간관계 특성을 '속임수' 혹은 '꼼수'라고 지적했다(이관직, 2012: 67-70). 야곱은 어머니 리브가와 공모하여 에서에게 내릴 예정인 장자권의 축복을 받기 위해 에서로 분장하고 이삭 앞에 나타났다. 그리고 이삭이 뭔가 의심쩍어 이삭의 팔을 만져보기도 하고, 어떻게 그렇게 빠른 시간 안에 사냥해올 수 있었느냐 묻자 하나님의 이름까지 팔며 아버지 이삭을 속였다. "아버지의 하나님 여호와께서 나로 순적히 만나게 하셨음이니이다(창27: 20)". 그런가 하면 외삼촌 라반 밑에서 더부살이하면서 재산을 축적하는 과정에서도 약한 양은 라반의 소유가 되고, 튼튼한 양은 자신의 소유가 되게 하려 온갖 잔머리를 쓰기도 했다(창30: 41-42). 장자권 획득과 생존을 위해 야곱은 이처럼 끊임없이 속임수와 잔수를 사용했던 것이다.

재미 있는 것은 이와 같은 속임수 또한 경쟁에 이어 야곱 가족이 대대로 반복해온 주요 인간관계 특성이라는 것이다(이관직, 2012: 69-70). 야곱의 조부인 아브라함은 기근으로 고향을 떠나야 했을 때 자기 목숨이 위협당할까봐 자기 아내를 누이라고 속인 적이 있었다(창20: 1-2). 유사한 상황에서 이삭도 순전히 자신을 위해 리브가가 아내가 아니며 누이라고 했다(창26: 1-11). 그런가 하면 야곱의 외삼촌 라반 역시 야곱이 7년 동안 자신을 위해 일하면 라헬과 결혼시켜주겠다고 해놓고선, 결혼 첫날 야곱을 속이고 레아를 침상으로 들여보냈다. 이후 야곱의 아내가 된 라헬 역시 라반의 집을 떠나 야곱의 고향으로 올 때 아버지 집에서 몰래 드라빔을 훔쳐온다. 또 야곱의 아들들은 자신들이 직접 요셉을 미디안 장사꾼에 팔아먹고도 요셉의 옷에 피를 묻혀 요셉이 짐승에 잡아먹힌 것 같다며 야곱을 속였다. 그리고 야곱의 아들 시므온과 레위의 경우, 동생 디나가 성폭행당하자 세겜과 하몰 부족을 속여 할례를 받게 하고 이들이 심한 고통 속에 있을 때 칼로 쳐 모두 죽여버렸다.

2. 하나님 관계 가족에서 본 야곱

야곱의 조부모와 야곱의 부모, 그리고 야곱의 직계 가족을 살펴보며 야곱을 조명했을 때 야곱 가족의 분화 수준 및 경쟁과 속임수 같은 주요 인간관계 특성이 드러났다. 이를 통해 성서의 대표적 족장 야곱 역시 다세대 투사의 환경 속에서 형제 간 갈등을 비롯하여 다양한 삶의 위기를 경험하여 살아왔음을 알 수 있다. 그런데 인간관계 가족의 측면에서 야곱의 이해와 더불어 함께 살펴보아야 할 것은 야곱과 하나님의 관계이다. 창세기에 드러난 야곱은 평생 그의 육신의 가족뿐 아니라 아버지, 어머니 같은 하나님을 자기의 주요 관계 대상으로 삼으며 살았기 때문이다.

임상 심리학자 스티븐 로저스(Steven Rogers)는 창세기의 여러 족장과 하나님의 관계가 인간 부모와 아이 관계의 원형과 유사하다고 주장한다(Rogers, 2002: 377). 야곱이 위기에 직면할 때마다 하나님은 야곱의 꿈속에서, 야곱의 비전 속에서, 혹은 사자를 보내셔서 어려움 중에도 야곱과 끝까지 함께하고 보호해줄 것을 약속했다. 예를 들면 야곱이 에서의 장자권을 속임수로 뺏은 후, 분노한 에서 때문에 죽음의 위협을 당해 고향을 떠나야 했을 때(창28: 10-22), 외삼촌 라반의 집에서 상당한 부를 축적했으나 라반과 라반 아들들의 시기 속에 식솔들을 데리고 야반도주해야 했을 때(창3: 11-13), 또 모든 식솔을 이끌고 고향 근처에 도착했으나 에서가 두려워 모든 식솔들을 앞서 보내고 혼자 얍복 강가에 남아 있었을 때(창32: 22-32), 디나가 성폭행을 당한 후 밧단 아람에서 다시 벧엘로 돌아올 때(창35: 1), 마지막으로 심한 기근 때문에 다시 타향인 애굽으로 내려갈 때 (창46: 3) 등이다. 하나님은 야곱이 극심한 불안과 외로움, 낙망 속에 지쳐 있을 때마다 나타나 마치 부모가 자식에게 하듯 야곱을 안심시키고, 그를 끝까지 지켜주실 것을 확언하셨던 것이다. 이와 같이 야곱과 하나님 관계를 부모·자식 같은 관계로 이해할 수 있다면, 야곱과 하나님 관계 역시 〈그림 2〉와 같이 그릴 수 있다.[2]

야곱이 하나님을 아버지/어머니로서 관계했다는 관점에서 살펴볼 때, 가장 주요하게 먼저 드러나는 것은 야곱이 탄생 이전부터 하나님의 특별한 총애와 관심을 받았다는 것이다. 창세기 기록을 살펴보면, 결혼 후 오랫동안 아이가 없었던 리브가는 결국 임신을 했는데, 배 속의 아이가 너무 심하게 싸웠다. 견딜 수 없어 리브가가 여쭈어보자 하나님께서는

2 이것 역시 야곱의 핵심적 관계를 중심으로 그렸다. 가족으로서 하나님 관계에 대한 야곱의 그림은 발달 단계별로 그려도 좋을 것이라 생각한다.

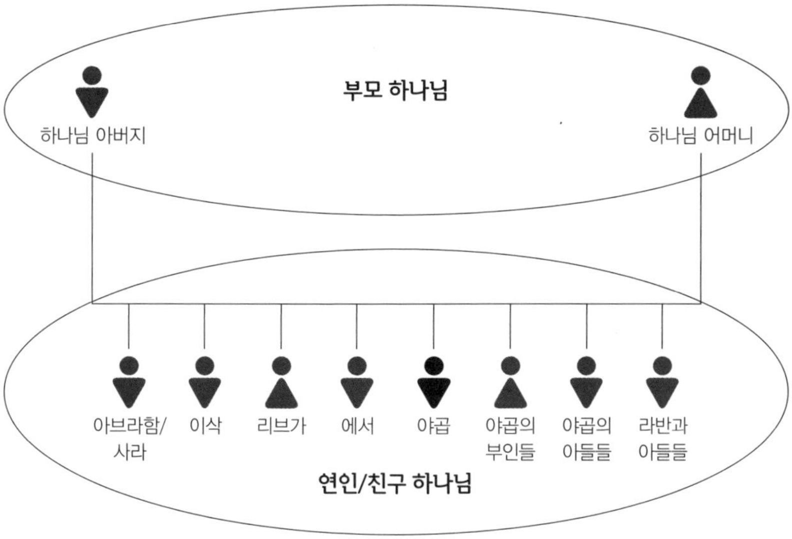

〈그림 2〉 하나님 관계 가족에서 본 야곱

그녀의 태중에 두 아들이 있고, 두 아들 모두 민족을 이루지만, 큰 아들이 작은 아들을 섬길 것이라(창25: 23) 했다. 이는 쌍둥이 두 아들이 태어날 것을 고지하는 동시에 하나님의 특별한 은총과 사랑이 둘째인 야곱에게 우선적으로 주어질 것을 예언하는 것으로 야곱이야말로 태어나기 전부터 부모 되신 하나님의 특별한 사랑과 관심의 대상이었음을 드러낸다.

탄생에 관한 이야기가 야곱에 대한 부모 하나님의 특별한 사랑을 예견한 잠재적 이야기라면, 야곱과 하나님 관계의 본격적 시작은 벧엘에서 비롯된다. 인간의 발달 단계를 여덟 단계로 분류한 에릭 에릭슨에 의하면, 청소년기는 새로운 충성 대상을 찾는 단계이다(Erikson, 1963). 어린 시절부터 아이의 유일한 충성 대상이 부모였다면 이 시기에 청소년은 자신이 이상화할 수 있는 다른 충성 대상을 찾는다. 야곱의 경우, 고향을 떠나 의지할 데 없던 상황에서 하나님을 자신의 새 부모, 충성 대상으로 삼는다. 에서의 위협을 피해 브엘세바를 떠나 밧단 아람으로 가던 야곱이 벧엘에서 하나님과 대면할 때 그가 청소년기였다는 기록은 어디에도 없다. 그러나 일과 사랑이라는 두 가지 발달 과제를 성취하는 시기가 성인기라면, 라반의 집에서 일과 사랑의 여정을 시작하기 직전인 이 시점은 적어도 정서적 측면에서 야곱의 사춘기로 보아도 무방하다. 야곱은 하나님이 자신을 지키시고 땅과 자손의 축복을 내리시면 하나님을 자신의 하나님으로 삼겠다고 함으로써 마치 새 부모 밑으로 귀속되는 듯한 결의를 벧엘에서 다졌다.

부모 하나님과 야곱의 관계에 있어 또 하나의 주요한 이야기는 얍복 강가에서 시작된다. 야곱은 오랜 세월 라반의 집에서 열심히 일해 양떼, 노비, 낙타, 나귀 등 갖은 재물을 모았지만, 결국 라반과 그의 아들들 몰래 도망하여 고향으로 향할 수밖에 없는 처지였다. 그러나 오래 전 자신이 벌인 경악할 만한 사건으로 고향에 있는 형이 자신을 죽여버릴지 모른다고 생각했다. 그리하여 모든 재산과 처자들을 먼저 보낸 후 홀로 얍복 강가에서 고민하던 중 하나님과 생사를 건 씨름을 하게 된다. 날이 샐 즈음 야곱은 자신을 축복하지 않으면 보내지 않겠다고 완강히 저항해 하나님은 그에게 결국 새 이름을 지어주고 축복하셨다. "네 이름을 다시는 야곱이라 부를 것이 아니고, 이스라엘이라 부를 것이니, 이는 네가 하나님과 사람들과 겨루어 이기었음이니라(창32: 28)"라고 했다. 전통적으로 부모 자식 간 본격적 관계는 이름 지어줌을 통해 시작되며, 하나님 역시 이름 지어줌을 통해 창세기 족장들과 특별한 관계를 시작하셨다(서명수, 2005: 72). 얍복 강가에서의 만남을 통해 야곱은 결국 하나님으로부터 새로운 이름을 부여받아 부모 하나님으로부터 정식으로 인정받는 자녀인 동시에 부모 하나님을 이긴 자, 즉 부모 하나님으로부터 독립하여 개별 정체성을 획득한 자로 인정받는다.

그런데 하나님과의 관계에 기초한 가계도에서 볼 때, 야곱의 부모나 부인들, 또 형제나 자식들은 야곱의 친구와 같은 역할을 한다고 할 수 있다. 샐리 맥페이그(Sallie McFague)는 하나님을 부모, 연인, 친구와 같은 인간관계 대상 표상으로서 이해했다(맥페이그, 2006: 268). 신학적으로 좀 더 논의해야 하겠지만, 야곱의 부모, 부인들, 형제, 자식들은 바로 야곱의 삶에서 바로 연인 혹은 친구 같은 하나님으로 기능하며 야곱의 내면을 체계화하고 정교화하는 역할을 한 것으로 보인다. 가령, 야곱의 어머니 리브가는 야곱이 하나님의 축복의 계승자임을 일깨워주고, 현실에서 야곱이 그 축복 계승자의 길을 걸어갈 수 있도록 적극적으로 도왔다. 리브가만큼은 아니지만 야곱의 아버지 이삭도 하나님의 축복을 의례화하여 전달했다. 그러나 이들은 잠재성으로 존재했을 뿐 야곱이 하나님을 부모 삼아 새로운 정체성을 형성하는 본격적 과정에는 부재한 것으로 보인다. 야곱의 쌍둥이 형 에서는 얼핏 야곱에 적대적인 인물로 보이지만, 실은 그와의 관계로 인해 야곱은 자신의 무의식적 욕구를 발견하고 극대화한다. 야곱의 외삼촌 라반과 그 아들들, 또 야곱의 네 부인과 열두 자식 또한 야곱 삶의 끝없는 갈등 야기자인 동시에 삶의 동반자이다. 그리하여 야곱은 이들과의 관계 속에서 일하고, 사랑하고, 경쟁하고, 눈치보며, 부모 하나님에게서 잠재성(potentiality)으로 부여받은 삶을 현실에서 구체적으로 정교화하는 계기를 마련하는 것이다.

한편 재미있는 것은 인간관계 관점에서 야곱의 주요한 인격 특성이 '경쟁'이었는데 야곱은 하나님과의 관계를 형성하고 축복을 언어내는 과정에도 바로 이 '경쟁'을 유효하게 사용했다는 것이다. 벧엘에서 하나님은 야곱에게 거대한 축복의 말씀을 전해주셨다. 자손이 서쪽과 동쪽과 북쪽과 남쪽에 퍼져갈 것이며, 어디로 가든지 야곱을 지키고 떠나지 않으시리라 약속하셨던 것이다. 그러나 그 와중에도 야곱은 마치 동등한 관계의 대상과 거래를 하듯 "하나님이 나와 함께 계셔서 내가 가는 이 길에서 나를 지키시고 먹을 떡과 입을 옷을 주시어, 내가 평안히 아버지 집으로 돌아가게 하시오면(창28: 20-21)"이라는 조건을 달고, 그렇게 할 때 자신의 모든 것에서 10분의 일을 드리겠다고 제안한다. 그런가 하면, 얍복 강가에서는 더욱 뚜렷이 하나님과 씨름하며 자신의 경쟁적 인격 특성을 마음껏 활용했다. 야곱은 하나님과 밤이 새도록 씨름하고 경쟁할 뿐 아니라 자신을 가게 하라는 하나님의 말씀에 "축복하지 않으면"이라는 거래 조건을 또 다시 달아 결국 하나님의 자녀됨의 확증, 즉 새 이름을 얻어냈다.

그러나 서명수에 의하면, 하나님과의 본격적 관계에서 야곱은 자신의 또 하나의 주요 인간관계 방식이었던 '속임수' 사용을 포기했다(서명수, 2005: 72). 창세기에 야곱이 누구인가를 묻는 질문은 야곱 이야기에 두 번 나온다. 처음에는 야곱이 만들어온 음식을 먹으면서도 변장한 야곱을 의심하며 이삭이 "내 아들아, 네가 누구냐?(창27: 18)" 하고 묻는 부분이다. 이때 야곱은 "나는 아버지의 맏아들 에서로소이다(창27: 19)"라고 거짓으로 말했다. 그런데 두 번째 부분에서 야곱은 너 이상 속임수를 쓰지 않았다. 오랜 고난과 역경 후 얍복 강가에서 야곱이 하나님과 씨름할 때, 하나님은 축복을 내리지 않으면 물러서지 않겠다는 야곱에게 그 옛날 아버지 이삭이 야곱에게 묻듯, "네 이름이 무엇이냐?(창33: 27)"고 물으셨다. 야곱은 이에 이전과 달리 "야곱이니이다(창33: 27)"라고 정직하게 답했다. 하나님이 야곱의 이름을 몰라서 묻는 것이 아니었기 때문에 이 질문은 야곱 스스로 자신에 대해 정직하게 대면할 것을 요구하는 질문이었으며, 오랜 환란과 고통 후 야곱은 이제 자신이 사기꾼 야곱이었음을 인정하고 고백할 수밖에 없었다는 것이다.

결국 야곱은 축복의 전달자로서 역할을 마지막으로 애굽땅에서 147세에 드디어 생을 마감했다. 그는 죽음을 앞두고, 요셉의 아들과 자신의 열두 아들을 축복하고 조부 아브라함과 아버지 이삭이 그랬듯 하나님 축복의 전달자로서의 역할을 충실히 감당했다(창48, 49). "이와 같이 그들의 아버지가 그들에게 말하고 그들에게 축복했으니 곧 그들 각 사람의 분량대로 축복했더라(창49: 20)"에서 보듯 야곱은 아들 열둘에게 때로는 축복을, 때로는 미래의 예언을, 때로는 현재의 일과 저주 등 다양한 마지막 말을 남겼다. 예를 들어, 각 아들의 성향과 특징을 잘 통찰하여, 르우벤은 장남이나 아비의 침상을 더럽혔기 때문에 탁월하지 못할 것이라고 했고, 시몬과 레위는 칼을 사용했으므로 그들의 삶에 폭력이 난무할 것이라 했다. 또한 유다는 손위 형들을 대신하여 형제의 찬송이 되며 지도자적 역할을 하게 될 것이라 했고, 스불론은 해변에 거주할 것이며, 잇사갈은 쉼을 좋아하고 토지를 아름답게 여길 것이라고, 단은 샛길의 독사처럼 용감하게 될 것이며, 에셀은 왕의 수라상을 차릴 것이며, 납달리는 암사슴처럼 아름다운 소리를 발할 것이며, 요셉은 여호와 하나님의 도움을 입을 것이며, 베냐민은 물어뜯는 이리 같이 살 것이라 했다. 열 명이 넘는 아들 하나하나에게 야곱은 매우 구체적이며 특징적으로 그들의 삶을 축복하며 인생을 마무리했던 것이다.

3. 다시 읽는 야곱

이상에서 간략히 살펴본 인간관계 가족과 하나님 가족 관점에서의 야곱에 대한 이해는 매우 대조적이고 상반된다. 이에 직면하여 목회상담가로서 필자는 야곱이 우선시한 하나님과의 관계의 정체성에 우선을 두고, 그 관점에서 인간관계적 정보와 자원을 새롭게 읽기를 시도한다. 즉, 야곱이 하나님의 축복받은 자라는 것을 먼저 주목하는 동시에 야곱을 다양한 성격적 결함, 많은 위기와 아픔, 고달픈 나그네 여정 속에 축복받은 자로 이해할 때 축복의 구체적 내용은 무엇이었을까 탐구해보는 것이다. 야곱과 비교할 때 비교적 안정된 삶을 살았던 이삭의 삶과 비교하며 규명해보고자 한다.

하나님의 마음을 모르는 이삭

야곱의 아버지 이삭 역시 하나님의 축복 상속자였지만, 그의 삶은 대체로 평탄했던 것으로 보인다. 어린 시절 모리아산에서의 경험이 큰 충격이었을 것이라는 견해도 있지만, 그것을 제외하고 이삭은 아브라함과 사라의 유일한 상속자로서 지대한 관심과 사랑을 받고 자란 '부잣집 도련님'이었다(이관직, 2005: 40). 또한 아브라함의 장남이자 이복형제인 이스마엘과 심각한 갈등을 겪을 법도 했지만, 이삭이 장성하기 전에 사라가 이미 이스마엘을 다른 곳으로 보내 이삭은 장자권이나 재산을 노린 형제 간 갈등을 특별히 경험하지 않고 성장할 수 있었다. 이삭의 재산은 아브라함이 닦은 터 위에서 계속 불어났고, 리브가가 유일한 부인이었기 때문에 일부다처제하에 부인이 여러 명이었던 아브라함이나 야곱처럼 인간 갈등을 겪지도 않았다. 게다가 하나님께서는 이삭이 태어나기 이전부터 그의 탄생을 신탁하시고, 이름도 손수 지어주셨다.

그런데 주목해야 할 것은 이삭이 하나님 축복의 전달자였지만, 자기 축복의 계승자에 대해서는 전혀 알지 못했다는 것이다. 여성주의 관점에서 창세기 족장에 대해 연구한 유연희는 일반적으로 창세기 족장은 아브라함, 이삭, 야곱을 지칭하지만, 사실 이삭의 자리에 리브가가 있어야 한다고 한다(유연희, 2003: 102-108). 즉, 리브가가 이삭 세대를 대표하여 이삭 대신 아브라함이나 야곱과 같은 역할을 수행했다는 것이다. 창세기 26-28장을 보면 리브가의 탄생, 소명, 파송, 위기, 성취의 이야기가 쓰여 있다. 이를 기초로 리브가는 아브라함과 야곱 사이 이야기의 주인공으로 볼 수 있다는 것이다. 또한 유연희에 따르면 리브가는 하나님의 신탁을 직접 받은 사람이었다. 배 속에서 심하게 싸우는 아기들로 고민하던 리브가에게 하나님께서 아들들에 대한 신탁을 내리셨다는 것이다. 즉, 하나님은 이삭이 아닌 리브가에게 신탁 구현의 책임을 맡겼고, 이삭은 전혀 그 사실을 몰랐다.

다시 강조하자면, 자손에 대해 미리 안 사람은 이삭이 아니라 바로 리브가였다. 유연희는 리브가는 '여자 아브라함'으로 불려 마땅하며 실제 아브라함을 능가했을 것으라 추정한다(유연희, 2003: 109-115). 먼저, 아브라함처럼 리브가도 본토, 친척, 아비 집을 떠나 낯선 곳으로 갔으며, 아브라함이 천사와 나그네를 환대했던 것처럼 리브가도 아브라함의 종을 환대했다. 뿐만 아니라 아브라함이 고향을 떠날 때와 유사하게 리브가도 집을 떠날 때 "너희 씨가 원수의 성문을 차지할 것이다(창24: 60)"라는 복을 받았다. 그녀는 아브라함이 하나님의 축복 상속자를 알고 있었음에도 이삭을 위험에 빠뜨리게 한 것과 달리, 온 마음과 정성을 다해 하나님의 신탁이 야곱에게 내려지도록 노력했다는 점에서 아브라함을 능가했다. 그래서 아버지 이삭도 아니고, 상속자 야곱도 아닌 리브가에게만 하나님이 미래 자손의 비밀을 밝히실 수도 있었을 것이라는 것이다.

유연희에 의하면, 이삭은 이에 더해 하나님의 축복을 망치고 또 이루어지지 못하게 할 뻔하기도 했다(유연희, 2003: 122-124). 이삭은 리브가를 배우자로 선택할 때 매우 수동적이었지만, 어머니 죽음으로 인한 상실의 아픔을 리브가를 통해 달래면서 리브가를 몹시 사랑했다. 그리하여 이삭은 리브가가 임신이 안 되자 리브가를 대신하여 열심히 기도하기도 했다. 그러나 이삭은 신부감을 찾는 일에서 제외된 것처럼 하나님이 지정하신 상속자 문제에서도 제외되었다. 또한 이삭은 하나님의 계획에 걸림돌이 되는 우스꽝스런 역할을 했다고도 할 수 있다. 흉년이 들어 이삭 가족이 그랄로 이주했을 때 이삭은 하나님께서 함께하시겠다고 약속했음에도 불구하고 아내 리브가를 누이라고 속여 자기 살길만 찾았다. 이는 하나님의 복을 다음 상속자에게 전해줄 사람을 위험에 빠뜨리게 한 것으로, 보다 적극적으로 표현하면 이삭은 "리브가만이 아니라 하나님의 계획, **하나님**을 위험한 상황에 몰아넣은(유연희, 2003: 124) 것이다.

무지로 인한 이삭의 가장 큰 실수는 잘못된 상속자를 축복할 뻔했다는 것이다. 나이가 많이 들어 시력까지 나빠진 이삭은 죽기 전 맏아들 에서를 불러 전심을 다해 그를 축복하려 별미를 만들어 자기를 찾으라고 했다. 그런데 리브가가 이를 엿듣고 에서가 사냥간 틈을 타 야곱으로 하여금 에서 변장을 하고 대신 축복받을 것을 권했다. 인간관계적 관점에서 이를 리브가와 야곱의 지나친 밀착, 혹은 속임수로 이해하기도 했으나 유연희는 이를 어떤 저주나 위험을 감수하고라도 하나님의 신탁을 계승하도록 예비한 것으로 본다(유연희, 2003: 115-120). 해석의 진위 여부를 떠나 확실한 것은 이삭이 눈이 안 보일 정도로 오래 살았음에도 그때까지 자신의 아들 중 하나님의 진정한 축복 대상자가 누구인지 전혀 알지 못했다는 것이다. 뿐만 아니라 축복의 순간까지 자신이 축복하는 대상을 에서로 착각하고 있었다. 결국 이삭은 아내 리브가가 아니었다면, 잘못된 상속자를 축복할 뻔했다. "네 아우가 와서 속여 네 복을 빼앗았도다(창27: 35)"에서 보듯 다행히도 속임을 당해 바른 상속자에게 축복하게 된 것이다.

하나님의 마음을 아는 야곱

이삭이 다음 세대의 축복 계승자를 축복의 순간까지 몰랐던 것과 달리 야곱은 죽음을 예견하고 축복을 내려야 할 때 하나님의 '신탁 없이도' 축복 계승자를 알고 있었다. 가뭄으로 애굽으로 내려가 살던 야곱은 자신의 죽음을 예견하고 요셉의 아들들과 그의 열두 아들을 마지막으로 축복했다. 요셉 역시 아버지의 수명이 다한 줄 알고 자신의 두 아들을 축복하고자 아버지 야곱에게 데려갔다. 야곱은 오른손을 차남 에브라임에게 얹고 왼손을 장남 므나셋의 머리에 놓았다. 이에 요셉이 놀라며 오른손을 장자의 머리에 놓으라고 했지만, 야곱은 "나도 안다. 내 아들아 나도 안다(창48: 19)"라고 말하며 차남 축복을 계속했다. 또한 자신의 열두 아들도 각자의 특성과 됨됨이에 맞게 하나하나 구별하여 축복했다. 축복의 신탁을 분명하게 받았던 아브라함이나 리브가와 달리 자손의 축복에 대해 아무런 신탁이 없으셨음에도 야곱은 이미 자손에 대한 하나님의 축복 대상과 그 내용에 대해 알고 분별할 수 있었다. 하나님의 마음과 앎이 야곱 안에 이미 내재했다고 할 수 있다.

로저스가 창세기의 주요 인물과 하나님의 관계를 인간의 부모-자녀 관계의 원형으로 본다고 앞서 살펴보았다(Rogers, 2002: 378-380, 382-383). 구체적으로 그는 먼저 아담과 하나님의 관계를 출생 초기의 부모-신생아 관계의 원형으로 보고 있다. 신생아가 어머니의 전적인 돌봄을 필요로 하듯 최초의 인류인 아담에게 하나님은 전적인 돌봄과 공생적 결합(symbiotic union)을 제공하시며 아담의 모든 욕구와 필요를 충족시켰다는 것이다. 다음으로 그는 아브라함과 하나님의 관계가 아동기 부모-자녀 관계와 유사하다고 했다. 하나님은 아브라함에게 조상과 아버지를 떠나라고 함으로써 많은 자유를 제공했지만, 한계도 명확히 제시했다. 또한 요셉과 하나님의 관계는 성인기 부모-자녀 관계와 유사하다고 한다. 그에 따르면 요셉의 색깔 있는 옷이 억지로 벗겨졌다는 것은 요셉이 아동기 혹은 사춘기 나르시시즘에서 벗어나 개성화 단계에 이르렀다는 것을 지시한다. 그리하여 요셉은 이국 땅 애굽에서 여러 가지 어려움을 겪음에도 불구하고, 성인과 같이 지혜롭고 성숙하게 위기를 극복했다는 것이다.

같은 맥락에서 로저스는 야곱과 하나님의 관계를 사춘기 부모-자녀 관계에 비교한다(Rogers, 2002: 381). 사춘기 소년에게 부모가 관여하는 방식과 마찬가지로 하나님은 야곱에게 아브라함에게서 더 많은 자유와 성장, 그리고 심리적 통합의 기회를 제공했다. 즉, 하나님은 아동기 부모와 같이 아담과 아브라함에게 충분하고 적절한 돌봄을 제공했지만 이들의 행위에 옳고 그름을 명백히 하셨고, 잘못할 경우 그들에게 분명한 처벌을 가하셨다. 그러나 야곱의 경우, 사춘기 소년처럼 많은 부분에서 간교하고 속임수를 쓰고 어른과 거래하고 형제의 축복을 빼앗기도 하는데, 하나님은 사춘기 부모처럼 먼 거리에서 침묵하며 묵묵히 기다리고 계신다는 것이다. 야곱이 아담이나 아브라함보다 더 책임감 있게 형제 및 이웃과 화해하게 하고, 정교하고 독자적으로 자신의 정체성을 발전시키는 데 도움을 주었다는 것이다(아이힐러와 퓰러, 2001: 39-42).

그런데 야곱 사춘기 여정의 절정은 신적인 것과 인간적인 것의 통합이라 할 수 있다. 즉, 인간의 마음과 지혜가 하나님의 마음과 지혜 수준에 이르는 것이라 할 수 있다. 로저스에 의하면, 야곱과의 관계에 있어 하나님은 사춘기 부모처럼 즉각적 훈계보다 적절한 방향 제시만을 했다(Rogers, 2002: 381-382). 벧엘과 브니엘에서 야곱이 경험한 두 번의 하나님과의 만남은 바로 그와 같은 방향성 제시의 한 예라 할 수 있다. 하나님과의 첫 번째 만남인 벧엘에서의 사다리 꿈(창28: 12)은 야곱이 그 자신의 신성과 인성 통합의 필요성을 자각했음을 지시하며, 두 번째 만남인 브니엘에서의 씨름은 야곱 안에서 신성과 인성의 화해가 마침내 이루어졌음을 지시한다는 것이다. 즉, 브니엘에서 야곱은 하나님, 혹은 자기 내면 깊은 곳의 신적 요소와 인성의 통합을 지극히 갈망했으며 둘의 화해 없이는 싸움을 멈출 수 없다고 할 정도로 완강했다(창32: 24-26). 그리하여 야곱은 전심을 다해 씨름했고, 마침내 의식과 무의식의 정교한 일치, 즉 자신의 정체성을 온전히 회복하면서도 신성을 완전하게 내면화한 상황에 이르게 되었다. 결국, 일련의 과정에서 야곱은 하나님의 앎을 내면화하여 하나님의 앎이 자신의 앎이 되는 정도의 수준에 이르렀다.

요셉과 비교할 때도 야곱은 하나님의 마음과 뜻을 안다는 측면에서 훨씬 우월하다. 로저스는 사춘기 통합을 온전히 이룬 야곱의 다음 세대인 요셉은 더 이상의 깊은 내면적 갈등 없이 통합적인 상황을 쉽게 활용할 수 있는 상황에 이르렀다고 한다. 그리하여 하나님이 요셉에게 단 한 번도 직접 나타나 말한 적이 없음에도 요셉은 이미 신적인 것을 내면화하여 어려운 상황을 성숙하고 지혜롭게 처리하는 능력을 보여주었다(Rogers, 2002: 383). 그런데 요셉이 자신의 차남에서 야곱이 오른손을 얹었을 때 당황했던 것을 보아 요셉 역시 하나님의 축복 계승자에 대해서는 알고 있지 못했던 것으로 보인다. 반면, 로저스는 인간의 약함이 역설적으로 하나님의 신비에 대해 더 탐구하고 더 알게 한다고 한다. 창세기에 등장하는 누구보다도 많은 인간적 약점을 가졌고 절박한 상황에 처했던 야곱은 그 약함 속에서 하나님을 알아가는 일에 더욱 민감했을 수밖에 없고, 더욱 하나님 알기를 갈망했을 수밖에 없었을 것이다(Rogers, 2002: 382). 결국, 이와 같은 배경에서 야곱은 하나님의 특별한 신탁이 없이도 하나님을 아는 축복, 하나님의 축복을 인간관계 속에서 통찰할 수 있는 특별한 능력을 갖게 되지 않았나 생각한다.

* * *

지금까지 야곱을 인간관계 가족과 하나님 가족과의 관계에서 조명하고 야곱의 축복에 대한 새로운 이해를 시도했다. 야곱은 인간관계 측면에서 볼 때 다세대 간 전수받은 문제 있는 인격 성향을 지녔을 뿐 아니라 형제 간, 부인 간, 자식 간 많은 갈등을 경험하며 나그네 삶을 살아온 사람이었다. 그러나 하나님을 대상 관계로 한 관계에서 야곱은 어머니 배 속에서부터 축복을 예정받은 자였으며 하나님 축복의 전달자로 인생을 마감했다. 또한 다산다난한 삶을 살았기에 야곱은 삶의 고비고비 하나님을 끊임없이 의식하며 결국 하나님의 축복의 대상과 내용을 알고, 하나님의 마음과 뜻을 인간관계 안에서 구체적으로 통찰할 수 있었던 것이 아닌가 추정했다.

이 장은 앞서 간략히 살펴보았듯, 목회상담에서의 가족 연구가 인간관계뿐 아니라 가족으로서 하나님 관계 연구와 병행되어 연구되어야 함을 주장하는 데 의의가 있다. 그간의 목회상담학 연구는 기독교 신학과 교회의 하나님에 대한 지나친 추상화와 이론화에 대한 반동으로 심리학을 활용하여 구체적인 인간관계 연구에 주로 집중해왔다. 그러나 인간관계에 몰두한 연구는 하나님을 부모, 연인, 혹은 친구로 대상 관계하며 새로운 삶과 미래를 꿈꾸는 기독교인 내담자 내면 세계를 총체적으로 복원하는 데는 한계가 있다. 따라서 목회상담의 가족 연구는 인간관계뿐 아니라 하나님 관계 속에서 내담자에 대한 균형적인 관점을 기초로 내담자 삶의 다양한 이해와 해석, 그리고 잠재성을 격려하는 작업에 몰두해야 한다.

한편 이 장은 미시적으로 인생의 험난한 여정에서 실패한 삶을 산 것 같은 서론의 흑인 노인 여성 B 같은 내담자 상담을 위한 것이기도 하다. 평생 안정되고 평탄한 삶을 살아 늦은 나이에도 눈부시게 아름다운 A와 같은 내담자에 대해서는 누구라도 하나님의 축복된 삶을 살았다 인정할 것이다. 반면, 인간적 노력에도 불구하고 여러 가지 잣대로 바라볼 때 세상의 축복과 거리가 먼 삶을 산 B 같은 내담자에게 상담자는 무엇을 말해줄 수 있을까? 또 무엇을 앞으로 더 희망하라 할 수 있을까? 이 장은 현재 내담자가 누구이건, 지금까지 어떤 삶을 살아왔건, 부모 되신 하나님 아래 자기 존재의 근원을 세우고, 부모 되신 하나님을 자신의 동반자로 끊임없이 여기며 살아간다면 결국은 야곱처럼 부모 하나님의 특별한 축복 속에서 잉태된 자이자 특별한 축복의 담지자가 될 수 있다고 말하고자 한다. 가시밭길 인생을 살아가며 고민하는 내담자를 상담할 때 목회상담가 역시 가끔은 흔들리고 약해진다. 그러나 목회상담가는 야곱의 사례에서 보듯 부모되신 하나님이 내담자의 삶을 이끌어주실 것을 믿으며, 끊임없이 내담자의 잠재성과 가능성을 신뢰하고 내담자가 희망을 가지고 한 걸음씩 내딛도록 도와야 할 것이다.

8장

혈루증 여인과 수로보니게 여인을 만나신 예수 다시 읽기

:: 아시아 여성을 위한 목회상담 메타포 ::

현대 목회상담학은 다양한 방식으로 인간 경험의 문제에 관심해왔다. 목회상담학은 기독교 공동체에 속한 구성원들이 일상적 삶에서 경험하는 구체적 문제에 관심하며, 신학적 논의가 인간 현실에 보다 실제적으로 다가갈 수 있도록 도왔다. 그리하여 전통 신학의 죄론, 인간론, 구원론과 같은 주제들을 심리학적 관점의 내담자의 문제와 치유에 대한 이해를 연결시키며, 실존하는 인간의 구체적 치유와 기술 고안에 노력해왔다. 다른 이론 신학과 달리 목회상담학은 추상적이고 형이상학적 논의보다 기독교 공동체 구성원이 구체적인 일상에서 풍요롭고 자유로운 삶을 경험하는 것이 무엇보다도 중요하다고 생각하기 때문이다.

그런데 여성주의 목회상담학은 현대 목회상담학이 강조해온 인간의 경험이 사실상 남성의 경험이었다는 점을 지적한다(Miller-McLemore &

Gill-Austern, 1999; Moessner, 1996). 여성주의 목회상담학자들은 지식 사회학, 해방신학, 여성학 등 여러 학문의 자극을 받아 현대 목회상담학이 전제해온 신학과 심리학 이론들은 남성을 인간의 대변자로, 남성성을 인간 정상성의 표식으로 보는 인식에 기반을 두고 있다고 주장한다. 이들의 주장에 따르면 기존의 신학과 심리학 이론은 여성은 남성의 결여이며, 여성성은 인간 비정상성의 표식이다. 다시 말하자면, 여성을 남성보다 더 죄 있고 열등한 존재로 보는 신학적 인식과 여성을 자기 학대적이며 병리적 성향의 담지자로 보는 심리학적 이해가 현대 목회상담학의 전제였다는 것이다.

그렇기 때문에 여성주의 목회상담학자들은 목회상담학이 여성, 즉 내담자 여성의 경험에 바탕한 이론과 실제가 될 수 있도록 다각도로 노력한다. 이들은 정신분석학 및 기타 심리학 이론의 여성주의적 비판, 전통 신학의 여성주의적 비판, 그 외에도 현대에 새롭게 등장하는 인간 이해론에 근거하여 다양한 방식으로 여성주의 목회상담학의 방법론적 탐구를 시도한다. 또 남성 중심의 목회상담학 사고와 이론에서 간과해왔던 여성의 다양한 삶과 몸의 문제에 관심한다. 그런가 하면 성서에서 여성의 치유에 도움이 되거나, 여성을 위한 목회상담의 다양한 모형을 발굴하고자 노력한다.

그런데 현재 여성주의 목회상담학에 있어 아시아 여성의 경험에 입각한 관점은 거의 소개되고 있지 않다. 여성 신학계에서는 이미 흑인 여성과 제3세계 여성들을 중심으로 서구 여성 신학이 자신들의 여성 경험 이해에 도움이 되기도 하지만, 자신들의 구체적인 경험을 반영하는 데는 한계적이라고 하며 우머니스트 관점을 제안했다. 여성주의 목회상담학자들도 이의 문제를 간파하고, 자신들의 글이 서구의 백인 중산층 여성의 경험이라는 한계를 미리 밝히고 있다. 또한 다른 인종과 계급에 속한 여성들의 통찰을 소개하는 데 매우 개방적이다. 그러나 실제 목회상담학계에서 활동하는 아시아 여성은 극소수이고, 여성주의 관점의 소유자 역시 매우 적은 실정이라 아시아 여성 경험이 여성주의 목회상담학의 동반자로서 역할하지 못하고 있는 실정이다.

이와 같은 문제에 직면하여 이 장에서는 아시아 여성의 경험에서 아시아 여성 목회상담을 위한 성서적 메타포 발굴에 관심하고자 한다. 전통적으로 학계에서는 성서를 통해 살펴본 목회상담을 위한 대표적인 성서적 메타포로 제사장, 현자, 예언자, 목자를 들기도 했다(거킨, 1999: 28-31. 32). 여성주의 목회상담학자들은 여성을 위한 성서적 메타포로 선한 사마리아 사람, 출애굽 사건, 또는 출애굽기 1장의 십브라와 브아라는 산파 등을 제시하기도 했다(Moessner, 1991: 202-204; 누거, 2002: 100-101; 빌만, 2002: 41-48). 그러나 이 같은 서구 여성주의 목회상담가들의 진지한 노력에 더하여, 아시아 여성 경험에 근거한 성서적 메타포의 발굴의 필요하다고 생각한다. 아시아 여성의 치유를 위해 위의 메타포도 도움이 되지만, 다양한 종교 문화와 오랜 고통과 아픔을 바탕으로 하는 아시아 여성의 치유에는 보다 다양한 이미지와 다층적 경험을 포괄하는 메타포가 필요하기 때문이다.

그래서 이 장은 아시아 여성 목회상담을 위한 성서적 메타포로 혈루증을 앓는 여인과 수로보니게 여인을 만나신 예수를 제안한다. 이를 위해 먼저 아시아 여성이 누구인가를 이해하고, 다음으로 아시아 여성과 혈루증을 앓는 여인(막5: 25-34), 수로보니게 여인(막7: 24-30)의 관련성을 살펴본 뒤 두 여인 이야기의 예수를 기초로 아시아 여성을 위한 목회상담에 대해 논한다.

1. 아시아 여성 경험의 이해

아시아 여성을 위한 목회상담의 성서적 메타포 구성에 앞서 생각해야 할 것은 아시아 여성의 경험을 보편적이고 단일한 범주로 묶어낼 수 있을지의 문제이다. 아시아 여성에 대한 최근까지의 신학적 성찰은 대체로 피억압자의 관점에서 아시아 여성의 경험을 단일하게 이해해왔다. 그러나 복잡한 사회 상황에서 형성된 아시아 여성의 경험을 비교적 정확하게 이해하기 위해서는 아시아 여성의 차이, 다원성, 다양성에 개방되어 있는 접근이 필요하다.

유라시아 대륙의 중앙부와 동부 전체를 이루고 있는 아시아는 세계 면적의 1/3, 세계 인구의 60퍼센트를 차지하고 있다. 아시아는 지역과 기후를 배경으로 극동 아시아, 중앙 아시아, 동아시아, 동남아시아, 남아시아, 서아시아로 구분하거나 역사와 문화적 특징을 중심으로 중국 중심의 동아시아 농경 문화권, 인도 중심의 남아시아 농경 문화권, 북이란과 이슬람 문화 중심의 서아시아·오아시스 문화권으로 나누기도 한다. 이들 각 문화권은 고대 문명의 발생지였을 뿐 아니라 불교, 힌두교, 이슬람교, 유교, 도교 등 다양한 종교를 배경으로 가지고 있다. 현재 아시아의 거의 모든 나라는 독립 상태이다. 하지만 15세기경 시작된 서구의 침입으로 일본과 태국을 제외한 아시아의 거의 모든 나라는 과거 피식민지의 경험이 있으며, 이로 인한 역사 왜곡이 현재까지 심각한 문제가 되고 있다.

아시아는 국가별로 기후, 지역, 언어, 정치 경제 구조 등이 매우 다양하다. 아시아의 기후는 덥고 습한 남쪽의 열대 우림 기후부터 중간의 온대 계절풍 기후, 북쪽의 매우 추운 툰드라(시베리아) 기후까지 포괄한다.

또한 아시아에서는 한국어, 일본어, 만주어, 터키어, 핀어, 헝가리어, 중국어, 베트남어, 남부 아시아어, 아라비아어 등 수많은 언어가 사용되고 있다. 인종적으로도 한국이나 일본과 같이 단일 민족임을 주장하는 국가가 있는가 하면, 말레이시아, 인도네시아와 같이 여러 인종이 혼합하여 존재하는 국가도 있다. 경제 체제 역시 중국, 북한, 베트남, 몽골, 소련 공화국과 같은 사회주의 체제 국가와 자본주의 체제 국가가 공존하고 있다. 대부분 경제적으로 후진국이었으나, 1980년대 이후 한국, 대만, 싱가포르, 홍콩 등은 신흥 경제 대국으로 급부상하고 있다. 때문에 아시아에는 다양한 인종 간, 계급 간 분쟁이 존재하며, 다원화된 종교의 영향 속에 필리핀을 제외한 대부분의 국가에서 기독교 인구는 매우 적은 퍼센트만을 차지하고 있다.

이렇듯 다양한 배경 속에 살아가고 있음에도 아시아 여성 경험에 대한 신학적 성찰은 대체로 '가난한 자 중의 가난한 자'라거나 '피억압민 중의 피억압민'이라는 전형적 틀 안에서 이해되어왔다(Mananzan, 1995). 아시아 각국의 독립과 경제 성장률이 최근 눈에 띄게 좋아지고 있으나, 대부분 아시아 국가들은 오랜 세월 동안 복잡한 형태의 식민주의, 군사주의, 독재정권을 경험해왔다. 특히 아시아 여성들은 여성이라는 이유로 아시아의 독특한 가부장적 종교와 문화적 배경에서 더욱 처절한 차별과 부당함을 경험해야 했다. 이에 주목하며 아시아 여성의 경험은 고통당하는 자 중의 고통당하는 자의 경험, 3중 혹은 4중 고통의 경험이라고 이해되어온 것이다.

최근에 이르러 비로소 아시아 여성 경험에 대한 이와 같은 단일적인 이해에 여러 가지 문제가 있음이 지적되고 있다(강남순, 2002: 77-78; Kwok, 1989). 먼저, 아시아 여성을 모두 피억압자이라고 단일하게 개념화할 경우, 성별뿐 아니라 계층, 인종에 따른 아시아의 복합적 억압의 상황을 단순화시키고 왜곡시킬 위험이 생긴다. 뿐만 아니라 여성 억압을 야기하는 근본 동기와 이를 넘어설 수 있는 전략을 다양하게 계발시킬 수 없게 된다. 또한 아시아 여성을 피억압자 관점에서 이해하는 것은 피억압자보다 더 큰 개념인 여성의 범주를 약화시킬 수 있다. 피억압자는 사회 구조나 개인 현실의 변화로 극복 가능한 범주지만, 성별은 사회계층이나 직업, 교육이 달라져도 변화할 수 없는 영구적 범주라는 것이다. 마지막으로 피억압자 관점에서의 논의는 주로 공적 영역에 관여하는데, 아시아 여성 경험의 논의는 공적 영역뿐 아니라 사적 영역까지 포괄해야 한다. 즉, 여성 경험의 문제는 정치, 경제의 영역뿐 아니라 가족관계, 부부 관계, 동료 관계, 의료 문제, 예술 등 모든 영역에 관심해야 하는 것이다.

강남순은 아시아 여성 경험에 대한 단일한 접근은 그 근본 구조에 있어 이전의 가부장적 논의와 유사하다고 주장한다(강남순, 2002: 76, 79, 85). 아시아 여성에 대한 남성의 지배가 처음으로 문제화되던 시기에는 이들 경험에 대한 단일한 규정은 아시아 여성의 정치적 역량을 결집시키고, 힘을 모아 억압 세력과 싸우도록 하는 데 도움이 되었다. 그러나 이와 같은 이해는 여성을 여전히 피해자 또는 희생자로만 고정관념화하는 문제를 갖는다. 즉, 남녀에 대한 고정적 이미지를 영구화시켰던 가부장적 방식의 이해로 회귀하여 극복하고자 했던 가부장제를 오히려 다시 영구화시킬 수 있다. 또한 아시아 여성 경험에 대한 단일한 이해는 아시아인에 대한 식민 시대 담론의 반영으로 볼 수도 있다. 서구 식민주의는 아시아 각국의 다양한 종교, 전통, 문화를 하나의 동일한 집단으로 구성하여 타자화했고, 아시아인들은 이런 서구의 조작을 스스로 내면화하여 자신을 동일한 집단으로 구성했다. 이런 배경 속에 아시아 여성은 가난하고 무지하고 가정에 희생된 오직 하나의 얼굴만을 가진 존재로 묘사되었다. 이는 서구의 여성이 현대적이고, 지적이며, 자신의 삶과 몸에 결정권을 가지고 있는 것과 대조적이다.

이와 같은 문제를 고려할 때, 곽 푸이란이 지적하듯 아시아 여성 경험에 대한 이해는 하나의 사회적 구성이라는 관점에서 출발하는 것이 적절하다고 생각한다(Kwok, 2000: 39-40). 레베카 촙(Rebecca Chopp)이 주장하는 바와 같이 인식이란 고정 불변한 것이 아니라 역사적이며, 힘과 항상 연관되어 있으며, 변화에 개방되어 있다(Kwok, 2000: 39에서 재인용). 그렇다면, 아시아 여성 경험은 어떤 본질적이고 보편적인 것이 아니라 계급, 집단, 제국주의, 성적 오리엔테이션과 같은 요소들의 복잡한 상호 작용 속에서 형성되어왔다고 이해해야 한다. 즉, 아시아 여성의 경험에 대한 이해는 아시아 여성의 보편적 경험에 대한 인식이 아니라 아시아 특정 지역에서의 구체적 경험에 대한 표현이며 구성으로 이해해야 한다. 아시아 여성에 의해 쓰인 스토리텔링, 사회 분석, 시, 예술, 상징, 예식 등을 이와 같은 접근의 주요 자원으로 사용할 수 있다.

또한 곽에 따르면 아시아 여성 경험에 대한 이해는 아시아 여성의 다양성과 차이에 주목해야 한다. 즉, 아시아 여성은 단일한 집단이 아니라 구체적이고 역사적인 상황에서 상이한 경험을 가지는 개별 여성으로 접근해야 한다. 가령, 아시아의 경제적 다양성의 문제에 관심할 때, 일본, 한국, 대만의 여성주의자들은 피억압자인 동시에 억압자일 수 있다. 아시아의 다른 나라에 초국가적 회사를 설립하며 경제적 이익을 취하는 나라의 구성원으로서 억압자이며, 본국의 가부장적 사회의 구성원으로서는 피억압자일 수 있다. 이와 같은 관점에서 아시아 각국의 인종, 카스트, 성적 오리엔테이션, 이민 등으로 인한 차이에도 관심하며, 대만의 원주민 여성, 일본의 한국 여성, 스리랑카의 타밀 여성, 또 이주 여성 노동자들의 관점과 차이도 다양한 관점에서 고려해야 한다(Kwok, 2000: 41-42).

결국 이와 같은 관점에서 아시아 여성 경험에 대한 이해를 시도하는 것은 새로운 도전이며 창조 작업이라 할 수 있다. 아시아 여성 경험의 단일한 이해를 넘어서기 위해서는 우선 두 장벽과 싸워야 한다. 아시아 남성 지배자들에 의해 구축된 과거의 전형적인 아시아 여성에 대한 이미지와 식민 지배와 세계화의 상황에서 조작된 보편적인 아시아 여성의 모습이다. 또한 이의 영향 속에서 지금까지 아시아 여성들에 의해 단일하게 구성된 이미지와도 싸워야 한다. 그래서 아시아 여성 경험을 모색한다는 것은 지금까지 구성된 아시아적, 서구적, 여성주의적 이미지가 아닐 수 있지만, 동시에 이를 포함할 수도 있다. 따라서 이의 작업은 다양한 정체성과 경쟁하고 타협하며 섞으며, 다양한 실재에 가능성을 열 수 있는 '낀 공간(in-between space)'에 놓여 있는 것과 마찬가지이다. 남아 있는 과제는 참신한 의사소통을 개발하고 참된 공동체를 구성하며 바닥 여성들과의 진실한 교류 등을 통해 새로운 관점과 목소리를 경청하며, 다른 배경의 여성들과 상호 비판과 건설적 대화를 이루어나가는 것이다(Kwok, 2000: 19, 42).

2. 혈루증을 앓는 여인과 아시아 여성 경험

아시아의 복잡한 상황에서 성서를 읽을 때 많은 아시아 여성 내담자들이 쉽게 동일시하는 이야기 중 하나는 혈루증을 앓는 여인에 관한 것이다. 이 이야기는 예수 시대 피 흘림으로 고통하는 한 여성에 대한 것이지만, 복잡한 사회, 정치, 역사적 현실 속에 살아온 많은 아시아 여성 내담자들은 피 흘림을 경험하는 자신의 이야기로 이해한다. 먼저 혈루증을 앓는 여인에 관한 성서의 기록을 살펴보자.

> 열두 해를 혈루증으로 앓는 한 여자가 있어 많은 의원에게 괴로움을 받았고, 있던 것도 다 허비했으되 아무 효험이 없고 도리어 더 중하여졌던 차에, 예수의 소문을 듣고 무리 가운데 섞여 뒤로 와서 그의 옷에 손을 대니 이는 내가 그의 옷에만 손을 대어도 구원을 얻으리라 함일러라. 이에 그의 혈루 근원이 마르매 병이 나은 줄을 몸에 깨달으니라. 예수께서 그 능력이 자기에게서 나간 줄은 곧 스스로 아시고 무리 가운데서 돌이켜 말씀하시되 누가 내 옷에 손을 대었느냐 하시니 제자들이 여짜오되 무리가 에워싸 미는 것을 보시며 누가 내게 손을 대었느냐 물으시나이까 하되 예수께서 이 일 행한 여자를 보려고 둘러보시니 여자가 제게 이루어진 일을 알고 두려워하여 떨며 와서 그 앞에 엎드려 모든 사실을 여짜온대 예수께서 가라사대 딸아 네 믿음이 너를 구원했으니 평안히 가라. 네 병에서 놓여 건강할지어다(막5: 21-34).

위의 이야기에 대한 다양한 접근이 있었지만, 대체로 해석자들의 초점은 예수의 치유에 있었다(그닐카, 1985: 266-272). 혈루증을 앓는 이 여인에 대한 이야기는 예수가 죽은 소녀를 일으킨 사건과 연관하여 두 개의 설화가 얽혀 있다고 보기도 하고, 독자적으로 존재하는 이야기로 보기도 한다. 두 이야기의 관계가 어찌되었든 일반적으로 해석자들은 이 이야기에서 예수가 여인에게 하신 말씀, 즉 여인의 믿음이 여인을 구원했다는 말에 주목한다. 그래서 예수의 치유가 기적에 가까운 헬레니즘적 치유가 아닌 인간 신앙에 의한 치유임을 복음서 기자들이 강조하려 했다고 한다. 그렇다면, 신도들은 접촉과 같은 마술적 방법을 맹목적으로 신뢰하기보다 신앙으로 여인이 행동한 바에 유념해야 한다는 것이다.

그러나 앞 장에서 간략히 논한 관점에서 바라볼 때, 무엇보다도 관심해야 할 것은 혈루증을 앓고 있는 여인의 구체적이고 다양한 경험이다. 먼저, 이 여인의 피흘리는 경험에 주목할 수 있다. 레위기 12장 1-8절, 또 15장 19-30절의 전통에 따라 당시 유대 사회에서 여성이 피를 흘리는 것은 더럽고 불결하여 속죄제를 통해 면해야 하는 부정한 일이었다. 이에 따르면, 심지어 피 흘리는 여성이 만지거나 닿은 것은 사람이든 물건이든 다 부정했다. 또 여성은 피를 흘리기 때문에 땅을 상속받지도 못하고, 사제가 될 수도 없었다. 인생의 1/4을 피 흘리며 보내는 여자는 성스러운 역할을 할 자격이 없으며, 피 흘림이야말로 죄의 상징이므로 피 흘리는 여성은 죄인으로 이해했다(Sinaga, 2003: 14; 이선애, 1995: 114).

다음으로 이 여인은 한때 부유한 계층에 속했다가 현재는 가난해졌다는 것에 주목할 수 있다. 당시 부유한 사람만이 의사를 찾아갈 수 있었음을 감안하면, 많은 의사들을 만날 수 있었던 그녀의 과거 경제적 상황이 어느 정도 여유가 있었음을 추정할 수 있다. 그러나 오랜 병치레로 현재는 더 이상 여유가 없는 상태로 전락한 것이다(그닐카, 1985: 275). 또한 이 여인은 자신의 병 때문에 오랫동안 사회적으로 소외되어왔다고 이해해도 좋을 것 같다. 본문의 이 여성이 가진 재산을 탕진할 정도로 낫기를 소원했던 것도 바로 이 같은 사회적 소외와 종교적 정죄에서 벗어나고 싶었기 때문이었을 것이다.

피 흘리는 여성들에 대한 유대 사회의 이런 태도는 아시아 여성들에게 낯선 것이 아니다. 힌두교나 불교가 인도와 서남 아시아에 전파되기 이전부터 부족 문화에서는 이미 대중적으로 여성의 피 흘림에 대한 의식을 행하고 있었다. 이들 의식은 전형적으로 피 흘림을 시작하는 젊은 여성들을 완전히 격리시켜 움막에 가두었다. 태양도 못 보게 했고, 땅도 만지지 못하게 했다. 이들이 피로 인해 더럽혀졌기 때문에 정결 의식을 행하기 전까지는 생명의 원천과 접촉해서는 안 된다는 것이었다. 현대에도 발리에서 피 흘리는 여성은 힌두교 사원이나 이슬람 성전에 들어가지 말라는 경고를 받는다(이선애, 1995: 107-108, 110). 인도네시아의 사모릿의 시라잇이라고 불리우는 지역의 여성들은 피 흘리는 기간 동안 남편에게서 격리되어 있어야 한다. 남편은 이들 여성을 더럽다고 간주하며, 이 기간 동안 자연스럽게 다른 여성과 외도하기도 한다(Sinaga, 2003: 16).[1] 그래서 아시아의 많은 여성 및 여성 내담자들은 피 흘리는 여성에 대한 차별과 자신들에 대한 차별을 쉽게 연결하여 이해할 수 있는 것이다.

아시아의 많은 여성들이 본문의 여인과 자신들의 경험을 동일시할 수 있는 또 다른 이유는 이 여인의 피 흘림이 주기적 피 흘림 이상이기 때문이다. 본문의 여성은 자궁의 만성적이고 치병적인 질환 때문에 오랜 세월 피 흘리는 증세를 나타냈다(그닐카, 1985, 272). 아시아의 많은 여성들도 복잡한 역사적 사회적 현실 때문에 자궁이 상처 나고 멍들고 병들

1 그리하여 이 부족 여성은 트라우마에 걸릴 지경이라고 한다. 또한 이 여성들은 소외를 경험하는 기간에도 요리, 살림살이, 아이 돌보기, 청소 등을 해야 한다. 여성 노동력의 지속적 착취는 계속되는 것이다.

어야 했다. 먼저, 아시아의 식민지 상황으로 인한 고통을 들 수 있다. 아시아는 위대한 세계 문명과 세계 종교의 발생지이며, 자연 과학과 인문학, 철학 등의 영역에 있어서도 나름의 깊이와 세계를 가지고 있었다. 그러나 18세기 이후 서구 유럽의 식민지 정책과 함께 대부분의 국가가 식민 치하에 놓이게 되었다. 특히 늦게나마 서구를 모방하여 아시아 약소국가를 식민지화하려고 했던 일본은 약소국의 여성들을 성노예로 전락시켰다. 한국 여성은 강제로 전쟁터로 끌려가 하루에도 수십 명의 군인들을 상대하며 착취당했다. 이들의 자궁이야말로 매일매일 멍들고 찢어지고 피 흘리며 산산조각났던 것이다(한국정신대연구소, 1993; 김명혜 외, 2002). 현재에도 이와 같은 상황이 재현되어 자원이 부족한 아시아 국가의 가난한 여성들은 성 관광(sex tourism)을 통해 재원을 확보하고자 하는 국가 정책과 남성 중심적 가족 이데올로기의 영향 속에 성노예로 전락해 계속 피 흘리고 있다(Kwok, 2000: 116). 또한 아시아의 잦은 인종 분쟁, 계급 갈등, 영토 분쟁 상황 속에서 상대 종족이나 계급의 명예를 훼손할 뿐 아니라 종족 번식을 종식시키기 위한 방법으로 여성들에 대한 잔인한 강간과 성폭행이 끊임없이 발생하기도 한다.

아시아 각국은 현재 세계화라는 거대한 조류에 휩싸여 있다. 세계화를 옹호하는 이들은 인터넷이나 이메일과 같은 정보 기술의 발달을 통해 세계가 자유롭게 교류하며 네트워킹하며 하나의 지구촌을 형성한다고 한다. 국가 간 무역 규제의 자유화로 세계의 자원과 인력을 서로 공유하여 인류의 상호 복지와 번영에 이바지하고자 한다는 것이다. 그러나 실제 아시아 국가에 있어 세계화란 신제국주의를 의미한다(Hope, 2001: 20-22). 즉, 세계화를 통해 아시아 국가는 세계 초강대국의 경제적 지배, 문화적 공격성, 정치적 식민화의 상태에 놓인다. 개발국가는 세계의 G7 혹은 G8으로 불리우는 초강대국의 시장 경제 속으로 통합되었으며, 서구 문화의 공격적 유입으로 아시아 각국의 독특한 문화가 존중받지 못하게 되었다. 또한 아시아 각국의 문화와 자원은 발전한 국가의 휴양지, 호텔, 스포츠 시설로 전락하여 지역 주민의 삶의 양식, 가치, 자연환경 등이 지속적으로 왜곡되고 있다.

이런 세계화의 영향 속에서 혈루증을 앓고 있는 여성과 자신을 동일시하는 아시아 여성 내담자은 더욱 증가할 수밖에 없다. 필자가 만났던 아래의 한 한국 중산층 여성의 경험을 살펴보자.

> 저는 20대 후반에 결혼했고, 조금 후에 아이가 갖고 싶어 직장도 그만두었습니다. 의사의 권유로 인공 수정을 하게 되었습니다. 인공 수정이 잘되게 하기 위해 배에 여러 번 칼도 그었고, 온갖 방법을 다 동원했습니다. 할 때마다 돈은 돈대로 몸은 몸대로 축나 몇 년이나 시도하다 결국 지쳐 30대 후반에야 비로소 그만하기로 했습니다. 그런데 그때 자연 임신이 되었습니다. 그런데 너무 기뻐 찾아가니 의사가 이렇게 이야기했습니다. "임신입니다. 그런데 자연 분만은 기대도 하지 마십시오. 아주머니 자궁은 걸레입니다. 걸레!" 오랜 기간에 걸친 인공 수정 시도로 저의 자궁은 걸레처럼 갈래갈래 찢어지고 너덜너덜해져 언제라도 터져 버릴지 모른답니다. 의사의 이야기를 듣고 나서 저는 참 망연자실해졌습니다.

세계화와 의료 기술 계발은 상호 의존적 관계에 있다. 세계화는 기술의 확산에 영향을 미칠 뿐 아니라 거대한 의료 시장을 가질 수 있게 한다. 이런 상황에서 특별히 여성의 재생산이나 모성은 의약의 이미지로 조작된다. 그리하여 모든 여성은 문제적이며 병리적인 것으로 진단된다. 가령, 아이를 잘 낳는 여성은 잘 낳아서 문제이며, 못 낳는 여성은 못 낳아서 문제라고 이해하며, 전 여성을 의약의 통제 속으로 들어가게 한다(Raymond, 1993). 아시아와 같은 제3세계에서 이러한 경향은 두드러진다. 경제적으로 열악하고 출산율이 높은 방글라데시, 스리랑카, 중국의 아이를 잘 낳을 수 있는 여성들에게 낙태, 성 판별, 피임 등이 강요된다. 또 출산율이 낮거나 남아 선호 사상이 강한 인도의 중·상류층 여성들에게는 인공 수정과 성 감별 등을 통한 재생산이 강요된다. 그리하여 일상적인 가정에서 이탈한 가난한 여성뿐 아니라 정상적 가족의 여성 모두 피 흘림의 고통을 겪는 것이다(Narula, 2003).

3. 수로보니게 여인과 아시아 여성의 경험

아시아 여성 내담자들이 많이 공감하는 또 하나의 이야기는 마가복음 7장 24절에서 30절에 등장하는 수로보니게 여인 이야기이다. 이방 여성으로서 귀신 들린 딸의 치유를 간절히 원했던 수로보니게 여인의 이야기를 오늘날 아시아의 많은 여성들은 자신의 이야기로 읽으며 함께 눈물 흘린다. 성서 본문을 먼저 읽어보자.

> 예수께서 일어나사 거기를 떠나 두로 지경으로 가서 한 집에 들어가 아무도 모르게 하시려 하나 숨길 수 없더라. 이에 더러운 귀신들린 어린 딸을 둔 한 여자가 예수의 소문을 듣고 곧 와서 그 발 아래 엎드리니 그 여자는 헬라인이요, 수로보니게 족속이라. 자기 딸에게서 귀신 쫓아 주시기를 간구하거늘 예수께서 이르시되 자녀로 먼저 배불리 먹게 할지니 자녀의

떡을 취하여 개들에게 던짐이 마땅치 아니하니라. 여자가 대답하여 가로되 주여 옳소이다마는 상 아래 개들도 아이들의 먹던 부스러기를 먹나이다. 예수께서 가라사대 이 말을 했으니 돌아가라 귀신이 네 딸에게서 나갔느니라 하시매 여자가 집에 돌아가 본즉 아이가 침상에 누웠고 귀신이 나갔더라.

전통적으로 수로보니게 여인의 이야기는 두 가지 방향에서 이해되어 왔다(그닐카, 1985: 373-374). 하나는 구원사적 관심으로, 예수가 이방 지역에 들어가 이방 여인과 이야기했다는 것을 이방인 선교의 시작을 알리는 것으로 본다. 이스라엘에게 구원이 왔으나 이스라엘이 하나님과의 계약 지키기를 거부했기 때문에 이방인들이 그 자리를 대신했음을 이 이야기의 핵심으로 보는 것이다. 다음으로는 교훈적인 해석이 있다. 이방 여인은 신뢰에 있어 '신앙의 모범', 끈기에 있어 '인내의 모범', 그리고 자신을 개로 취급하는 사람에 대한 '겸손의 모범'이다. 이 해석은 예수의 말씀이 여인의 마음과 신앙을 갈래갈래 찢어놓았는데도 신앙에 굳게 의지하여 결국 예수의 허락을 이끌어냈다는 점에 주시한다.

그런데 아시아 여성의 관점에서 볼 때 이와 같은 해석은 아시아에 대한 서구의 제국주의 경험을 합리화하는 데 도움을 주었다는 것을 지적하지 않을 수 없다(Kwok, 2000: 61). 서구 제국주의가 팽창하던 시기에 철학, 문학, 역사와 같은 다양한 학문 분야는 중동이나 동양이 서양에 뒤지고 있음을 대중적으로 인식시켰다. 그리하여 셈 언어는 인도-유럽 언어에 비해 조야하며, 동양의 문화와 관습은 미분화된 것으로 이해했다. 이런 배경에서 기독교는 최고의 종교이며, 동양의 문화와 관습, 또 동양의 전통 종교는 우상 숭배라고 했다. 그럼으로써 또한 서구의 동양에 대한 지배와 선교를 합리화했던 것이다. 특히 아시아에서 활동하고 있던 선교사들은 이 본문을 이용하여 예수의 거친 언행도 고분고분 참아냈던 이 이방 여성과 같은 삶을 피식민 국가의 백성들이 본받아야 한다고 가르쳤다.

그렇지만, 아시아의 많은 여성들은 수로보니게 여인의 만남이 아시아 여성들의 일상적 만남과 매우 유사함에 또한 공감한다. 서구 유럽 사회 역시 많은 국가들로 이루어져 있지만, 아시아와 같이 인종, 문화, 삶의 양식, 경제적 수준이 다양하지는 않다. 종교 역시 오랫동안 유럽 인구의 다수가 기독교의 영향 아래 있었다. 반면, 아시아의 경우, 힌두교, 이슬람교, 유교, 불교 등 다양한 종교가 각 국가별로 다르게 혼재해 있고, 각 나라마다 경제적 수준도 크게 차이가 난다. 기독교 역시 아시아에서는 소수 종교이다. 이와 같은 배경에서 아시아 여성은 자신과 유사한 배경의 사람보다 자신과 전혀 다른 종교, 다른 계층, 다른 인종을 일상의 삶에서 경험한다. 수로보니게 여인과 예수는 인종, 계층, 성 오리엔테이션 등에 있어 매우 다른 배경을 가지고 있었던 것이다.

또한 수로보니게 여인은 많은 아시아 여성 혹은 아시아 여성 내담자처럼 매우 다양한 정체성을 가지고 있다. 여인은 여성으로서 당시 사회의 가부장적 배경에서 주변화를 경험했을 것이다. 또 이방인으로서 유대 중심의 성서 세계에서 무시당했을 것이다. 그러나 계급적인 측면에서 수로보니게 여성은 갈릴리를 비롯 주변의 가난한 지역 주민을 억압하고 이용하는 위치에 있었을 가능성도 있다. 그리스 말을 하고 띠로 지역에서 왔다는 것을 고려한다면, 도시 상류층 여성으로 추정할 수 있기 때문이다(Kwok, 2000: 61). 그녀는 또한 이방신을 섬기는 지역에서 왔으므로 이방신을 섬겼을 수도 있고, 귀신 들린 딸을 둔 탓에 사회적 소외와 냉대를 경험했을 것이다(Rebera, 2001: 102-103). 아시아의 교회 여성은 개종 이전에 다른 종교를 섬겼을 수도 있고, 자신의 삶과 가족에 여전히 기독교와 생소한 문화, 종교적 삶의 모습을 담고 있기도 하다. 또한 다양한 사회 문화적 배경 속에서 다양한 계급, 인종, 성적 정체성을 가지고 있기도 하다.

한편, 수로보니게 여성이 아시아의 많은 여성들과 마찬가지로 매우 소외된 상황이 아니었나 생각해볼 수 있다(최만자·박경미, 1993: 153). 예수 시대 두로는 금속 세공업과 염색업 그리고 지중해 해역과의 활발한 상업으로 매우 부유한 항구 도시였지만, 농사하기에 충분한 땅이 없어서 갈릴리나 두로의 변방에서 생산한 농산물을 사왔다. 경제적으로 여유가 있었던 두로는 이웃 지역에서 나온 각종 작물을 미리 사다 놓고 풍부한 생활을 한 반면, 갈릴리나 두로 변방 지역 사람들은 두로 사람들이 남겨놓은 쭉정이나 메마른 식물의 뿌리 등을 먹으며 살았다. 때문에 갈릴리의 농부들은 두로 사람들에게 격노했고, 예수가 수로보니게 여인에게 그토록 화낸 이유도 바로 이 때문이었다. 그런데 수로보니게 여인은 실제 갈릴리 농부들과 별 다름없이 가난에 찌들어 있던 두로 변방의 사람이었을지도 모른다고 한다(Kinukawa, 2004: 51-52). 귀신 들린 딸 때문에 사회적으로 배척되고 부유한 도시에 살 수 없었던 도시의 빈민, 타자 중의 타자였을 수 있다는 것이다. 그래서 그녀가 그토록 자신 있게 자신들도 먹어야 한다고 예수께 항변할 수 있었다는 것이다. 화려한 도시에서 절대 빈곤 상황에 처해 있는 많은 아시아 여성들을 고려할 때, 이것 역시 수로보니게 여인과 아시아 여인을 연결시킬 수 있는 하나의 방법일 것이다.

그러나 많은 아시아 여성들이 수로보니게 여인의 이야기를 자신의 이야기로 읽는 무엇보다 중요한 요인은 수로보니게 여인이 심하게 고통받는 아이의 어머니였다는 것이다. 유대 사회뿐 아니라 아시아 전통 사회에서 귀신 들린 딸은 사회의 소외와 배척, 또 정결 의식의 대상이다. 그렇기 때문에 피를 흘리거나 오염된 사춘기 딸을 가진 아시아 어머니들도 수로보니게 여인과 비슷한 경험을 할 수 있다. 또한 아시아의 복잡한 분쟁 지역에서 딸을 가진 어머니들은 더욱 절절하게 수로보니아 여인의 이야기를 자신의 이야기로 읽을 수 있다. 일제 치하 군 위안부들로 팔려갔다 돌아온 병든 딸을 바라보고 있는 어머니, 매춘을 통해 집단 강간당해 피 흘리고 죽어가는 딸을 눈물지으며 안고 있는 어머니, 아이를 낙태하지 않는다고 강제로 염산을 먹여 살해된 딸을 안고 있는 어머니 등 아시아의 많은 어머니들은 병들고 신음하며 죽어가는 딸들을 안고 수로보니게 여인처럼 애타게 하염없이 몸부림치며 낫게 해달라고 울부짖고 있는 것이다.[2]

수로보니게 여인과 같은 경험은 딸을 가진 어머니에게만 한정되는 것은 아니다. 현재 아프카니스탄, 미얀마, 캄보디아, 필리핀, 인도네시아 등이 분쟁 지역이며, 중국과 대만, 남한과 북한, 중국과 인도, 티베트, 쿠릴 열도 등이 언제든 군사적 충돌의 가능성이 있는 대립 지역이다. 이런 분쟁 속에 아시아의 어머니들은 자신이 속한 계층에 관계없이 하루아침에 자식들을 전쟁터에 내보내고 가슴 태우고 있다. 아시아의 복잡한 식

2 다음은 인도네시아 자카르타에서 일어난 일이다. 죽어가는 딸을 바라보던 어머니의 이야기는 수로보니게 여인의 이야기를 더욱 구체적이고 절실하게 경험하게 한다. "내 딸은 당시 겨우 9살이었습니다. 그 특별한 날 다섯 남자가 들어와 우리의 육체를 공격했습니다. 먼저, 집에 있는 모든 것을 부수더니, 내 딸을 갑자기 내게서 빼앗아 질질 끌고 내가 보는 앞에서 강간했습니다. 그 후 그들은 딸애의 성기에 깨진 병을 집어넣고 떠났습니다. (…) 딸애는 병원으로 가는 도중 죽었습니다(Marsiana, 2003: 4)".

민 역사 속에 형성된 독재와 군사주의 속에서도 수많은 청년과 아이들이 의미 없이 죽어갔다. 다음은 자식들은 전쟁터에서 잃어버린 타밀 지역 어머니들의 눈물로 가득한 호소문(Mothers' Appeal)이다.

> 우리 타밀 지역의 어머니는 이유 없이 군대에 잡혀간 우리 어린이와 젊은이들을 즉시 석방할 것을 요구한다. 우리 어머니들은 죄 없는 우리의 아이들이 갑자기 우리 마을에서 끌려갔을 때 분노와 슬픔, 그리고 근심으로 고통했다. 8월 4일 젊은 남자와 어린이들은 군대에서 신분증과 함께 넘기라고 했다. 등록한 후 곧 부모에게 아이들을 돌려보내줄 것이라고 했다. 그러나 아이들이 모두 돌아오지는 않았다. 약 500명의 어린이가 지프와 트럭으로 알지 못하는 곳으로 끌려갔고, 그중에는 장애아도 있었다. 이외에도 군대는 어린아이, 젊은이, 여자, 시민을 이유 없이 길에서 쏜다. 우리는 타밀에 대한 군사적 대결을 빨리 멈추고 정치적 노력을 속히 기울여야 한다고 생각한다(*In God's Image*, 1987: 35).

한국의 어머니들에게도 이와 같은 상황이 낯설지 않다. 한국에서도 얼마 전 남한과 북한의 군사가 대치하는 긴장 속에서 평범하고 보통의 삶을 살아가던 젊은이가 군대 생활에 적응 못하고 부대원을 사살하는 일이 있었다. 또 미국, 중국, 러시아, 일본 열강의 이익 틈바구니에서 한국은 현재 언제라도 전쟁이 날 수 있는 위급한 상황에 있다. 그리하여 전쟁 속에 헛된 죽음과 부상으로 고통하는 자식들을 바라볼 수밖에 없는 어머니, 군대 문화 속에 죽을 날만 기다리며 죄책감에 절어 평생을 마감하거나 사회의 거대한 비판과 정죄 속에 미쳐가는 아들을 바라보아야 하는 어머니들도 적지 않다. 수로보니게 여인의 이야기가 낯설지 않은 것은 바로 이와 같은 아시아의 독특한 상황에서 여성들이 경험하는 어머니로서의 눈물과 아픔 때문이다.

4. 목회상담의 함의

적지 않은 아시아 여성 내담자들이 혈루증을 앓는 여인과 수로보니게 여인의 이야기를 자신의 경험과 동일시한다면, 예수와의 만남을 통한 치유 사건은 아시아 여성 목회상담의 하나의 성서적 메타포가 될 수 있다. 이들 여성을 아시아 여성 내담자의 모델로, 예수를 아시아 여성을 위한 목회상담가의 모델로 간주하고, 성서 속에 나타난 이들의 만남과 치유 경험이 아시아 여성을 위한 목회상담에 시사하는 함의점을 찾아보도록 하자.

아시아 여성 내담자

아시아 여성 내담자의 모델로서 혈루증을 앓는 여인과 수로보니게 여인은 나름대로의 문제를 가진 사람들이었다. 대체로 목회상담에서 내담자는 정상이라기보다 문제를 가진 사람으로 여겨져왔다. 육체적, 심리적, 영적 문제를 가진 내담자가 상담가의 도움으로 자신의 문제에 대한 해결을 모색하기 위해 상담하러 온다는 것이다. 마찬가지로 마가복음의 여인 역시 12년이라는 오랜 세월 동안 혈루증으로 고생했고, 갖은 노력을 다해도 고칠 수 없자 예수를 찾아온다. 수로보니게 여인 역시 귀신에 사로잡힌 딸의 아픔과 고통을 해결하기 위해 갈릴리의 예언자인 예수를 만나러 왔다. 그런데 아시아 문화권의 내담자들은 서구 내담자들과 달리 육적인 문제와 영적인 문제가 함께 연관되어 있는 경우가 흔하다(Sue & Morishima, 1990: 138). 이들 두 여인 역시 육체적 질병의 문제, 즉 혈루증이나 귀신 들린 딸의 문제로 예수를 찾아왔으나, 문제의 해결은 영적인 문제, 즉 이들의 신앙에 대한 인정과 연결된다. 예수는 여인의 치유가 혈루증을 앓던 여인의 믿음 때문이라고 했고, 수로보니게 여인에게도 "네 믿음이 크도다"라고 함으로써 여인의 믿음이 딸의 육체적 치유와 관계 있음을 암시했다.

그런데 아시아 여성 내담자의 모델로서 이들 여인은 자신의 문제를 푸는 과정에서 적극적 주체이기도 하다. 서구의 전통적 방식으로 훈련된 상담가와 아시아인 내담자가 부딪힐 때 일반적으로 서구 내담자와 달리 아시아인 내담자는 수동적이라고 본다(수·수, 2011: 193). 위의 두 이야기에서 여인들은 예수가 자신의 문제를 도와줄 결정적인 사람임을 깨닫고 예수의 주도적 치유를 기대했다. 이와 같은 모습은 아시아인 내담자에 대한 전통적 이해와 유사하다. 그러나 이들 여인은 또한 자신의 문제 해결에 있어 예수보다 더 적극적인 주체로 나타난다. 혈루증을 앓는 여인은 예수께서 자신의 문제에 도움이 될 것을 깨닫고 적극적으로 예수를 만나 원했던 것을 마침내 이루어낸다. 수로보니게 여인은 보다 적극적이다. 여인의 요청에 매우 부정적으로 반응했던 예수를 설득하고 깨닫게 하여 마침내 딸의 병이 낫도록 한 것이다. 아시아 여성 내담자의 모델로서 이들은 문제를 가진 내담자이면서 동시에 문제 해결의 주도자라고 할 수 있다.

혈루증을 앓는 여인과 수로보니게 여인의 이미지는 또한 아시아 여성 내담자에 대한 전통적인 이해를 바꿔놓는다. 프로이트의 영향 속에 어성은 남성과 달리 자기애적이고 고통을 즐기며, 남자아이를 생산함으로써 여성으로서 자기 정체성의 문제를 해결하는 것으로 알려졌다. 교회에서 전형적으로 강조해온 여성의 이미지는 고분고분하고 무슨 일에도 화를 내지 않는 순종적인 모습이었다. 서구의 매스컴과 학문을 통해서 부각되어온 아시아 여성의 모습 역시 전쟁 중 성적 봉사자, 일본의 게이샤, 베트남의 마사지걸 등과 연결된다. 그러나 아시아 여성 내담자의 모델로서 본문의 두 여성은 오랜 질병과 처절한 고통 속에서도 자신의 내적 욕구를 합리적으로 감지해내고, 치유를 위한 구체적 계획을 세우고 이루는 지혜로운 여성들이다. 또한 인류 구원의 메시아를 직감적으로 알아내고 그와의 창조적이고 담대한 관계 속에서 존엄한 삶의 회복을 위해 행동할 수 있는 여성이었다(Rebera, 2001: 110).

아시아 여성을 위한 목회상담가

혈루증 여인의 이야기와 수로보니게 여인의 이야기를 통해 드러난 목회상담가로서 예수의 모습은 흥미롭게도 아시아인을 위한 전통적인 상담가 이미지와 동떨어져 있다. 일반적으로 상담 현장에서 아시아인들을 내담자로 대할 때 상담가는 비교적 주도적으로 구조화된 해결을 제시하는 것이 효과적이라고 이해해왔다(수·수, 2011: 198). 그런데 이 두 여인의 이야기를 통해 드러난 예수의 모습은 많은 학자들이 지적했다시피 영웅적인 치유자도 아니며, 여인의 고통에 연민하며 함께 아파하는 메시아적 상담가도 아니다. 혈루증 여인의 이야기에서 예수는 그토록 오랫동안 고통 당해온 여인이 무리 가운데 있음을 미리 알아채고 여인의 치유를 주도한 전문가적 통찰력을 보이지도 못했으며, 한낱 여인의 접촉에도 힘이 빠져나가는 나약함을 보인다. 또 죽어가는 딸을 살려달라고 애원하는 수로보니게 여인에게 "자녀의 떡을 취해 개에게 주는 것이 마땅하냐?"라는 거친 독설을 퍼붓는 예의 없고 무정한 자로 그려진다. 이 이야기는 예수가 "성서 속에서 기꺼이 치유에 참여하려 하지 않았던 단 하나의 삽화"로 이해된다(Rebera, 2001: 103).

그런데 바로 이런 예수가 아시아 여성을 위한 목회상담가로서 유용한 모델이라 할 수 있다. 스탠리 수와 제임스 모리시마는 아시아인 상담에서 대부분의 상담가는 실제 아시아인에 대한 적합한 기술이나 인식이 부족하며 다양한 내담자와의 경험 속에서 배우고 '변화하는 치료자(changing therapists)'의 자세를 갖출 때 진정한 도움을 줄 수 있다고 한다(Sue & Morishima, 1990: 143-144). 혈루증 여인의 이야기에서 예수는 남성으로서 가부장적 편견과 왜곡된 힘을 가지고 있었다. 그래서 그토록 고통하는 여인의 아픔을 무리 가운데서 인식할 수 없었던 것이다. 그러나 여인의 애타는 접촉과 드러냄을 통해 예수는 변화하며 보다 완전한 치유로 인도했다. 수로보니게 여인의 이야기에서 예수의 변화는 더욱 극적이다. 예수는 병든 딸을 낫게 해달라고 간절히 호소하는 여인을 갈릴리 농부들의 입장에 서서 매우 치욕적으로 응대했으나, 여인은 이에 대해 합리적이고 현명하게 반박한다. 그리고 그녀의 말이 옳다고 생각하자 기꺼이 입장을 바꿔 여인의 딸을 치유한다. 아시아 여성을 위한 목회상담가의 모델로서 예수는 자신의 연약함과 무지를 기꺼이 노출하고, 기꺼이 반응하며, 기꺼이 변화했다. 마찬가지로 아시아 여성을 위한 목회상담가는 전문성을 주장하고, 자신의 방식을 주입하는 대신 아시아 여성의 복잡하고 다양함에 무지했던 자신을 인정하고, 합리적 반박을 기꺼이 받아들여 변화해야 한다.

목회상담가로서 예수는 다음의 몇 가지 부분에서도 매우 효과적이었다. 먼저 예수는 안전한 환경을 제공함으로써 여인들이 감정이나 원하는 바를 적극적으로 시도할 수 있도록 도와주었다. 대상 관계 이론은 충분히 좋은 엄마에 의한 안전한 환경 제공을 내담자의 문제 해결의 매우 주요한 요소로 본다(위니캇, 1997: 177). 마찬가지로 예수는 여인들이 마음껏 비난하고, 만지고, 분노하고, 논박할 수 있는 안전한 환경을 제공했다. 또한 대상 관계 이론은 내담자의 공격성에도 불구하고 그 자리에 남아주는 어머니/목회상담가의 역할이 있어야 내담자의 왜곡되고, 두려워하는 자아가 통합됨을 경험할 수 있다고 한다(위니캇, 1997: 140-152). 혈루증을 앓던 여인은 병이 낫기를 소원하면서 담대히 예수를 만졌지만, 한편으로는 자신과 예수의 멸절을 두려워하며 떨고 있었다. 그러나 예수는 여인의 공격에도 불구하고 오히려 여인의 행동이 정당하다며 사회와 이웃 앞에서 감싸 안았다. 수로보니게 여인에 대해서도 예수는 그녀의 격렬한 분노와 신랄한 비판에도 변함없이 살아남아 여인을 긍정했다.

아시아 여성을 위한 목회상담의 공간

예수와 두 여인의 치유가 일어난 곳을 아시아 여성을 위한 목회상담의 공간으로 볼 때, 이 공간은 무엇보다도 놀이의 공간이라 할 수 있다. 놀이는 대상 관계 이론에서 억압되었고, 위축된 거짓 자아가 내면의 진실과 외면의 진실 사이에서 진정한 자신을 발견하게 해주는 매우 중요한 공간이다. 이 공간에서 내담자는 기존의 이데올로기, 삶의 방식, 도덕적 규약 등에서 벗어나 자유롭게 행위하고 자유롭게 자신의 내면을 표현하며, 이에 대한 어떤 정죄 의식이나 죄책감을 가지지 않도록 인도된다(위니캇, 1997: 67, 88, 107). 본문의 현장은 여인들이 자신의 내면의 욕구에 정직하게 반응하여 그 어떤 행동과 말을 해도 좋은 놀이의 공간이었다. 가부장적 사회와 문화 속에서 소외되고 차별받고 경직되었던 여인들은 한껏 예수를 만지고, 놀고, 공격하고, 분노했다. 예수 역시 힘을 잃고, 공격당하고, 격노하고, 욕하는가 하면 또 치유했다. 두 여인과 예수 모두에게 있어 그들 만남의 공간은 상호 놀이하는, 서로 노는 공간이었다.

그렇기 때문에 예수와 두 여인이 만났던 상담의 공간은 내부적으로는 상담자와 내담자의 경계가 깨지는 공간이었다. 전통적인 상담에서 내담자 내면의 역동을 파악하기 위해 상담가의 개인적 면모는 철저히 통제되고 은폐된다. 아시아인과 전통 상담가의 만남에서도 상호 내면의 인격적 만남보다는 문제 해결에 치중한다(Sue & Sue, 1990: 198; 수·수, 2011: 195). 그러나 이 여인들과 예수의 만남은 내담자뿐 아니라 상담자 내면의 복잡한 차이와 다원성이 노출되고 경합하는 장소였다. 예수와 만남은 그 내면에 있어 여성/남성, 메시아/죄인, 유대인/이방인, 가난한 이들의 친구/상류층 여인, 순수 정결함의 절정/말로 담기에도 더럽고 오염된 사람들의 대면이었다. 그러나 신랄한 감정의 교류와 접촉 속에서 이들의 경직된 경계가 깨지고 만져지고, 교류하며 혼합된 자아, 새로운 자아가 창조되었다. 이들의 격렬한 만남은 비평을 위한 비평으로서의 대면이 아닌 진정한 관계 회복을 위한 자기-긍정적 대결이며 경쟁이었기에 치유가 가능했다(Rebera, 2001: 108).

아시아 여성을 위한 목회상담의 모델로서 매우 주요한 면모는 이들의 만남의 공간이 또한 상호 치유의 공간이었다는 것이다. 일반적으로 상담은 상담가의 여러 기술과 인격적 작용을 통한 내담자의 치유에 집중하는 일방적인 것이었다. 수정된 접근에서 내담자와의 만남을 통한 내담자의 변화가 언급되기도 하지만, 대체로 내담자의 치유를 돕는 선에서 절제되었다. 그러나 이 두 이야기에서 일어난 것은 상담가와 내담자 모두의 적극적 치유 경험이었다. 상담가로서 예수는 혈루증 여인의 문제를 치유했고, 혈루증 여인은 가부장적 사회에서 왜곡된 힘을 가지고 있던 예수의 치유에 공헌했다. 그래서 여인과 예수는 모두 치유자이며 치유받은 자가 된다(Brock, 1993: 83-84; Tan, 2002: 39). 수로보니게 여인의 이야기에서도 마찬가지다. 수로보니게 여성과 예수는 서로 다른 문화, 신앙, 성 정체성을 가진다. 그리고 이들은 각기의 정체성을 근거로 서로에게 도전했다. 그러나 이들의 도전은 서로에 대한 통제가 아니라 이해를 위한 것이었다. 그리하여 예수는 여인의 딸을 낫게 했고, 여인은 예수에게 이방인에 대한 선교 혹은 치유의 사명을 인식하게 했다.

마지막으로 이들 여인들과 예수의 만남은 여성의 감정과 욕망을 자원으로 활용하는 공간이었다. 여성의 분노와 공격성을 예로 들 수 있다. 일반적으로 신학과 심리학적 전통에서 여성의 분노는 병리적이거나 죄로 이해되어 억압되었다. 그러나 최근에는 분노에 대한 다양한 신학적 심리학적 접근이 시도되며, 분노나 공격성의 문제는 억압되어야 하는 것이 아니라 잘 표현해야 하는 것으로 본다. 혈루증을 앓던 여인은 오랜 시간 가진 돈을 다 써버릴 정도로 병에 대한 사회적 정죄와 아픔에 분노하고 고통했을 것이다. 그러나 끝까지 분노를 억압하지 않고 귀 기울이며 해결을 모색했을 때 마침내 예수를 통한 온전한 치유를 경험할 수 있었다(Tan, 2002: 38-39). 수로보니게 여인 역시 딸의 병에 대한 사회의 대우와 처분에 매우 화가 나 있었다. 그래서 사회의 비난과 혹평에도 아랑곳하지 않고 큰 소리를 지르며 자신의 문제를 들어달라고 미친 사람처럼 외쳤다. 마가와 같은 내용을 담고 있는 마태복음 15장 21절-28절에서 이 여인은 예수 앞에 와서 보다 적극적으로 소리 질러 자신을 표현한다. 마태에서는 여인이 소리를 질러 예수를 부르고, 예수가 응답하지 않자 다시 크게 외치는 장면이 나온다. 이와 같이 아시아 여성을 위한 목회상담은 여성의 분노나 공격성뿐 아니라 다양한 감정과 욕망을 적극적이고 구체적으로 활용하는 공간이 되어야 할 것이다.

* * *

이 장에서 아시아 여성을 위한 목회상담의 성서적 메타포를 찾는 작업을 했다. 먼저 아시아 여성 및 여성 내담자 경험을 이해하는 데 있어 중심적인 문제를 고찰한 후 성서의 혈루증을 앓는 여인과 수로보니게 여인의 경험을 많은 아시아 여성들이 고민하고 있는 문제와 연결시켜 보았다. 그리고 나서, 이들 이야기를 중심으로 아시아 여성을 위한 목회상담의 여러 문제에 관심했다. 즉, 아시아 여성 내담자의 모델로서 혈루증을 앓는 여인과 수로보니게 여인을 문제를 가졌으되, 스스로 문제 해결의 방안을 모색할 줄 아는 주도적인 내담자로 이해했다. 아시아 여성주의 목회상담의 상담자의 모델로서 예수는 권위적인 상담가라기보다 자신과 다른 내담자의 차이에 대한 무지를 인정하고 변화할 수 있는 상담가, 내담자에게 안전한 장소를 제공해주는 상담가, 내담자의 공격에도 떠나지 않고 '살아남아주는' 상담가로 이해했다. 또한 아시아 목회상담의 현장은 놀이의 공간이자 다양한 정체성의 경합의 공간, 상호치유의 공간, 또 여성의 분노와 공격성을 활용하는 공간으로 이해했다.

이와 같은 이해는 백인 여성주의 목회신학자들을 중심으로 한 성서적 메타포 연구에 새로운 자극을 주는 하나의 접근이라고 할 수 있다. 위의 성서적 메타포가 아시아 여성을 위한 목회상담의 하나의 전형적이고 유일한 것은 아니며, 상담 현장에서 위압적으로 사용되어서도 안 된다고 생각한다. 다만, 현재까지 연구해오던 아시아인에 대한 상담, 또 아시아 여성에 대한 상담적 입장에 균열을 내어, 아시아 여성 목회상담에 대한 다각도의 접촉과 관찰을 가능케 하는 하나의 자원이 되었으면 한다. 그렇기 때문에, 이 장은 새로운 시대를 살아가고, 새로운 관점에서 아시아 여성의 경험을 살펴보는 다양한 목회상담에서의 비판과 작업에 열려 있다. 보다 많은 아시아 여성들이 목회상담의 다양한 논의와 실제에 개입되며 아시아 여성을 위한 다각도의 치유와 회복을 논하게 되었으면 한다.

3부

젠더 문화와 목회상담

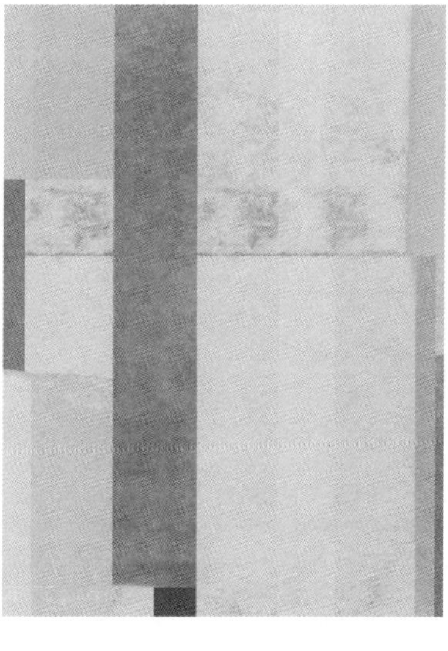

9장

주체로 부활하는 한 맺힌 여성 조상

:: 여성주의 원형 이론과의 만남 ::

여성주의 관점에서 기독교를 연구하는 대부분의 한국 신학자들은 전공을 막론하고 기독교와 한국 문화 속 '한 맺힌 여성 조상(han-ridden fore-mothers or fore-sisters)'에 많은 관심을 표명한다. 이들은 전통 신학이 오랜 가부장제의 영향 속에 서구 중산층 남성의 관점과 경험을 기초로 형성되었다고 비판하고, 전통 신학에서 배제된 다양한 사회적 약자의 관점, 특히 피해자 중 피해자인 한 맺힌 여성의 관점에서 하나님, 인간, 세계를 새롭게 논의하고자 한다. 그리하여 한국 문화와 기독교 문화 속 피해자였던 한 맺힌 여성 조상의 삶과 경험을 다양한 방식으로 재건하여 기독교 신학의 새 주체로 위치지우고자 한다(최만자, 2001: 295-303).[1]

그런데 한 맺힌 여성 조상은 진정 생산적 주체로 부활할 수 있는가?

한 맺힌 여성 조상을 주체로 부활시키고자 하는 기존 연구는 주로 이들이 기독교와 한국 문화에서 얼마나 피해 입었는지, 즉 얼마나 겹겹이 고통당했고, 얼마나 한이 맺혔고, 얼마나 오래 잊혀져왔는지에 집중한다. 가령, 한국 문화와 기독교의 민중 여성, 빈민 여성, 군 위안부, 기지촌 여성뿐 아니라 성서의 다말, 하갈, 입다의 딸 등의 피맺힌 한을 낱낱이 드러내는 데 관심한다(김혜원, 1993: 84-87; 임희숙, 2005: 195-217; 윤소정, 2010: 99-119). 그리하여 이들 한 맺힌 여성 조상들을 한국 문화와 기독교 문화의 지독한 가부장성을 고발하는 주체로, 또 이들을 배제해온 공동체의 주체로 '재가입(re-member)'시키고자 한다. 만약 여기서 한 걸음 더 나아가 이들을 현재도 살아 움직이며 생명을 잉태하는 주체로 재현시킬 수 있다면 이보다 더 바람직한 것은 없을 것이다.

이 장은 바로 위의 문제에 관심하여 한국 문화와 기독교 문화 속 한 맺힌 여성 조상을 현대 한국 교회 여성 치유의 생산적 주체로 재건시키는 방안을 여성주의 목회상담 관점에서 연구한다. 여성주의자 진 볼린(Jean Bolen)은 그리스 신화에 나오는 일곱 여성 조상신을 현대 여성의 무한한 변화와 가능성의 기초로 삼는 상담 방안을 제안한다(Bolen, 1984: 377). 그러나 오랜 가부장제 역사 속에는 특별한 재능과 힘을 소유한 여성 조상보다 심하게 학대당하고 철저히 침묵 당해온 한 맺힌 여성 조상이 비교할 수 없이 더 많다. 따라서 이런 수천, 수백만의 한 맺힌 여성 조상으로부터 현대 한국 교회 여성 치유와 변혁의 에너지를 얻을 수 있다면, 생존과 치유를 향한 현대 교회 여성의 노력은 더욱 확고하고 단

---

1 '한(恨)' 맺힌 여성은 한국의 오랜 수탈 속 다중적 피해를 경험하는 한국 민중 여성을 지칭하기도 하지만, 보다 확대하여 성서 및 다양한 문화적 배경에서의 피해자 경험을 통칭하기도 한다. 여기서는 두 경우를 혼용한다.

단한 기반을 갖게 될 것이다.

이 장은 먼저 한 맺힌 여성 조상에 대한 기억 중 치유를 경험한 교회 여성의 사례를 분석하고 한 맺힌 여성 조상의 의식적, 무의식적 재현의 의미를 고찰한 후, 여성주의 원형 이론(feminist archetypal theory)과의 대화를 통해 한 맺힌 여성 조상을 한국 교회 여성 치유의 주체로 부활시키는 구체적 방안을 모색한다. 이를 통해 한 맺힌 여성 조상을 현대 한국 교회 여성의 삶과 치유에 적극적으로 공헌하고 참여하는 상호 주체적 존재로 부활시킨다. 여성주의 상담과 목회상담에서 여성의 치유를 위해 주로 사용한 이론은 인지 행동 치료, 이야기 치료, 사이코드라마 등이다(워렐·리머, 2004: 145-183). 이들 이론이 주로 여성의 의식적, 언어적, 행동적 경험과 변화에 관심한 것과 달리, 이 장에서는 여성의 무의식적·비언어적·잠재적 경험에 주목하여 한 맺힌 여성 조상을 여성 치유의 주체이자 자원으로 재발견하고자 한다.

1. 군 위안부, 레위인의 첩과의 치유적 조우

여성을 억압하는 수천, 수만 년 역사 속에서 여성의 경험은 훼손되고 왜곡되거나 아예 없어져왔다. 따라서 여성주의자들의 주장처럼, 여성의 다양한 치유 경험을 발굴하기 위해서는 여성의 의식적 경험뿐 아니라 꿈, 환상, 상상과 같은 무의식적 경험에도 관심해야 한다(Lauter & Rupprecht, 1985: 222). 한국과 기독교 역사 속 피해자 중 피해자, 한 맺힌 여성 조상의 경험은 한국 문화와 기독교 문화에서 더욱 배제되고 억압되어 의식적 재구성이 매우 어렵다. 이에 한국 교회 여성 A의 무의식적 경험 성찰을 통해 한 맺힌 여성 조상과 치유 문제를 고찰해보도록 하겠다.

60대 초반의 교회 권사 A는 오랜 시간이 지났지만 아직도 생생하게 기억하는 일이 있다. 어머니 쪽은 3대째 신앙을 물려받은 독실한 신앙인이었지만, 음주와 실직을 반복하는 아버지 탓에 A의 가정은 어린 시절 매우 가난했다. 그래서 A는 겨우 야간 고등학교를 졸업하고 고향에서 미용실 보조로 일하던 중, 우연히 알게 된 선교사의 도움으로 외국 유학을 떠났다. 하지만 아무리 열심히 해도 따라갈 수 없는 언어, 쪼들리는 생활비, 슬럼가 반지하살이로 A는 심한 좌절과 공포, 외로움 가득한 생활을 겨우겨우 이어갔다. 그러던 어느 날, 타향에서 조금이나마 의지했던 옆집 외국인 친구가 무참히 살해되었다. A는 더 이상 견딜 수 없는 공포와 두려움 속에 자신도 소멸되었으면 하는 생각까지 하게 되었다.

그때 A를 버티게 하고 지탱해준 것이 바로 어느 날 밤 꿈에 나타난 여성 조상이었다. A는 그날도 매우 힘겨워하다 쓰러져 잠이 들었는데 꿈에서 매우 흉측한 여성을 보았다. 그 여성은 저만치에서 온몸을 유린당한 듯 처참한 몰골로 죽어가고 있었다. A는 소스라치게 놀라 꿈에서 깨어나 곰곰이 생각하다 그 여성이 2차 세계대전 중 성폭행당해 죽은 군 위안부 같다고 생각했고 동시에 왜 군 위안부 여성이 자신에게 나타났을까 질문했다. 그러다 우연히 마음으로 그 여성을 따라가던 중 그 여성이 숙을 힘을 다해 자신을 향해 손을 뻗치며 "내가 너를 대신해 죽었다, 너는 반드시 힘을 내어 살아야 한다!(I died for you, You must survive!)"라고 말하는 것 같이 느꼈다. A는 이상해하면서도 한국의 어머니들이 처참하게 죽어가는 와중에도 배후에서 목숨을 다해 자신을 응원하는구나 생각하며 용기를 냈다. 마침내 A는 성공적으로 유학 생활을 마치고 귀국해 성공한 사업가가 되었다.

최근 A는 노년을 의미 있게 마감하고자 신학 대학에 진학해 수업을 들으며 오래전 꿈속 여성에 대해 다시 생각하게 되었다. 오랫동안 A는 그 여성이 어릴 적 어머니께 간혹 들었던 군 위안부라 생각했다. 그런데 우연히 수업 중 사사기 19장을 읽으며 그 여성이 동네 무뢰한에게 밤새 유린당하고 버려진 '레위인의 첩'이기도 했다는 생각이 강력히 들었다. 떠지지도 않는 눈을 겨우 뜨려 하며 자신을 향해 뻗은 그 여성의 손이, 죽어가면서 문지방을 향해 손을 뻗은 레위인의 첩과 묘하게 중첩되었던 것이다. A는 자기와 아무런 관련이 없는 군 위안부, 그리고 생전 처음 읽은 레위인의 첩이 어떻게 자기 꿈에 나타났고, 자신은 또 왜 그들을 보며 용기와 힘을 얻었나 고민했다.[2]

A가 꿈속 여성이라 믿어온 군 위안부는 누구인가? 군 위안부는 제2차 세계대전 중 전쟁터 일본 군인들의 성욕을 채우기 위해 강제로 동원된 한국 근대 최고의 한 맺힌 여성 피해자이다(심영희, 2000: 121). 일본은 19세기 말부터 20세기 중반까지 한국을 비롯한 아시아 전체를 식민화하고자 했다. 그래서 전쟁터에 있는 일본군 사기를 진작시키고, 강간에 의한 점령지 주민의 반발을 불식시키고자 1930년대 중반부터 전쟁이 끝나는 1945년까지 전쟁터에 '군 위안소'를 지었다. 10~20만 명에 이르는 여성이 일본 전선으로 끌려가 강제로 성노예 생활을 했다. 이때 동원된 여성 중 80퍼센트 가량이 열한 살부터 스물일곱 살 사이의 한국 소녀·한국 여성이었다. 일본은 취업을 미끼로 한 사기, 협박, 납치 등을 통해 한국 여성을 강제로 동원하여 일본군의 성노예로 썼던 것이다.

---

2 위의 사례는 실제 사례에 근거했으나, 이름, 나이, 상황 등을 전면 재구성했다.

위안소에서 이들 군 위안부의 삶은 그야말로 처참함 그 자체였다(Chung, 2010: 483-494). 일본군 위안소는 중국, 베트남, 라오스, 캄보디아, 태국, 미얀마, 필리핀, 인도네시아, 태평양 국가 등 일본군 점령지에 있었다. 이곳에서 군 위안부들은 더러운 판잣집 작은 방에 동물처럼 갇혀 주중에는 하루에 20-30명, 주말과 공휴일에는 40-50명의 일본 군인을 상대해야 했다. 이를 거부하는 경우, 구타와 전기 충격 및 고문을 당했고, 심한 경우에는 총살당하기도 했다. 군 위안부들은 이곳에서 '황군을 위해 봉사하는' 소모품, 혹은 '공중변소' 등으로 불리며 온갖 비인간적 행위를 당하고 수치와 공포에 떨어야 했다.

그러나 세계대전이 끝나고 일본이 패망한 후, 그리고 현재까지도 이들 군 위안부의 고통은 여전히 현재 진행형이다(심영희, 2000: 121; 양현아, 2006: 143-160; 손영미·조원일, 2009). 2차 세계대전 후 살아남은 군 위안부는 전체의 20퍼센트 가량이었다. 대부분의 군 위안부는 버려져 굶어 죽거나, 일본군에 의해 살해당하거나, 일본군과 함께 소위 '영광의 죽음'을 강요당했다. 한국으로 돌아오는 배를 탄 여성들은 스스로를 '버려졌다'고 생각해 바다에 몸을 던져 자살하기도 했고, 무사히 귀환했어도 따돌림을 당하지 않기 위해 군 위안부 피해 사실에 대해 침묵해야 했다. 또 군 위안부 생활로 인한 성병, 불임과 같은 많은 신체적 고통과 정신적, 사회적 상처가 있음에도 오랜 세월 전혀 도움받지 못하고 행상이나 가사 도우미, 술집 종업원, 서비스직을 전전하며 가난하게 살아왔다. 군 위안부에 대한 한국 사회의 관심이 최근에서야 비로소 시작되었으나, 이들 군 위안부들은 여전히 일본 정부의 진정성 있는 사과를 받지 못하고 있다.

그럼, 사사기 19장 레위인의 첩은 누구인가? 레위인의 첩은 유다 베

들레헴에 살던 레위인이 들인 첩인데 어느 날 화가 나 친정으로 돌아갔다. 레위인은 그녀의 친정에서 그녀를 집으로 데리고 오다 날이 저물어 기부아 지역에 있는 한 노인 집에 머물렀다. 그런데 마을의 불량배들이 노인 집을 에워싸고 손님과 관계하겠다고 했고, 노인은 손님 대신 처녀인 자기 딸과 레위인의 첩을 대신 주겠다고 했다. 불량배들이 이를 거절하며 실랑이가 계속되자, 레위인은 첩을 끌어내 불량배들에게 넘겼고 불량배들은 그녀를 밤새 능욕한 후 새벽 미명에 놓아주었다. 레위인의 첩은 동틀 때가 되어서야 겨우 노인 집에 도착해 쓰러져 밝을 때까지 손을 문지방에 걸친 채 엎드려 있었다. 레위인이 일어나 이를 보고 첩을 향해 떠나자 했으나 말이 없자 레위인은 첩을 나귀에 싣고 고향으로 돌아가 칼로 첩을 열두 덩이로 나눠 이스라엘 열두 부족에 보낸 후 전쟁을 선포했다. 이처럼 사사기 19장에 있는 레위인의 첩은 가정불화, 성폭력, 동성 관계, 근친 살해, 토막 살인, 전쟁과 연결된 성서 속 최고로 끔찍한 한 맺힌 피해자이다.

하지만 유대-기독교 전통은 레위인의 첩 관점에서 이 이야기에 관심한 적이 거의 없었다(Thompson, 2001: 186-187). 초기 유대 해석가 위-필로는 첩이 남편에게 죄를 지었기 때문에, 남편이 첩을 폭도들에게 넘겼다 해도 문제가 안 된다고 했다. 요세푸스는 레위인이 아름다운 첩을 짝사랑하여 첩과 화해하기 위해 친정으로 갔다는 데 초점을 맞추었다. 그래서 레위인이 성폭행당한 후 쓰러져 깊은 잠에 빠진 첩을 일으켜 세우는 모습을 추가하기도 했다. 그런가 하면 기독교 교부들은 이 이야기를 창세기 19장, 즉 룻이 천사 손님을 지키기 위해 자기 딸을 내어준 이야기와 연결시켰다(Schroeder, 2007: 9). 그래서 엉뚱하게도 집주인으로서 손님을 지키는 것이 옳은지, 아버지로서 딸을 지키는 것이 옳은지를

'환대(hospitality)'의 관점에서 논의했다. 또 동성 간 성범죄가 이성 간 성범죄보다 더 큰 죄이므로, 불량배들이 덜 심각한 죄를 저지르게 하기 위해 여성을 내어준 것이라고 하기도 했다. 그리스 번역인 70인역에 무지했던 펠리칸, 브렌트, 부처 같은 종교 개혁자들은 한술 더 떠 간음한 레위인의 첩을 왜 돌로 쳐 죽이지 않았는가 분노하거나, 레위인의 첩이 남편의 벌을 벗어날 수는 있어도 하나님의 벌을 벗어날 수 없었다고 설명하기도 했다(Thompson, 2001: 206-209).

하지만 존 톰슨(John Thompson)이 지적하듯 이 이야기 해석의 가장 큰 특징은 무엇과도 비교할 수 없는 '오랜 침묵'이다(Thompson, 2001: 217). 요세푸스와 위-필로를 제외하고 유대 주석가 거의 전부가 이 레위인의 첩 이야기에 아무런 설명도 하지 않았다. 기독교 주석가도 마찬가지로, 사사기를 주석할 때 이 이야기를 언급한 경우가 거의 없고, 혹 언급할 때에도 직접적인 내용과는 아주 동떨어진 해석을 달았다. 그런가 하면, 기독교 성서 해석에 지대한 영향을 미친 어거스틴도 이 이야기를 적절한 방식으로 논하지 않았다. 그래서 어거스틴을 따른 기독교 대부분의 중세 해석가 역시 레위인의 첩에 대한 성폭력과 그 결과에 대해 전혀 언급하지 않았다. 최근에서야 여성 신학자들이 유대-기독교의 오랜 침묵을 깨고 비로소 이 이야기의 끔찍함과 폭력성을 고발하기 시작했다(엑숨, 2001: 229-232; James Kyung-Jin Lee, 2010: 5).[3] 확실한 것은 유대-기독교는 레위인의 첩에 대한 이 끔씩한 폭력에 대해 수천 년 동안 아무런 동정과 관심도 보이지 않았다는 것이다.

3 제임스 리는 레위인의 첩 이야기가 여전히 현재에도 진행 중인 이야기임을 한국계 미국인 여성 예술가이자 작가인 차학경의 끔찍한 죽음과 연결시켜 해석한다. 차학경은 그의 첫 저작, 『딕테Dictee』의 발간을 며칠 앞두고 뉴욕에서 성폭력 당한 후 끔찍하게 살해당했다.

그런데 이 레위인의 첩이나 군 위안부가 바로 한국 교회 여성 A 내면의 집단 무의식이자 원형이었다. 분석 심리학자 칼 융은 인간의 무의식에는 개개인의 독특한 삶의 경험에 기초해 구성되는 개인 무의식뿐 아니라 개인의 삶의 경험을 넘어서 역사와 문화를 통해 선조로부터 물려받은 집단 무의식이 있다고 한다. 원형(archetype)은 집단 무의식의 대표적인 예로 인류가 역사적으로 물려받은 정신적 소양의 상징적 표상이자 집단 구성원의 보편적 정서와 감정의 표상이다(융, 2002: 156). 레위인의 첩과 군 위안부는 기독교 문화와 한국 문화 속 가장 가혹하고 끔찍하고 무고하고 원통하게 죽은 한 맺힌 여성 조상이라는 공통점을 가지고 있다(이영미, 2015: 116). 외국 유학 생활에서 관계적으로, 경제적으로, 정서적으로 피폐해 있던 A는 한국 여성이자 교회 여성이었다. 그런 A에게 나타난 군 위안부는 한국 여성으로서 A의 집단 무의식에 내재한 한 맺힌 여성 조상의 원형이었고, 레위인의 첩은 기독 여성으로서 A의 집단 무의식에 내재한 또 하나의 한 맺힌 여성 조상의 원형이었다. A는 바로 이들 한 맺힌 여성 조상의 중첩된 기억 속에 용기를 얻고 위로받으며 힘든 삶의 고비를 이겨내고 치유를 경험한 것이다.

2. 한 맺힌 여성 조상 기억의 의미

유대 전통에서 기억한다는 것은 시공간적으로 동떨어진 세대에게 이전의 사건과 경험을 실재화해서 위대한 구원의 행위와 만날 수 있도록 하는 것이다(차일즈, 2005: 113). 한국 문화와 기독교 문화 속 한 맺힌 여성 조상인 군 위안부와 레위인의 첩은 A의 무의식적 기억을 통해 끈속에서 재현되었다. 영웅이 아닌 한 맺힌 여성 조상에 대한 의식적, 혹은 무의식적 기억이 살아 있는 자의 구원 혹은 치유에 영향을 미칠 수 있는 것인가?

한 맺힌 자들은 누구인가? 최영실은 오랜 억압의 역사 속에서 한국에는 한 맺힌 사람들이 만연하여 작은 한반도에 한 맺힌 원귀들이 가득 차 있는 것 같다고 한다(최영실, 2008: 232). 한국은 주변 강대국의 빈번한 외침, 지독한 남존여비 사상, 또 인구 3분의 1을 노비로 삼았던 배경 속에 수없이 많은 사람들이 철저히 대상화되고 무고하게 죽었다. 다층적 폭력 속에 앙갚음해야 할 대상조차 파악할 수 없어 홀로 오장육부를 쥐어짜는 듯한 고통을 느끼다 죽은 사람들이 많은데, 이들이 바로 한 맺힌 사람들이다. 지배 세력의 끝없는 탐욕에 의해 죄 없이 억압당하고 이유 없이 목숨을 잃은 자들, 또 부정의한 현실에서 회한, 무력, 유기의 감정을 동반한 끝없는 실존의 아픔을 느끼는 자들이 바로 한 맺힌 사람인 것이다. 앤드류 박(Andrew Sung Park)을 비롯한 몇몇 학자들은 또한 한국인뿐 아니라 다층적 억압 속 피해자 중 피해자로서의 삶을 산 세계와 성서의 다양한 사람들, 즉 겹겹한 노예 생활을 거쳐 학대당한 미국의 흑인들, 수천 년 억압과 홀로코스트 속 무고하게 학살당한 유대인, 아동 학대 및 성 학대 피해자들도 한 맺힌 자라 지칭한다(Park, 1993: 22-30).

여성을 포함하여 한 맺힌 자들에 대한 기억을 매우 중요시하는 것이 바로 한국 무교이다. 한국의 무교는 한국 문화 형성의 초창기, 즉 단군 시대부터 지금까지 한국인의 무의식에 깊이 뿌리박혀 한국인의 정신세계에 많은 영향력을 발휘해왔다. 그런데 한국 무교에서 섬기고 기억하는 많은 신들은 한 맺힌 삶 속에서 억울하게 죽어간 자들이다. 한국 무교의 신은 대체로 자연계의 사물이나 현상을 의인화한 것으로 천신, 지신, 인신, 잡귀, 일월성신이 있다. 인신의 60퍼센트가 조상신령으로 순조롭게 살다 죽은 조령뿐 아니라 객사 같이 사연을 가지고 죽은 원령이다. 예를 들면, 고려에 충절을 바치다 억울하게 죽어간 최영 장군이나 서자로서 왕이 되어 끔찍하게 죽임을 당한 연산군과 광해군, 고려 때 몽고로 끌려간 처녀들의 수호신 등이다. 한국 무교는 죽은 사람이면 누구나 기억의 대상으로 삼지만, 특히 매우 불행하게 죽은 사람, 억울하게 죽은 사람일수록 더욱 신으로 섬겨 기억한다(최준식, 1994: 183).

한국 무교에서 한 맺힌 이들을 기억하는 주요 이유는 죽은 자들의 한풀이를 위해서이다. 한국 무교의 주요 행사인 굿은 크게 재수굿과 오구굿으로 나뉜다. 재수굿은 단골무당이 집안을 위해 정기적으로 하거나, 문제가 있을 때 행한다. 무교는 인간의 생사화복이나 흥망성쇠가 인간 자신의 노력보다 신령들에 의해 좌우된다고 믿는다. 그래서 재수굿을 통해 신령을 달래거나 설득해 그들의 한이나 노여움을 풀어주려 한다. 그런가 하면, 오구굿은 억울한 죽음, 혹은 한 맺힌 죽음의 대상자를 안전하게 저승 세계로 도착하게 해준다고 해서 한다. 무교는 죽어서 저승 안착까지의 중간 기간을 부정하고 위험한 것으로 본다. 이 기간 영혼은 이승에 대한 강한 집착 때문에 살아 있는 가족에 해를 끼칠 수 있다는 것이다. 그래서 굿을 통해 영혼의 한을 풀어주어 삶에서 죽음으로 안전하게 옮겨주는 것을 목적으로 한다(최준식, 1994: 183).

한편, 한 맺힌 자에 대한 기억은 살아 있는 자와 공동체를 위해서라는 입장도 있다. 김혜령에 의하면, 기억은 잊히고 사라진 과거의 일과 경험을 현재 우리 앞에 재현할 수 있는 유일한 방법이다(김혜령, 2015: 47-51). 그런데 기억은 저절로 떠오르기보다 애써 더듬어 찾아내야 하는 경우도 많다. 특별히 끔찍한 참사와 사회의 부정의로 인해 억울하게 죽은 자들에 대한 기억은 그 책임을 면하고자 하는 지배 세력에 의해 끊임없이 교활한 방법으로 망각되어왔다. 때문에 다양한 역사 교육, 박물관, 기념물과 기념일, 연구소와 학술제 등을 통해 망각의 유혹에서 벗어나려고 애써야 한다. 그녀에 의하면, 이같이 원통한 자에 대한 기억, 한 맺힌 자에 대한 기억은 결국 살아남은 이와 살아남은 자들의 공동체를 바로 세우는 데 도움을 준다. 한 맺힌 자들에 대한 언저리 기억의 복원이야말로 공식화된 역사의 잘못을 지적하고 수정을 요구하는 근거가 되기 때문에 살아 있는 자들을 위한 공정한 사회 실현에 이바지한다는 것이다.

김은혜 역시 학살, 전쟁, 고통으로 인해 한 맺힌 이들에 대한 기억은 살아남은 자와 살아남은 공동체의 바람직한 현재 정체성 형성을 위해서 존재한다고 한다(김은혜, 2015: 155, 157, 161-162). 그녀의 의하면, 한 맺히게 고통받고 억울하게 죽은 자들에게 필요한 것은 공감이나 연민이 아니라 바른 기억이다. 불의한 상황에서 무고하게 희생된 한 맺힌 이들에 대한 공감은 인간의 상황을 쉽게 수용하게 하거나, 자신의 잘못이 아니라고 생각하게 할 수 있다. 때문에 역사 속에서 일어난 수많은 고통을 망각하지 않고 바르게 기억해내어 진실을 마주하는 것이 동일한 고통을 반복하지 않게 하고, 더 나은 세상에 대한 희망을 만들어내게 한다. 또한 기억한다는 것(remembering)은 공동체 구성원으로 재-회원화하는 것(re-membering)으로, 기억하기와 재구성하기를 통해 현재 공동체가 다시 구성된다. 그러므로 한 맺힌 자를 기억하고 이들의 고통에 참여하고 연대하는 것은 공동체의 도덕적 무감각을 각성시켜 이상적 가치를 지향하는 공동체를 형성하는 것이다.

한 맺힌 조상 기억에 대한 마지막 입장은 '영적 연대(spiritual connection)'가 사실상 죽은 사람들과 살아 있는 사람 모두를 위한 것임을 강조하는 것이다. 한국의 현대사는 무죄한 자들의 억울한 죽음으로 점철되어 있다(이병학, 2002: 83, 101). 이들은 2차 세계대전 중 일본군에 의해 집단 강간당하고 전쟁터에 버려지거나 죽임당한 어린 여성들, 한국전쟁 중에 학살된 수많은 희생자들, 독재와 억압에 분신으로 항거하다 죽은 노동자들, 몸을 농락당하고 미군에 살해당한 매춘 여성들, 광주항쟁의 희생자들, 그리고 군사정부시대에 의문사 당한 사람들이다. 그는 누가복음 13장 1-9절의 무고한 자들의 불의한 죽음에 대해 성찰하며 동족의 억울한 죽음을 망각하거나 냉담하게 취급하는 유대 백성들을 향해 질타하는 예수에 주목한다. 이 본문 속 예수는 대화 상대자들에게 억울한 죽임을 당한 희생자들을 기억하도록 회상시킨다. 즉, 식민 백성을 노예로 삼기 위해 지배자들이 조장하는 망각의 문화를 비판하고, 죽은 약자들의 고통과 희망을 회상하는 기억의 문화를 강조한다.

그런데 이같이 무고하고 억울하게 죽어 한 맺힌 자들에 대한 기억은 살아 있는 자와 죽은 자 모두를 위한 것이다(이병학, 2002: 101-102). 한 맺힌 이들의 죽음을 기억하는 하나의 방법은 그들의 고난을 망각하며 불의를 저지르는 억압자들과 연대하는 것이고, 다른 하나는 그들의 고난을 기억하며 억울하게 죽은 자, 패배자들과 함께 연대적인 공동체를 형성하는 것이다. 예수가 촉구한 회개는 망각을 조장하는 죽음 문화에 맞서 한 맺혀 죽은 자들에 대한 기억의 문화를 만드는 것이다. 이를 통해 한 맺혀 죽은 자가 현실에 다시 살아날 수 있는 것은 아니지만, 고난과 죽음에 대한 기억 속에 죽은 자들은 산 자와 함께 연대할 수 있다. 즉, 살아 있는 자들은 한 맺혀 죽은 자들과의 영적 연대 속에 지배자들의 잘못된 이데올로기에 의심을 품고, 죽은 자들이 이루지 못한 희망과 꿈을 다시 요구할 수 있게 된다. 한 맺힌 자들에 대한 기억은 살아 있는 자들이 정의를 향한 해방 투쟁에 과감하고 적극적으로 참여하게 한다. 이는 살아 있는 자들을 위한 것일 뿐 아니라 죽은 자들을 위한 것이기도 하다. 살아 있는 자들이 한 맺혀 죽은 자들의 울부짖음을 듣고, 현실 속에서 그들과 정신적으로 연대할 때, 영적으로 죽은 사람들과 산 사람들은 함께 살고 행동하는 것이기 때문이다.

케쉬게기안도 독특한 문화적 경험 속에 억울하게 죽고 한 맺혀 죽은 이들에 대한 기억은 산 자와 죽은 자 모두를 위한 것임을 강조한다(이병학, 2002: 175). 터키에 의해 대량 학살을 경험한 아르메니아 후손인 그녀에 따르면, 지배 세력의 불의 속에 죽어간 예수의 한 맺힌 십자가 죽음은 죽음으로 끝나지 않았다. 오히려 예수의 한 맺힌 십자가 죽음은 기억을 통해 악과 고통, 죽음이 마지막 단어가 아니라는 것과 죽음과 고통을 넘어 삶에 대해 이야기할 것을 지시한다. 따라서 무고하게 당하고 한 맺혀 죽은 예수는 단지 피해자로서 기억하는 것이 아니라 죄와 악의 결합을 부수자는 저항으로 읽어야 하며, 한 맺힌 예수의 부활은 살아남은 자들이 예수 십자가의 기억 속에 저항하고, 생존력을 회복하고, 주체됨을 기억하는 것이라고 한다. 기억을 통해 살아 있는 공동체가 한 맺힌 죽임을 당한 예수를 부활시키며, 한 맺힌 자의 부활 속에 또한 살아 있는 공동체가 다시 산다는 것이다. 그녀에 의하면, 부활은 죽음 가운데서도 끊임없이 삶의 지속성을 믿으며 삶을 향한 살아 있는 자의 투쟁이며, 부활의 증언자가 된다는 것은 죽음의 세력에 끊임없이 저항하고 죽음의 세력에도 불구하고 끊임없이 회복력(resilience)을 회복하는 것이다(이병학, 2002: 180).

교회 여성 A의 경험에 비추어 위의 입장을 살펴볼 때 레위인의 첩이나 군 위안부 같은 한 맺힌 여성 조상에 대한 A의 기억은 세 번째 입장과 가장 상통한다. A의 기억에 따르면 꿈에 나타난 조상은 자신의 한을 풀어주지 않으면 달라붙어 괴롭히겠다는 것이 아니었다. 또 자신에 대한 한 많은 기억을 파헤치고 되새겨 역사와 사회 속에 정의로운 공동체를 구현하라는 거창한 미래적 사명을 부여하지도 않았다. 그보다 A의 고통과 외로움과 아픔에 공감하고 연민을 느끼며, A가 자신들의 간절한 꿈과 소원에 힘입어 용기를 내고 다시 삶을 계속 이어가도록 했다. 그런가 하면 A의 꿈에 나타난 한 맺힌 여성 조상은 A와 관계없는 과거의 한풀이 대상, 미래를 위해 기억해야 하지만 현재의 자신과 분리된 존재가 아니다. 그보다 오히려 A와 정신적 연대 속에서 현재에 함께 살고 함께 부활하는 상호 의존 관계에 있다. 교회 여성 A는 한 맺힌 여성 조상과의 정신적 연계 속에 살아갈 힘과 용기를 얻었고, A의 치유와 생존 속에 한 맺힌 여성 조상의 꿈과 정신이 다시 살아난 것이다. 한 맺힌 여성 조상에 대한 이와 같은 모습을 한국 교회 여성의 치유를 위한 자원으로 활용할 수 있을까?

3. 한 맺힌 여성 조상과 여성주의 원형 이론의 만남

여성 상담가들은 여성 치유에 대한 많은 정보와 자원이 결여된 상황에서 여성들이 주관적인 경험이든 객관적 경험이든, 개인적 경험이든 전문적 경험이든, 함께 쓰고 나누며 성찰하며 여성의 치유와 회복을 위한 방안을 적극 모색해야 한다고 한다(Lauter & Rupprecht, 1985: 223). 이에 교회 여성 A의 경험을 기초로 여성주의 원형 이론(feminist archetypal theory)과의 대화 속에 한 맺힌 여성 조상과의 연대를 통한 한국 교회 여성을 위한 치유 방안을 모색하고자 한다.

여성주의 원형학자들은 수천, 수만 년간 여성을 침묵시켜온 지배 문화 속에서 여성의 진정한 심리 경험에 대한 탐구가 실제 가능하겠냐고 질문한다(Lauter & Rupprecht, 1985: 221). 인류학 관점에서 볼 때 대부분의 여성들은 동서를 막론하고 여성과 여성 자신의 경험에 대해 '침묵시키는 문화'를 살아왔다. 남성이 지배적인 인류 문화에서 모든 규준과 가치, 모든 법과 언어 등은 사실상 여성을 배제하고 침묵시켰다. 그래서 여성이 자신에 대해 연구하고자 할 때, 또 자신의 경험을 소유하고자 할 때, 여성은 대체로 '알려지지 않은 것', '길들여지지 않은 것' 등으로 설명된다. 그리하여 여성은 이런 강력한 저항 속에 여성 경험이 실제로 존재하는지조차 의심하게 된다. 즉, 여성 위에 군림하는 남성 지배 문화 아래에서 여성은 사실상 자신의 자아나 통전성에 대해 아무것도 말할 수 없게 된다.

그래서 여성주의 원형 이론가들은 여성의 원형에 관심한다. 에스텔라 라우터(Estella Lauter)와 캐롤 루프레히트(Carol Rupprecht)는 인간의 사회학적, 경제학적, 정치적 영역은 외부의 지원과 관심에 따라 지배 문화에 의해 통제당한다고 한다. 그러나 인간의 내면적 세계, 여성의 내면적 세계, 상상의 세계, 집단 무의식의 세계는 지배 문화의 통제와 관계없이 완전히 독립적일 수 있다고 한다. "우리는 삶의 상상적 영역은 외부로부터 그런 간섭 없이 계속된다는 것을 믿는다"는 것이다(Lauter & Rupprecht, 1985: 221-222). 이들은 여성이 집단 무의식 혹은 원형과 규칙적으로 소통할 때 자신뿐 아니라 사회 변화에의 귀중한 자원을 얻을 수 있다고 한다. 그래서 여성은 성폭력, 재생산, 불평등 등 삶의 모든 문제에서 자신의 원형적 이미지와 패턴과 에너지를 다루어야 한다. 즉, 여성의 의식뿐 아니라 무의식적 차원에 깊이 관심하여 여성 내면에 존재하는 역동성과 자원을 관찰하고 회복해야 한다.

구체적으로 여성주의 원형 이론은 칼 융의 영향 속에서 여성의 집단 무의식적 경험에 관심하지만, 이를 여성 경험에 더 부합하게 수정한 것이다(Lauter & Rupprecht, 1985: 3). 여성주의자들은 칼 융은 인간의 집단 무의식이야말로 인간 창조성의 저장고라 주장한다. 즉, 개체화 과정이 일어나기 전의 그림자, 아니마, 자기, 원형은 모두 무의식적 존재로 의식 세계와 생산적으로 소통할 때 개인의 지각과 인성이 풍부해진다. 그는 집단 무의식은 신화나 전설의 원형적 표상(archetypal representation)을 통해 드러나며, 긍정적이고 목적론적이라 한다. 여성주의 원형 이론가들은 이와 같은 융 이론의 가장 큰 장점을 무의식에 대한 태도로 보고, 무의식을 억압 내용의 저장소가 아니라 다양한 다면적 에너지의 영역(multi-faceted field of energies)으로 본 것에 주목한다. 즉, 융이 무의식을 의식적 매커니즘과 어느 정도 독립하여 자신만의 에너지로 돌아가는 체계라고 본 것이 중요하며 이것이 바로 여성 내면 이해에 주요한 여성의 무의식적 상상과 형상 이해의 자원이 될 수 있다고 보는 것이다(Lauter & Rupprecht, 1985: 4-5. 224).

그러나 여성주의 원형 이론가들은 융에 대한 비판 속의 원형을 명사형 'archetype'으로 보는 것이 아니라 형용사 'archetypal'로 볼 것을 주장한다(Goldenberg, 1993: 87-88; Lauter & Rupprecht, 1985: 223-224). 여성주의 원형 이론가에 따르면, 융은 자신의 집단 무의식 혹은 원형 이해 역시 당대의 문화적 전제 속에 이루어졌다는 것을 수용하지 않고, 그 자체로 생명력 있는 고정적 실체라 본다. 그리하여 원형 이해에 있어 남성적/여성적, 로고스/에로스, 아니마/아니무스의 엄격한 대립을 합리화할 뿐 아니라 남성 지배 사회 문화에서 전형화된 역할을 다시 강화하기도 한다. 즉, 융은 자신의 원형 이론을 구체화한 신화나 종교 문화의 가부장적 편견은 고려하지 않고 있는 것이다. 때문에 여성주의 원형 이론가들은 이를 극복하기 위해 원형의 문화적 성향, 원형의 과정성과 변화성을 강조하기 위해 원형을 명사로 쓰기보다 형용사로 지칭하며 문화 속에서 끊임없이 활동하고 움직이는 원형에 대해 관심하며 여성의 통전성 회복에 관심하고자 한다.

한 맺힌 여성 조상 경험을 한국 교회 여성 상담의 자원으로 활용할 때 여성주의 원형 이론에서 가져올 수 있는 주요 개념은 '영혼과 친해지는 것(befriending the soul)'이다(Lauter & Rupprecht, 1985: 46-93). 여성주의 원형 이론은 인간이 육적 존재일 뿐 아니라 영육 일치(psychophysical unity)의 존재라서 몸의 고향인 영혼과 친숙해지면 자기 경험의 실재와 접하게 된다고 한다. 그래서 인간 영혼의 표상인 집단 무의식 혹은 원형과 친숙해지고 생산적 대화에 참여할 것을 격려한다. 한국 교회 여성에게 한국 문화와 기독교 문화 속 한 맺힌 여성 조상은 바로 한국 교회 여성 집단 무의식의 한 원형이다. 수천 년 역사 속 겹겹의 고통과 수탈 속에 자기 정체성의 한 부분을 한 맺힌 여성으로 이해하는 한국 여성에게 한 맺힌 여성 조상 경험은 무의식에 내재하고 있는 또 하나의 자기이다. 따라서 한국 교회 여성의 치유를 위해서도 한국 여성 내면 깊이 자리 잡은 '한 맺힌 여성 조상'과 친숙해지고 생산적 대화를 통해 한국 교회 여성의 통전적 치유와 회복을 이끌어야 한다.

어떻게 친숙하고 생산적인 대화를 할 수 있는가? 여성주의 원형 이론가 루프레히트는 집단 무의식의 원형, 혹은 영혼과의 친숙한 접근을 위해 꿈의 중요성을 강조한다(Lauter & Rupprecht, 1985: 187, 211). 인간은 꿈꾸는 본질을 가진 존재로 매일 밤 꿈을 꾸고 평생 약 15만 개의 꿈을 꾼다. 그런데 꿈은 인간의 모든 경험을 중개하고 매개하는 역할을 한다. 즉, 인간의 마음과 몸, 여성적인 것과 남성적인 것, 의식과 무의식, 이미지와 행동, 과거와 미래, 개인적인 것과 집단적인 것, 인간적인 것과 초인간적인 것 등 21세기 여성의 자아 통합을 도울 수 있는 통전적 견해를 제공한다. 꿈이야말로 자기와 타자의 통제를 넘어서고 에고의 관점을 보충하고, 결국 근원적 자기에 접근할 수 있게 하는 것이다. 그리하여 그녀는 꿈 일기를 쓰고, 꿈과 살고, 꿈과 춤추고, 꿈과 놀이할 것을 제안한다. 즉, 꿈에 접근하여 그것을 존중하고, 꿈에 관심하고 꿈과 놀라고 주장한다. 특히 적극적 상상을 통해 집단 에너지를 의식에서 이용 가능한 에너지로 변화시키고, 확충법을 통해 꿈의 이미지를 다른 예술 작품, 전설, 신화 등과 관련하여 연결시키는 작업을 제안한다.

한 맺힌 여성 조상을 현대 여성의 회복과 생존을 위한 자원으로 활용하기 위해 이같이 한국 교회 여성의 꿈과 집단 무의식을 이해할 수 있는 다양한 전설, 신화, 성서의 이야기 등과 친숙해지고 조상 여성들과 생산적인 대화를 할 수 있도록 하는 것이 매우 중요하다. 여성주의 원형 이론가는 대부분 다양한 힘과 재능을 가진 여신에 관한 전설, 신화, 담화에 관심하여 여성 집단 무의식 내 힘과 역량을 강조한다(Lauter & Rupprecht, 1985: 136). 이와 대조적으로 한국 교회 여성을 위한 치유는 힘 있는 여성뿐 아니라 한 맺힌 여성에 대한 꿈, 전설, 신화, 성서 이야기 등에 관심해야 한다. 젠더 관점에서의 힘이란 지배하고 누르는 힘이 아니라 상호 관계 속에서 저항하고 연대하며 끝까지 살아내는 생기발랄한 힘이다. 때문에 꿈, 전설, 담화, 그림, 문학 작품, 성서 등을 통해 가부장제하에서도 끝없이 인간적인 삶을 소원하고 상상해온 한 맺힌 이들과 겹겹이 영적으로 연대하고 소통하여 현재를 살아가는 한국 교회 여성의 정신적 치유의 자원으로 삼아야 할 것이다. 또한 꿈 분석과 같이 꿈에 나타나기를 기다리는 것뿐 아니라 예식, 성서 공부, 집단 토론, 영화 등을 활용한 다양하고 적극적인 방식으로 한국 문화와 기독교 문화 속 한 맺힌 다양한 여성들과 놀이하며 이들의 경험이 현재적 치유를 위한 자원이 되도록 해야 한다.

그런데 한 맺힌 여성 조상과 생산적인 대화를 하는 과정에서 반드시 필요한 것은 바로 '무의식 강화(unconsciousness-raising)'이다. 여성주의 원형 이론가 안나 프랏(Anna Pratt)은 여성주의 상담 운동 초기에 젠더 분석을 통한 의식화, 의식 고양(consciousness-raising, conscientization)이 상담에 중요했듯, 여성주의 원형 탐구에 있어서도 젠더 분석뿐 아니라 다양한 문화 분석에 기초한 무의식 강화가 필요하다고 한다(Lauter & Rupprecht, 1985: 96). 한국 교회 여성의 원형인 한 맺힌 여성 조상과의 대화에도 반드시 필요한 것이 바로 무의식 강화이다. 예를 들어, 한국 전통문화에서 한 맺힌 여성 조상의 꿈속 현현은 매우 익숙하다. 탐관오리에 의해 억울하게 죽은 처녀 귀신, 계모에 의해 억울하게 죽은 어린 자매 귀신 등이다. 이들은 무고하게 죽임을 당했음에도 귀신, 혹은 원귀라는 이름하에 두려움, 공포, 집착을 의미하는 부정적 존재로 이해되어 왔다. 또 기독교 문화와 역사 속 한 맺힌 여성 역시 불신앙, 불순종의 표상으로 회피하거나 침묵했다. 따라서 철저한 젠더 분석, 계층 분석, 인종 분석을 통한 무의식 강화를 해야 한다. 즉, 꿈, 전설, 신화, 그림 등에 나타난 여성 조상 경험에 대해 바른 해석, 다양한 해석을 하도록 하는 것이 매우 중요하다.

꿈, 전설, 신화, 이야기 등에 나타난 한국 문화의 한 맺힌 여성 조상에 대한 무의식 강화의 매우 적절한 예시는 바로 봉산탈춤의 미얄할미에 대한 최영실의 이해이다(최영실, 2008: 237). 미얄할미는 제주도 벽지에서 영감과 함께 살았는데 난리통에 피난을 가면서 헤어졌다. 둘은 서로를 찾아 전국 방방곡곡을 다니는 동안 말할 수 없이 고생했다. 영감은 도토리와 감자로 겨우 연명했고, 세금장이와 중들에게 맞기도 하고 옷도 형편없게 입고 살았다. 미얄할미는 가난한 사람을 도우러 산에 갔던 아들이 호랑이에게 잡아먹히는 아픔을 겪기도 했다. 그러다 드디어 둘은 만나 지나간 이야기를 하다가 영감에게 첩이 있다는 사실을 알게 되어 이혼하게 되었다. 하지만 미얄할미는 재산도 얻어 가지지 못하고 싸우다 죽고 만다. 영감과 동네 사람 모두 미얄할미의 시체를 방치했으나 마을 어른인 남강 노인이 미얄할미의 억울한 죽음을 애통해하며 그녀의 한을 풀고 좋은 곳에 영혼을 보내기 위해 진오기굿을 한다는 내용이다.

최영실은 민중과 한국 여성의 한 맺힌 여성 조상 원형이기도 한 이 미얄할미 이야기를 문화 비판을 통해 여성에게 생산적인 이야기로 재구성한다(최영실, 2008: 237-243). 이 이야기에 대한 기존 해석은 인간이 만든 난리와 체제뿐 아니라 자연(호랑이)과 민중 간(처첩 간) 갈등으로 결국 비참하게 죽어 다음 생에서나 변화를 기대하는 비극적인 민중 이야기이다. 반면, 최영실은 이 이야기 속에서 가장 천시당하며 무고하게 죽은 피해자는 바로 미얄할미, 즉 여성임을 구체적으로 지적한다. 또 미얄할미는 비극적 운명의 피해자가 아니라 유교 전통의 법 체제와 질서에 맞서 정의로운 항거와 투쟁을 하다 무고하게 죽임당한 주체적 여성이라 한다. 미얄할미는 핑계를 대며 자신을 때리고 첩까지 데리고 살며 이혼하자는 영감에게 조금도 망설이지 않고 동의했으며, 엄격한 가부장제 사회였던 당시 재산의 반을 나누자고 요구하며 부당한 영감의 폭력에 맞서 싸운다. 한편, 미얄할미의 억울한 죽음을 기리는 예식의 끝에 남강 노인은 사람들을 향해 "아이덜아, 일어나거라, 동창 다 밝았다."라고 한다. 이는 미얄할미는 억울하게 죽었으나 오늘의 상황에서 여성들이 불의를 깨치는 삶을 살아낼 것을 촉구하는 것이며, 때문에 미얄할미는 죽지 않고 부활했다는 것이다. 꿈, 전설, 그림, 설화 등 한 맺힌 여성 조상과 친숙해지는 작업과 이에 대한 해석은 다양한 가능성에 열려 있다. 그러므로 위와 같은 무의식 고양을 통해 한 맺힌 여성 조상의 불굴의 생존력, 삶에 대한 의지와 꿈이 현대 여성의 생존과 행복을 위한 영적 자원이 되도록 해야 한다는 것이다.

한편, 한 맺힌 여성 조상에 대한 여성의 무의식적 자원 탐구는 반드시 현재 여성의 현실 이야기와 균형을 맞추어야 한다. 여성의 무의식적 자원은 여성 경험의 숨겨지고 알려지지 않은 부분에 대한 많은 통찰을 주기도 하지만, 지나치게 몰두하면 영혼, 꿈, 무의식에 사로잡혀 또 다시 주체로서의 자신을 잃거나 현실 세계에 대한 유리와 무관심을 초래할 수 있다(박순경, 1988: 219). 또 여성주의 원형 이론이 전제하듯 여성의 집단 무의식은 문화에서 형성되었기에 문화를 통해 변화될 수 있다. 즉, 오늘의 여성 집단 의식이 내일의 여성 집단 무의식이 된다. 따라서 한 맺힌 여성 조상에 대한 기억은 현재의 삶을 생명력 있게 살도록 하는 것과 이 경험의 새로운 축적 속에 내일의 무의식을 준비하는 것 사이에서 균형을 맞추어야 한다. 한 맺힌 여성 조상에 대한 꿈, 신화, 전설 등의 탐구는 반드시 그보다 더 많은 분량의 여성 현실의 삶 이야기와 함께 이야기되어야 한다. 더불어 꿈, 신화, 전설 등의 무의식에 압도당하지 않고, 수평적 관계 속에 여성이 해석의 주체가 되도록 끊임없이 노력해야 한다.

* * *

이상에서 한 맺힌 여성 조상과 치유적 만남을 경험한 사례와 그 재현의 의미를 고찰한 후 한 맺힌 여성 조상을 활용한 한국 교회 여성을 위한 목회상담 방안을 여성주의 원형 이론과의 대화 속에 구성했다. 즉, 한국 문화와 기독교 문화 속 한 맺힌 여성인 군 위안부와 레위인의 첩의 중첩적 기억을 통해 치유를 경험한 사례에서 출발하여 한 맺힌 여성 조상과의 연대를 통한 교회 여성 치유 방안을 모색했다.

이 장의 논의는 먼저, 기존 연구와 달리 한 맺힌 여성 조상을 현대 여성 치유를 위한 생산적 자원으로 부활시킨 동시에 이를 구체적으로 활용할 수 있는 방안을 제시했다는 점에서 의의가 있다. 한국 여성 신학이 한 맺힌 여성 조상을 주로 피해자 정체성 관점에서 재건한 것과 달리 이 장은 한 맺힌 여성 조상을 현대 여성 치유의 보다 생산적이며 현재적인 주체로 부활시켰다. 또 한국 문화와 기독교 문화 속 한 맺혀 죽은 여성 조상의 꿈, 소원, 갈구를 현대 여성과 영적으로 연결시켜 현대 여성의 생존과 행복을 향한 적극적 살아냄의 자원으로 삼기 위한 구체적 방안을 제시했다.

다음으로 이 장의 논의는 여성주의 원형 이론에 서구와 다른 시각을 제공했다는 점에서 의의가 있다. 여성주의 원형 이론가들은 여성주의 원형 이론이 국제적으로 영역을 넓힐 필요가 있다고 한다. 즉, 비서구 문화, 종교, 예술 등 문화적 뉘앙스를 다르게 갖는 이들과 서로 협력할 필요가 있다는 것이다(Lauter & Rupprecht, 1985: 237). 여성의 집단 무의식적 원형으로 여신을 비롯해 힘 있는 여성 조상에 관심한 서구 여성주의 원형 이론과 달리 한 맺힌 여성 조상에 관심한 이 장의 논의는 서구 여성 주도적 원형 이론 연구에 새로운 통찰을 제공한다.

마지막으로 이 장의 논의는 여성주의 목회상담에 새로운 방법을 제시한다. 여성주의 목회상담은 신학의 한 영역으로 본래 인간 영혼에 관심할 수밖에 없으나 영혼과 육체를 분리한 이원론적 이해가 여성 억압을 합리화했다는 비판 때문에 영혼의 문제를 진지하게 고려하는 목회상담을 제시할 수 없었다. 그러나 여성주의 원형 이론에서와 같이 영혼, 집단 무의식, 한 맺힌 여성 조상 등을 몸과 문화적 경험의 산물로 이해하는 것을 교회 여성 상담의 물꼬로 이어질 수 있다.

10장

우울한 여성을 위한 목회상담

:: 인지 치료와 담화 이론의 만남 ::

> 우울은 대부분의 사람들에게 익숙한 감정이다 (…) 가까운 사람이 우울증에 걸린 것을 목격했을 수도 있고 신문이나 잡지 또는 텔레비전 등의 미디어를 통해 알게 되었을 수도 있을 것이다. '울적한 기분', '의기소침', '활기 없음', 또는 '부정적 기분' 등 표현은 다를 수 있지만 (…) 우울증은 슬픔 등의 감정증상과 식욕상실과 같은 신체 증상들을 유발할 수도 있다. 우울한 사람들은 혼자 있고 싶어 하거나 세상을 등지고 은둔할 수도 있다. 우울증은 절망감과 무력감을 유발할 수도 있다. 때로는 극단적으로 자살을 계획하거나 기도할 수도 있다(프리먼과 길스, 2006: 1).

여성학자들은 위와 같은 우울 증상이 여성들에게 주로 나타나며, 여성의 정신 건강을 해치는 최악의 요인이라고 한다. 그래서 우울을 특별히

'여성의 문제(a woman's problem)'라 지칭하고, 우울증 연구에 더 많은 여성학자들이 관심하고 연구해야 한다고 주장한다(Keyes & Goodman, 2006: 2, 283-308),

목회상담의 현장에서 우울한 여성을 위해 가장 많이 사용하는 이론은 인지 치료 이론이다. 아론 벡(Aaron Beck)이 이론적 토대를 세운 인지 치료 이론은 내담자의 인지 체계에 많은 관심을 가지고 있으며, 우울증 상담에 매우 효과적인 치료법으로 널리 알려져 있다(프리먼과 길스, 2006: ix). 목회상담의 경우, 이론적으로는 신학과 심리학을 동등하게 활용하지만 실제 상담 이론과 기술은 심리학 이론으로부터 많은 도움을 받고 있다. 특히 목회상담학은 기독교신학의 한 영역으로 삶에 대한 진리 및 신념 체계에 관심하고 있기 때문에 내담자의 인지 체계에 관심하는 인지 치료에 지대한 관심을 가진다. 더구나 장기적으로 상담에 전념하기 힘든 목회의 특수 상황 속에서 단기 상담이 가능한 인지 치료야말로 젠더를 불문하고 우울로 고생하는 남녀 내담자의 목회상담에 더없이 유용한 이론인 것이다(Stone, 1998; Dunlap, 1997: 29).

그런데 정말 인지 치료는 우울한 여성의 목회상담에 가장 효과적일까? 인지 치료가 담화 이론의 관점에서 보완될 때 더욱 효과적인 상담이 이루어질 수 있을 것이다. 인지 치료의 전통적 접근은 우울한 남녀 내담자 심리의 독특한 인지 모형에 관심하고 이에 대한 평가를 통해 수정을 시도한다. 반면, 여성주의 학자들은 우울의 젠더 차이에 관심하며, 여성의 우울은 심리적 차원뿐 아니라 여성이 경험하는 상황과 관련된다고 한다(Stoppard, 2000; Stoppard & McMullen, 2003; Formanek & Gurian, 1987). 즉, 경제, 계급, 인종 등에 따라 차이가 있지만, 여성은 모두 가부장적 문화에 살고 있으며 이것이 우울한 여성의 인지에 지대한 영향을 미친다고 한다. 담화 이론적 인지 치료는 내담자의 우울 인지를 사회적으로 구성된 것으로 보고, 이에 기초한 다양한 극복 방안의 모색을 통해 여성의 우울을 치료하고자 한다. 이 장에서는 젠더 관점에서 전통적 인지 치료를 비판하고 담화 이론을 활용하여 인지 치료를 재구성하고자 한다.

1. 인지 치료의 젠더적 비판

우울 내담자 상담에 있어 정신분석 상담과 함께 현대 심리 치료의 양대 산맥을 이루는 인지 치료는 아론 벡에 의해 창시되었다. 벡은 정신분석학의 효과를 다양한 방법으로 입증하려는 연구를 하던 중 정신분석학의 한계를 깨닫고 인지 치료를 고안하게 된다. 그러나 젠더 관점에서 볼 때 벡의 인지 치료는 우울한 증상을 드러내는 대다수 여성 내담자의 젠더나 가부장제 문화가 인지 형성에 미치는 영향 등에 관심하지 않음으로써 우울한 여성에 대한 상담에 있어 한계를 드러낸다.

아론 벡의 인지 치료

벡의 전기를 쓴 마조리 바이샤(Marjorie Weishaar)에 의하면 정신 의학에 대한 벡의 관심은 우연히 시작되었다(바이샤, 2007: 46-49). 벡은 원래 매사추세츠 종합병원 신경과의 전공의 과정에 들어갈 예정이었으나 세계대전으로 늦어져 1949년에야 비로소 전공의 생활을 시작할 수 있었다. 당시 정신과 전공의가 부족하여 벡은 신경과와 정신과에서 순환 근무를 해야 했는데, 이 과정에서 정신분석에 관심하게 되었다. 벡은 정신병, 정신분열증, 신경증 등 정신 장애의 치료에 효과적일 것이라 생각하여 본격적으로 정신분석에 관심하게 되었다.

1953년 정신과 의사 자격증을 취득한 벡은 먼저 정신분석 원리의 검증에 관심했다(바이샤, 2007: 50-51; 라이트 외, 2009: 16). 벡은 정신분석 연구소에서 분석 수련을 받고 정신과 의사가 되었으나 정신분석 이론에 과학적 근거가 부족한 것이 매우 불만족스러웠다. 그는 정신분석 이론이 실증 연구를 중시하는 심리학으로부터 인정받아야 한다고 보고, 통계학 및 실험 심리학을 동원해 정신분석 원리를 검증하고자 했다. 정신분석학에서 우울은 내담자의 내면화된 분노 때문에 야기된 것으로 보는데(Freud, 1957), 벡은 자기 환자 다수가 우울 환자이기도 했고, 또 우울에 대한 정신분석이 비교적 구체적이라 실증 연구에 적당할 것이라 생각하여 위와 같은 정신분석 가설을 입증하고자 했던 것이다.

그러나 벡은 자신의 기대와 실험 결과가 전혀 다름을 알게 되었다(와이샤, 2007: 52). 정신분석학 가설 입증을 위한 우울 환자의 꿈 연구에서 내담자들은 꿈꾸는 자신을 실패자로 보는 꿈들을 보고했다. 벡은 이와 같은 보고가 정신분석학의 우울 가설, 즉 내향화된 분노 가설을 입증하는지도 모른다고 생각했다. 하지만 그가 실험 심리학의 연구 방법을 빌려와 언어적 조건 형성 실험을 하자 정신분석 이론과 대치되는 결과가 나왔다. 다시 카드 분류 과제를 고안하여 실험했으나 그 결과 역시 프로이트의 가설과는 반대되었다. 정신분석에 의하면, 분노를 내향화한 우울한 개인은 고통받고자 하는 요구를 가진다(Freud, 1957: 245, 247-249). 만약 이 가설이 사실이라면, 우울한 피험자는 실험에서 성공 경험에 대해 부정적으로 반응해야 했다. 그러나 벡은 우울한 피험자들이 우울하지 않은 피험자보다 성공 경험을 통해 자존감이 향상되고 긍정적 변화에 이른다는 것을 발견했다. 그리하여 벡은 정신분석적 이해와 달리 우울한 사람은 실패를 원하는 것이 아니라, 자신의 잠재 능력에 대해 부정적 관점을 취하여 현실을 왜곡한다고 이해하게 되었다. 위의 실험과 함께 벡은 임상적 관찰을 통해 정신분석적 모델을 포기하게 되었다(바이샤, 2007: 57)고 마조리는 주장한다. 우울 증세를 보이는 젊은 내담자에 대한 임상적 관찰을 통해 벡은 우울 증상에 여러 수준의 인지가 있음을 알게 되었다. 예를 들어 상담 도중 위의 내담자는 벡에게 화를 내며 비판한 후 이에 대해 죄책감을 느끼고 있다고 했다. 또 화를 내지 않아야 하는데 화를 내서 벡이 자신에게 우호적이지 않을 것이라 생각하여 자신에게 더욱 비판적이 된다고 했다. 벡은 내담자의 이와 같은 답변에 관심하여, 정신분석학에서 주장하는 것과 달리 내담자의 분노가 죄책감을 유발했다기보다 내담자의 사고가 분노 표출과 죄책감에 영향을 미친다고 추측했다. 그리고 다른 내담자들에 대한 임상 관찰에서도 유사한 점이 발견됨에 주목하여, 실험적, 임상적으로 검증되지 않는 정신분석학보다 입증 가능한 새로운 방안의 고안에 관심하게 된다.

인지 치료의 체계화 과정에서 벡은 또한 자기 경험에 대한 관찰을 유용하게 활용했다(바이샤, 2007: 62-63). 벡의 어머니 엘리자베스는 아동기에 죽은 두 아이들로 인해 평생 우울증에 시달려야 했다. 이와 달리 벡은 심각한 우울 증세를 보이지는 않았지만, 인턴 시절 한동안 직장도 연애도 잘 되지 않을 것이라는 생각에 우울했다. 그런데 우연히 의사였던 형 어빙이 벡에게 간염에 걸렸다고 알려주자 우울이 완화됨을 경험하고 우울에 대한 새로운 통찰을 얻게 되었다. 다시 말해, 벡은 올바른 귀인이 부정적 생각을 감소시킴을 깨닫고, 이를 우울 환자 치료에 활용할 수 있다고 생각했던 것이다. 이와 같이 실험, 임상, 관찰을 통한 벡의 인지 치료 고안 과정을 종합하여 바이샤는 다음과 같이 요약한다.

> [벡은] 먼저 환자에 대한 관찰을 통해서 어떤 현상을 발견하게 되면, 이러한 현상을 측정하는 방법을 개발하고, 많은 사례에 의해서 입증이 되면 이러한 현상을 설명하는 이론을 구성하며, 이러한 이론에 적합한 치료방법을 구상하고, 이 이론의 지속적인 실험을 통해서 입증 또는 반증될 수 있는지를 계속적으로 평가한다(바이샤, 2007: 62).

마침내 벡은 정신분석학을 완전히 떠나 우울한 내담자들을 위한 인지 치료라는 독특한 치료 방안을 고안했다(벡, 1999: 17-18). 정신분석학이 내담자의 무의식 탐구에 많은 관심을 기울여 장기 상담을 주로 한다면, 벡의 인지 치료는 주도적, 지시적, 단기적, 구조화된 상담을 강조한다. 앞에서 간략히 설명한 바와 같이 벡은 세계를 인지하는 방식이 내담자의 정서와 행동에 지대한 영향을 미친다고 보고, 항우울제가 별로 효과적이지 않은 35-40퍼센트의 내담자, 또 약물 복용을 거부하거나 부작용으로 약물 복용을 중단할 수밖에 없는 내담자들을 대상으로 인지 치료의 필요성을 주장했다. 약물 치료에 장기간 의존할 경우 환자 스스로 우울에 대처할 수 있는 능력이 손상되어 약물을 중단했을 때 재발 가능성이 높다. 그런데 인지 치료는 약불을 사용하시 않고 내담자의 능력을 강화시키기 때문에 우울의 치료 및 대처에 훨씬 효과적이며 예방적이라는 것이 그의 주장이었다.

구체적으로 벡은 인지 치료를 통해 우울한 내담자의 왜곡된 개념화와 역기능적 신념을 파악하고, 현실에 기초하여 이를 수정하는 것을 주요 방법으로 삼는다. 벡은 상담 과정에서 내담자가 자신의 사고를 재평가하여 이전에는 극복할 수 없다고 생각한 문제나 상황에 더 현실적으로 대처하여 우울 증세가 완화되도록 돕는다. 인지 치료를 통해 벡은 내담자와 함께 다음과 같은 작업을 수행한다(벡, 1999: 18).

- 부정적이고 자동적인 사고(인지)를 감찰하기
- 인지, 정서, 행동 간의 관련성을 인식하기
- 왜곡된 자동적 사고의 증거와 반대 증거를 검토하기
- 이러한 편파된 인지를 보다 더 현실 지향적인 해석으로 대체하기
- 경험을 왜곡하는 소인으로 작용하는 역기능적 신념 파악하고 수정하기

그리하여 벡의 인지 치료는 정신분석과는 다른 협력적 경험주의(collaborative empiricism)를 특징으로 한다(벡, 1999: 21; 라이트 외, 2009). 먼저, 협력적 경험주의란 인지 치료에서 상담가가 내담자와 적극적으로 상호 작용하며 치료의 구조화에 내담자의 참여와 협력을 중시하는 것을 말한다. 정신분석 치료에서 상담가는 내담자 내면의 무의식이 표출되어 주요한 실마리를 제공할 때까지 매우 수동적이다. 반면, 인지 치료는 자유 연상과 같은 전통 정신분석 기법이 내담자가 집착하고 있는 부정적 사고에 계속 몰두하게 할 수 있다고 보고, 상담가와 내담자 간 활발한 상호 작용을 지지한다. 다음으로 협력적 경험주의란 인지 치료가 '지금 그리고 여기'의 문제에 초점을 두는 차원을 말한다. 정신분석 상담에서 아동기 경험은 현재 문제나 갈등의 핵심을 이해하는 매우 주요한 자원으로, 상담에서 이와 같은 과거 경험의 이해 및 수용에 관심을 집중한다. 반면, 인지 치료는 아동기나 과거의 기억이 현재의 관찬 내용과 명료하

게 연관된 것이 아니라면 이에 관심하지 않는다.

젠더 관점에서의 평가

우울한 내담자에 대한 상담에 있어 인지 치료는 정신분석학보다 더 과학적으로 우울 문제에 접근했다고 할 수 있다. 우울증에 대해 미신적으로 접근했던 오랜 역사적 과정을 살펴볼 때 정신분석학 연구는 우울한 내담자의 심리적 역동을 이해하여 미신적 접근이 아니라 심리학적 접근으로 우울을 이해하도록 하는 데 공헌했다. 벡은 여기서 한 걸음 더 나아가 심리학적 방식의 실험, 관찰, 통계 등을 사용하여 우울한 내담자의 문제에 다가서고자 한다. 즉, 내담자의 꿈, 임상에서의 경험, 자신의 경험, 실험 관찰 등을 세심히 관찰하고 체계화함으로써 우울 치료에 대한 실증적이면서도 합리적인 접근을 시도했다.

특별히 벡은 우울한 내담자의 인지 구조를 명확히 분석하고 구조화하는 데 공헌했다. 가령, 벡은 우울증의 심리학적 기초를 설명하기 위해 다음의 세 가지 주요 개념을 설정한다(벡, 1999: 26-31; Robins & Hayes, 1995: 41). 첫째는 인지 삼제(cognitive triad)이다. 이는 내담자가 독특한 방식으로 자기 자신, 세상, 미래를 해석하는 것으로, 우울한 내담자는 자기 자신, 세상, 미래에 대해 매우 부정적으로 해석한다는 것이다. 둘째는 도식(schemata)이다. 도식이란 비교적 일관된 인지 패턴을 말하는 것으로, 개인은 도식을 통해 자기 경험을 범주화하고 평가하는데, 우울증이 심해지는 경우 내담자의 사고는 객관적 상황과 관련 없이 바로 이 도식에 지배되는 경향이 있다는 것이다. 마지막은 인지 오류(cogni-tive distortion)이다. 사실과 관계없이 내담자는 자신의 경험을 전적 박탈이나 패배 혹은 실패자로 범주화하기 위해 '임의적 추론', '선택적 추상화', '과일반화', '과장과 축소', '개인화', '흑백논리', '이분법적 사고'를 한다는 것이다.

우울한 내담자에 대한 벡의 독특하고 뛰어난 연구에도 불구하고, 벡의 연구는 우울한 여성 내담자를 위한 상담을 위해서는 충분하지 않다. 여성주의 심리학자들은 우울에 관한 최근까지의 많은 연구들이 대부분 내담자의 시각이 아니라 관찰자의 시각에서 진행되어왔다고 주장한다(Stoppard & Gammell, 2003: 1). 벡은 정신분석학의 한계를 극복하고자 우울한 내담자의 인지 체계 구조를 다양한 방식으로 이해하고 개념화하고자 했다. 그러나 그는 이 과정에서 우울 증세를 드러내는 자기 내담자의 구체적인 경험이나 시각에는 무심했다. 예를 들어 벡의 대표적인 우울 치료 연구서인 『우울증의 인지 치료』에서 젠더를 명확히 밝힌 경우 각 장별로 최소 두 배에서 네 배까지 남성보다 여성 내담자가 많았다. 이를 통해 추정하건대 벡은 임상 현장에서 압도적으로 많은 여성 내담자를 상대했을 것으로 보이지만, 정신분석과 관련한 자기 이론 체계화에만 관심하여 상담 상황에서 분명히 드러나는 젠더 차이의 문제를 내담자의 시각에서 이해하려고 시도하지 않았다. 이와 관련하여 벡의 인지 치료는 내담자의 구체적이고 다양한 상황에 대한 철저한 관찰 또한 간과했다. 여성주의 심리학자들은 전통적인 상담에서 우울한 여성의 삶의 환경과 일상 활동에 대한 모든 정보는 불필요한 것으로 이해되어, 내담자의 경험이 벗겨진 채로 이해되어왔다고 한다(Scattolon, 2003: 171). 이들은 내담자 여성의 경험에 대한 상세한 관찰이 보존된다면, 우울 이해에 새로운 관점을 얻을 수 있기에 우울 상담의 '재상황화하기(recon-textualizing)'가 필요하다고 한다. 벡 역시 임의적 추론, 과장과 축소, 개인화, 흑백논리, 이분법적 사고 등과 같은 추상적 개념의 적용에 앞서 내담자의 젠더로 인한 상황, 즉 지능지수가 135나 되지만 전문적 직업을 갖지 못한 여성, 두 사춘기 자녀로 인해 부족한 엄마라는 생각으로 가득 찬 여성, 식성이 제각각인 다섯 아이의 비위 맞추기에 신경 쓰는 여성, 다이어트 중 사탕을 먹어 자신을 혐오하는 여성 등의 상황에 관심하여 우울 문제에 접근했다면 보다 깊이 있는 우울 상담에 대한 통찰을 획득했을 것이다(벡, 1999: 82, 149, 177).[1]

한편, 여성학자들은 우울한 여성 내담자의 치료가 의약에 과도하게 의존하는 것에 대해 매우 회의적이다(Stoppard & Gammell, 2003: 40-41). 의료적 진단 과정에서 다른 질환이 피검사, MRI 등 구체적인 검사를 통해 진단되는 것과 달리 우울한 여성 내담자에 대한 진단은 아무런 구체적인 진단 도구를 사용하지 않은 채 내담자 여성의 진술에 전적으로 의존한다. 또 치료 과정에서도 대부분의 의사들은 주로 항우울제를 처방하고 여성 내담자들은 이에 순응하는 경향이 있다. 여성학자들은 이와 같이 우울증을 호르몬의 문제로만 보고 약을 처방받는 의료적 접근은 여성을 환자, 혹은 문제 있는 대상으로 규정하는 견해를 수용하는 것이라고 지적한다. 또 약물 처방은 문제에 대한 여성 자신의 책임 능력과 통제력을 경감시켜, 약물이 중단되었을 때 철저한 무력감에 빠진다고 한다. 따라서 원하는 경우를 제외하고 최소한의 약물 치료만을 내담자에게 실시할 것과, 약물 치료와 상담적 접근의 통합을 주장한다.

이의 문제와 관련하여 벡의 인지 치료는 여성학자들과 유사한 견해를

1 로빈스와 헤이즈는 만성적인 결혼 문제, 가족의 역기능이 있는 경우 우울 치료가 비교적 덜 효과적이라고 했다. 이는 바로 젠더 문제가 결합된 경우 전통적인 인지 치료가 비효과적임을 증명하는 예라 할 수 있다(Robins & Hayes, 1995: 41, 50).

나타내는 듯 보이나 여전히 우울한 내담자를 교정되어야 할 대상으로 본다는 점에서 한계가 있다. 벡 역시 여성학자들과 마찬가지로 약물 치료의 한계를 파악하고, 약물 치료를 거부하거나 부작용이 있는 내담자에게 인지 치료를 실시해야 한다고 했다. 또한 약물 치료 이후 재발의 상황과 예방을 위해 내담자의 자기 치료 능력을 강화시켜주는 인지 치료가 도움이 된다고 주장했다. 하지만, 약물 치료에 대한 여성주의자들의 보다 강한 비판적 태도와 달리 벡은 우울 여성에 대한 약물 처방을 기본적으로 옹호하고 수동적 보완으로서 인지 치료를 제시한다. 여성학자들의 약물 치료에 대한 강한 비판의 핵심, 즉 약물 치료가 여성을 잘못된 존재, 문제 있는 존재로 본다는 입장에서 봤을 때 벡의 인지 치료 또한 우울한 내담자를 잘못된 인지를 가진 대상으로, 교정되어야 할 대상으로 보는 것이다.

문제는 여성 우울의 원인이 벡이 주장한 것처럼 인지 왜곡 때문이 아니라 실제 삶의 정황에서 야기된 사실 그 자체일 때 더욱 심각해진다. 여성학자들은 많은 여성의 경우, 현실을 왜곡한 인지 때문이 아니라, 현실에서의 실제 경험 때문에 우울해한다고 주장한다(Scattolon, 2003: 169-171). 도시 지역 우울 여성을 대상으로 한 연구 결과 여성의 우울은 일상생활의 스트레스로 야기되며, 재정적 압박, 과도한 노동, 배우자의 학대 등이 그 구체적인 원인이었다. 벡은 이와 달리 우울의 원인이 상황과 무관하게 독립적이고 개별적인 개인의 사고에만 있다고 보았다. 보다 정확히 말하면 벡은 여성 우울의 원인이 개인의 인지 문제가 아니라 주변 인간관계, 사회, 국가, 종교 등 복합적 요인에서 야기된 실제 경험일 수 있음을 간과하고 있는 것이다. 여성주의자들은 "전통 치료는 우울 여성의 치료를 힘빼기(disempowering)한다(Stoppard & Gammell, 2003:

55)"고 한다. 전통 치료의 주요 관심이 여성의 증상이며, 그 증상을 야기하는 사회, 문화, 종교, 일상생활의 문제성을 완전히 무시하기 때문이다. 벡 역시 여성 우울증의 문제를 지나치게 개인화하여, 여성의 우울의 총체적 원인 규명에 실패했다고 할 수 있다.

2. 인지 치료의 담화 이론적 재구성

인지 치료의 주요 장점을 살리는 동시에 여성학자들의 비판을 수용하여 우울한 여성 내담자에 대해 보다 효과적으로 접근할 수 있는 인지 치료를 고안할 수는 없을까? 여성 목회상담가 수잔 던랩(Susan Dunlap)의 지적과 같이 푸코의 담론 관점에서 인지 치료에 접근하는 것이 그 한 방안이라 생각한다. 담화 이론은 인지 치료와 유사하게 내담자의 인지 혹은 지식 생산 방법에 관심하지만, 특히 사회적으로 구성된 지식을 기반으로 내담자의 인지 혹은 담화 구성의 다양성과 복잡성에 관심하기 때문이다.

이론의 재구성

일반적으로 담화 이론은 셋으로 나눌 수 있는데, 푸코의 담화 이론은 특별히 비판적인 시각에서 담화의 규범적이고 예외적인 기능에 관심한다(이지은, 1991: 6-8). 담화 이론의 첫째는 화자 상호 간의 '말 주고받음', '구두 대화', '사고의 교환' 등을 나타내는 일상적 언어 소통 과정에서 일어나는 언어 행위를 말한다. 둘째는 프랑크푸르트학파인 하버마스에 의해 주장되는 담화이다. 하버마스는 동등한 위치와 동량의 정보를 가진 화자들이 합리적 방안을 통해 광의적 의미의 의견 일치를 추구하는 것을 담화라고 했다. 셋째, 푸코는 하버마스와 달리 담화 이론을 권력의 효과로서 침투한 기존 담화에 대한 실증적이고 비판적 분석의 틀로 사용한다. 그리하여 푸코는 특정 이론이 우월한 진리를 생산하거나, 도덕적·정치적 정당성을 지닌다는 주장을 담화 내적 현상으로만 이해한다. 진리 혹은 정당성이란 담화의 효과 혹은 담화적 사건일 뿐으로, 중립적 혹은 객관적으로 진리를 판단할 수 있는 아르키메데스적 위치로 존재하지 않는다는 것이다.

또한 푸코는 그의 담화 이론을 통해 진리와 권력의 상호 연관성을 다음과 같이 논한다.

> 여기서 중요한 것은 진실은 권력 밖에 있는 것도 아니며, 권력을 결여하고 있는 것도 아니라는 사실입니다 (…) 진실은 이 세상에 널리 있는 것입니다. 진실은 여러 행태의 제약을 통해서 생산되는 것이며, 진실은 일정한 권력의 효과를 만들어냅니다(푸코, 1991: 165).

푸코는 가부장제 혹은 자본주의로 불렸던 추상적인 권력 구조의 해체를 시도하고, 끊임없이 다양한 방식으로 생산되는 권력의 불안정한 방식을 강조한다. 더불어 푸코는 권력이 위에서 아래로 내려간다는 일방적 방향의 분석 방식이 오류임을 지적한다. 그에게 있어 사람들에 대한 지배와 종속은 특정한 원천에서 유래하는 것이 아니라 권력의 효과 내지 결과이기 때문이다(라마자노글루 외, 1998: 12-13). 또한 서구 문화에서 고정적인 것으로 이해했던 성, 신체, 젠더에 대한 인식 역시 사회적 구성물이라고 지적한다. 성과 신체에 대한 지식 역시 육체적 산물이나 고정된 신체적 존재가 아니라 변화하는 사회적 세력에 의해 구성된 권력의 역사적 결과물이며, 사회적 산물이라는 것이다.

여성학자들은 이와 같은 푸코의 이론이 여성의 인지 혹은 지식 생산의 과정을 다중적 상황의 맥락에서 바라볼 있도록 한다고 평한다(Dunlap, 1997: 40). 벡의 전통적인 인지 치료는 우울한 여성 내담자의 갈등은 내담자 심리내적 측면에서 단선적 원인을 가지며 옳고 그름, 혹은 왜곡과 비왜곡의 문제라고 했다. 반면, 푸코의 담화 이론 관점에서 내담자 여성의 담화는 언어, 제도, 권력, 주체, 관습, 몸 등과 상호 연관된 치밀한 망(web)의 맥락에서 이해할 수 있다. 가령, 제도는 결혼, 가족, 정부, 법 규제, 시장, 광고와 같은 것을 포괄하는 것으로 이를 통해 무력한 여성, 힘없는 여성에 대한 담화가 생산된다. 또한 관습이란 일상의 삶을 말하는 것으로 매 맞는 여자, 강간, 성희롱이 난무한 일상 속에서 출산을 담당하는 여성, 폭력을 일상화한 여성 등에 관한 담화를 생산한다. 즉, 푸코의 관점을 적용할 때, 여성의 인식이나 지식은 이와 같은 제도, 관습, 언어, 심리 등 다양한 권력의 복잡한 역동 속에서 생산되고, 여성 자신에 대한 혐오적인 인식을 조장한다는 것을 알 수 있다.

여성학자들은 담화 이론이 특히 여성 우울의 문제를 '여성성의 담론(discourse of femininity)' 혹은 '여성 담론의 진실(truth-of-woman discourse)' 차원에서 조명할 수 있도록 한다고 한다. 우울 여성의 삶을 질적으로 조사한 연구를 통해 미쉘 라프란스(Michelle Lafrance)는 우울한 여성 대부분은 소위 '여성성의 담론' 영향 아래 있다고 한다(Lafrance, 2009: 67). 다시 말하면, 우울한 여성들은 좋은 엄마, 좋은 아내, 좋은 도우미에 대한 완벽주의적 기대를 대부분 가지고 있었고, 이를 완벽하게 수행하지 못해 수치감, 죄책감, 부적절감, 좌절감을 느끼며 우울해한다는 것이다. 던랩도 여성의 우울은 '여성 담론의 진실'과 연관된다고 한다(Dunlap, 1997: 40). 여성은 그녀가 관여하는 일상생활의 모든 영역, 즉 결혼, 가족, 정치, 종교, 교육을 통해 좋은 어머니, 좋은 아내에 대한 담론을 내면화하고 식민지화하여 우울에 취약해진다. 이들 담론은 또한 우울 여성의 회복에 도움이 되는 측면인 강함, 독립, 힘 등을 나쁜 여성의 특질로 규정함으로써 우울 극복의 자원까지 박탈한다.

그러면 담화 관점을 고려할 때 우울한 여성에 대한 치료가 가능한가? 푸코는 지식인은 우리 사회의 구조와 기능에 필수적인 진실의 체계라는 차원에서 움직이고 투쟁해야 한다(푸코, 1991: 166)고 주장한다. 푸코는 새로운 진실의 구축은 의식의 변화 혹은 권력 체계에서 진실을 해방하는 것이 아니라 진실의 권력을 사회적이고 경제적이며 문화적인 헤게모니에서 분리하는 것이라고 한다. 왜냐하면 푸코에 있어서 진실이란 몰랐던 것을 새롭게 찾아낸 지식의 복합체가 아니라 지식 생산의 규칙과 진실을 만들어주는 권력의 특수 효과이기 때문이다. 따라서 새로운 진실 추구는 '[고정적인 하나의] 진실을 수호하기 위한 투쟁'이 아니라 '진실을 추구하는 투쟁', 혹은 '진실에 가까운 것을 추구하는 투쟁'이다. 푸코는 이와 같은 싸움은 과학과 이데올로기의 싸움이 아니라 진실과 권력의 차원으로 정신 노동과 육체 노동의 분화를 새로운 방향에서 해결하게 한다고 본다.

푸코의 영향 속에 우울한 여성에 대한 인지 치료를 재구성할 때 담화적 인지 치료란 담화 간 전쟁 속에서 '저항 담론(resistance discourse)'을 발견하는 것, 혹은 '좋은 여성 정체성(good woman identity)' 담론을 전복시키는 것이라고 할 수 있다(Dunlap, 1997: 46). 벡의 전통적 인지 치료에서 우울한 여성의 치료는 내담자의 심리에 영향을 미치는 잘못된 핵심 인지의 바른 수정을 강조했다. 반면, 담화 이론 관점에서 볼 때 우울한 여성의 치유는 담화 간 전쟁을 통한 헤게모니 담론의 전복이라고 할 수 있다. 즉, 여성을 우울하게 하는 헤게모니 담론은 다양한 제도, 관습, 일상생활을 통해 여성의 삶을 식민지화하고 영원한 권력을 가지고 있는 것 같다. 하지만, 이 담론 역시 최종적인 것이 아니며 경쟁에 놓여 있다. 왜냐하면 푸코의 지적처럼 저항 없는 권력관계도 없고, 권력관계는 항상 저항을 동반하기 때문이다. 따라서 담화 이론적 인지 치료는 여성의 우울을 조장하는 헤게모니 담론에 대한 균열과 전복을 격려하고, 우울한 여성 내담자의 치유를 지원하는 저항 담론의 발굴을 적극적으로 독려하는 것이다(Lafrance, 2009: 67-68).

던랩은 이와 같은 접근은 새 담론을 시도하는 고통스런 과정이며 때로 실수를 초래할 수 있는 모험을 수반한다고 한다(Dunlap, 1997: 45-48). 인지 치료는 인간을 자동적이고 이성적인 존재로 보고 인지 형성에 있어 개인의 선택권을 옹호한다. 반면, 푸코는 개인은 경쟁하는 갈등 담화 속에서 지속적으로 구성 및 재구성된다고 보았다. 그래서 의식 영역 밖, 자아 선택 영역 밖의 담화에 대해 논했다. 그러나 던랩은 담화적으로 구성된 개인에게 완전한 독립성과 자율성이 결여된 것은 아니기 때문에 인지 치료와 담화 이론은 조화될 수 있다고 한다. 특히 왜곡된 자동적 사고를 합리적 사고로 바꾸어주는 인지 치료의 큰 틀은 저항 담론의 구성을 통해 억압 담론에 균열을 내는 담화 이론과 매우 유사하다. 그래서 담화 이론의 관점에서 재접근한 인지 치료는 그야말로 치료 속에서 고통스런 담론 전쟁을 야기하고, 때로는 역기능적 지배 담론에 저항하며, 억압 담론의 옥죔을 늦추고, 건강한 자아, 미래, 세계 이해를 향한 새로운 담론을 형성해가는 여정이라는 것이다.

던랩은 인지 치료의 담화적 접근은 또한 네 가지 차원에서 치료를 권력과 문화 실제의 맥락에 위치 짓는다고 한다(Dunlap, 1997: 46-47). 첫째로 상담가는 인지 구조의 해석적 사고와 내용이 주변 문화의 무수한 담론과 관련 있음을 이해해야 한다. 던랩은 주류 문화의 담론이든, 여성에 관한 담론이든, 담화는 거대한 문화 상황과 별개로 생각해서는 안 된다고 말한다. 둘째로 상담가는 내담자의 내적 세계를 생산하는 다양한 담론, 다양한 사고 체제의 권력 역동을 인지해야만 한다. 모든 담론이 동등하게 창조되는 것은 아니기 때문에 상담가는 개별 내담자가 담화를 통해 권력을 발휘하는 세계에 위치해 있고 불가피하게 그 권력 역동에 영향받는다는 것을 이해해야 한다. 셋째로 상담가는 지배 문화 담론의 잠재성을 인식해야 한다. 상담가는 건강한 저항 담론을 통해 지배 문화의 손상을 초래할 수도 있지만, 지배 문화가 대항 담론을 추구하는 여성을 처벌할 수 있다는 것도 인지하며 이와 같은 문화를 다룰 전략 또한 제공해야 한다. 마지막으로 상담가는 자신의 담화적 상황에 대한 인식에 또한 민감해야 한다. 자신이 비합리적이고 역기능적이라고 생각하는 내담자의 해석 역시 상담가 자신의 문화와 밀접하게 연관되어 있을 수 있다는 것을 인식해야 한다는 것이다. 그렇다면 이와 같이 인지 치료를 담화적 관점에서 재구성했을 때 실제 상담 현장에서는 전통적 인지 치료와 어떻게 다른 방식으로 구현될 수 있을까?

실제의 재구성

우울한 여성을 대상으로 한 인지 치료는 벡의 『우울증의 인지 치료』

에 상세히 서술되어 있다. 아래의 사례는 여성 우울에 대한 벡의 전통적 접근을 잘 나타내주고 있다(벡, 1999: 127-140).[2] 내담자는 36세의 15년차 주부로 7세 딸, 9세와 14세의 두 아들 그리고 자동차회사 영업부장인 37세의 남편과 함께 살고 있다. 내담자는 자신의 남편을 자신감 가득하고 사랑스러운 사람이라 했다. 반면, 자신에 대해서는 어떤 일도 똑바로 할 수 없는 쓸모없는 사람, 아내와 엄마로서 실패자라며 가족의 부담을 덜어주기 위해 자살을 생각한 적도 있다고 했다. 이에 정신과 의사는 내담자가 심한 우울증 및 성격 문제, 또 혹독한 자기비판과 절망 등의 증세를 나타낸다고 보고 우울 치료 전문가인 벡에 의뢰했다. 벡은 22회기에 걸친 인지 치료와 3회기의 추수회기를 통해 환자의 우울 증세가 현저히 완화됐다고 보고했다.

벡의 전 치료 작업은 대략 아래와 같이 요약할 수 있다. 먼저, 벡은 우울한 내담자 여성의 치료에 앞서 자살 가능성, 절망감, 활동 수준 등을 평가했다. 그리고 내담자의 특정한 경험, 사고, 행동, 정서 간의 관계를 살펴보고, 활동 계획표 등을 체크했다. 그 후 벡은 인지 치료의 전형적인 방법을 사용하여 내담자의 왜곡된 신념을 수정하고, 수행 능력이 증가하도록 도왔다. 즉, 벡은 내담자가 엄마와 아내로서 의무를 다하지 못해 매우 괴로워하고 있는 것, 또 이혼에 대한 두려움이 있다는 것에 주목했다. 그래서 내담자 남편과의 면담을 기초로 내담자의 위와 같은 생각이 잘못되었음을 알림으로써 내담자의 왜곡된 인지 수정을 도왔다. 또한 내담자가 식사 준비를 잘 하지 못하는 자신을 혹독히 비판하는 것

2 벡은 이 사례를 자신의 전형적인 치료 과정으로 소개하며 전 과정에 걸쳐 꽤 상세하게 묘사하고 있다. 내담자에 대한 이 장의 설명은 벡의 사례 연구를 요약한 것이다.

을 보고, 냉동식품을 활용하거나 기본적인 요리 방법에 익숙해지도록 도왔다. 자기 평가 역시 식구들의 평판이 아니라 식사에 쓴 노력을 기준으로 평가하게 함으로써 내담자의 자기 비판을 완화시켰다. 마지막으로 벡은 내담자의 시간 관리 능력, 내담자의 미래 계획을 함께 살펴보고 직업을 얻고자 하는 욕구가 현실에서 수용될 수 있는 방안을 함께 모색했다.

이와 같은 접근을 통해 벡은 내담자 여성의 우울 증상을 매우 완화시켰다고 했지만, 젠더 관점에서 볼 때 몇 가지 비판을 할 수 있다. 먼저, 벡은 위의 우울한 여성 내담자의 문제를 순전히 내담자 여성의 심리적 문제로 보았지만, 실제 내담자 여성의 문제는 내담자 여성이 경험한 현실과 매우 밀접한 관련이 있다. 다시 말하자면, 벡은 내담자가 현실과는 다른 비현실적 기대 혹은 완벽함의 기대 때문에 우울해졌다고 보고, 이의 인지 수정을 시도했다. 그러나 벡 스스로의 사례 요약에서 드러나듯 내담자의 남편은 내담자가 자신의 집을 먼지 하나 없게 청소하지 못했거나 맛있는 음식을 준비하지 않으면 가차 없이 비판했다. 이런 남편 때문에 내담자는 남편이 비판하기 전에 미리 자신을 비판하는 경향이 있었다고 한다. 그렇다면, 내담자의 우울은 내담자 자신의 인지 왜곡이 아니라 남편과의 관계에서 경험한 일상생활의 경험 자체에서 야기된 것이라 할 수 있다(벡, 1999: 133-137).[3]

---

3 이와 같은 문제는 사례 요약의 여러 곳에서 드러난다. 가령, 내담자는 자신의 증상이 쉽게 회복되지 않을 것이라고 생각했으나, 나아져야 한다는 남편의 지시 때문에 회복된 척을 하기도 했다. 또 남편에게서 긍정적 피드백을 받으면 오히려 내담자의 불안이 증가했고, 남편이 애정을 표현할 때 오히려 내담자의 죄책감과 우울이 더 심해졌다고 한다. 이렇듯 내담자 여성의 우울을 해결하는 하나의 실마리가 남편과의 관계일 수 있는데 벡은 젠더 관점을 결여하여 이에 대해 철저히 무관심했다.

또한 벡은 내담자 여성의 우울을 초래한 주요 요인이 바로 여성학자들이 주장하는 바와 같이 구체적으로 '여성성의 담화'와 관련 있음을 분명히 파악하지 못했다. 여러 회기에 걸쳐 관찰한 결과 내담자 여성은 집안 청소부터 성적 파트너까지 아내로서 부과된 역할을 제대로 수행하지 못해 남편에게 거부당하고 이혼당할지도 모른다는 생각, 집안일을 잘하지 못하는 것에 대한 죄책감, 아이들 통제에 대한 무능력감 등을 가지고 있었다. 또 내담자 여성을 우울, 분노, 죄책감으로 이끄는 대부분의 상황은 아이들과의 상호 작용 때문이었다. 그러나 벡은 이와 같은 여성성의 담화, 즉 좋은 아내, 좋은 어머니에 대한 기대가 내담자 여성 우울의 주요 요인임을 간과하고, 오히려 내담자가 더욱 좋은 아내, 좋은 어머니가 되도록 하는 수행 기술 증진에 관심했다. 내담자 여성의 우울을 일부 완화시키기는 했으나, 가정 내 내담자 여성의 전형적인 역할을 지지함으로써 문제에 보다 근원적으로 접근하지는 못했던 것이다.

또한 벡은 내담자 및 그녀의 남편, 상담가, 혹은 그들 사이에서 다양한 담론이 경합하고 있음을 간과했다. 벡은 전 상담 과정을 통해 내담자 여성만을 문제 있는 대상으로 보고, 내담자의 남편은 내담자의 치유를 기대하는 정상인, 자신은 객관적이며 과학적인 치료사로 보고 있다. 그러나 스스로 진술했듯 내담자 남편은 내담자가 회복하기를 원하는 한편 그녀를 가혹하게 비판하여 우울을 조장하기도 하고, 내담자가 원하는 일을 통해 완전히 회복되기보다 집에서 전형적인 아내와 부인 역할을 해주기를 바라기도 한다. 그래서 내담자가 벡의 도움으로 직장 생활을 시작하자 심하게 불안해하고 불편해하기도 했다. 내담자의 왜곡된 인지는 내담자 자신의 문제이기도 하지만, 내담자 주변의 남편, 자녀, 원가족 부모의 다양한 담론이 혼동되고 복잡하게 얽히며 내담자를 통제하고 있는 것이다.

이와 같은 논의를 기초로 벡의 접근과 달리 담화 관점에서 인지 치료를 재구성할 경우, 가장 먼저 시작해야 하는 작업은 내담자가 자기 문제의 핵심적 인지에 균열을 내어 자기 문제의 통제력을 갖도록 하는 것이다.[4] 인지 치료와 달리 담화 관점에서 여성의 우울은 현실의 문화, 결혼, 종교, 가족이 여성의 내면을 식민지화한 결과로 발생한 것이라 본다. 상담가는 다음의 질문을 통해 내담자 문제가 자신의 결함 때문이 아니라 다양한 차원에서 복합적으로 얽혀 발생한 것임을 깨닫도록 해야 한다. 즉, 상담가는 내담자에게 '모든 주부는 완벽한 아내이며 어머니가 되어야 하는가? 좋은 어머니는 요리, 청소, 성적 요구까지 완벽하게 만족시켜야 하는가? 요리와 청소를 잘 못하면 좋은 아내와 좋은 어머니가 아닌가? 완벽한 부인이며 완벽한 아내란 어떤 것인가? 청소와 자녀 양육, 성적 만족을 주지 않으면 이혼당할 것이라고 누가 그랬는가?' 등을 질문할 수 있다. 이 과정을 통해 상담가는 내담자를 억압하는 핵심 인지가 내담자 내면에서 야기된 것이 아니라 내담자 주변의 여러 담화가 얽힌 것임을 깨닫게 한다. 내담자 문제가 내담자만의 탓이 아님을 깨닫게 함으로써 자기 문제의 통제권을 회복하고, 자신 안에 건강한 자원이 있을 수 있음을 파악하도록 돕는 것이다.

담화 관점에서 다음 작업은 내담자가 내면을 억압하는 헤게모니 담론을 다룰 수 있는 저항 담론을 발견하도록 돕는다. 우울 여성의 회복 경험을 관찰한 한 연구에 따르면, 우울 여성의 치유는 여성 자신의 '좋은 여성 정체성'을 벗어버리고, 자기 자신의 욕구, 필요, 복지에 더 많은 관

4 담화 관점에서 인지 치료 실제의 재구성에 관한 논의는 던랩의 글을 참고하여 응용했다.

심을 기울이는 과정 속에서 발생한다고 한다(Lafrance, 2009: 67-68). 여성들이 좋은 여성 정체성의 피상성, 과도함, 병적 요인을 발견하고 이에 대한 거절 및 재위치(repositioning)를 시도했을 때 회복이 전환점을 갖게 된다는 것이다. 담화 관점에서 상담가는 내담자 여성이 다양한 하부문화(subculture)를 살펴봄으로써 기혼 여성의 역할이 특정 유형에만 한정되지 않음을 깨닫게 해야 한다. 또한 상담가는 내담자와 함께 가족 내 가사 노동 분담 방안, 다양한 주부 모델의 관찰, 또 여성의 자기 성취 및 자기 돌봄을 돕는 다양한 직업을 제시하고 탐색하도록 할 수 있다. 이는 우울한 여성이 기혼 여성에 대한 지배 문화의 가정에 도전하는 데 도움을 주고, 기혼 여성에 대한 과장되고, 엄격하며 지나치게 단순한 담론의 균열을 돕는다. 그리하여 내담자 여성이 자신의 부정적 인식의 문제를 명확히 파악할 때 독재적이며 왜곡된 기준에 대한 담론에서 자유로움을 향한 첫걸음을 내딛게 되는 것이다.

마지막으로 상담가는 내담자의 건강한 담론을 지속적으로 유지시킬 수 있는 건강한 공동체와의 연계를 격려할 수 있다. 우울한 여성 내담자의 경우, 내담자가 가지고 있는 착한 여성 정체성은 실제 자신의 남편에 대한 자신의 기대뿐 아니라 아이들, 또 내담자의 부모님에게서 직접 영향받은 것이다. 그뿐 아니라 사회, 국가, 가족에서 지배 문화의 지배 담론을 격려한 것을 스스로 내면화한 것이다. 따라서 상담가는 내담자가 자신의 문제를 자기 개인의 심리적 문제로만 보는 것이 아니라 내담자 주변의 제도, 종교, 가족 관계 속에서 파악하고, 이 문화적 신화에 저항할 수 있는 주변 문화를 탐색해 내담자의 저항 담론을 격려하는 건강한 공동체에 소속하도록 할 수 있다.

* * *

지금까지 벡의 인지 치료를 담화 이론의 관점에서 재구성했다. 인지 치료는 정신분석 치료와 함께 우울한 내담자 상담에 가장 효과적인 치료 방안으로 널리 알려져왔다. 프로이트의 우울 치료에 대한 대안으로 벡에 의해 고안된 우울 치료는 내담자 우울에 영향을 미치는 핵심적인 인지의 수정 및 변경을 통해 내담자의 우울을 완화시키는 데 많은 도움이 되었다. 하지만, 젠더 관점에서 볼 때 벡의 인지 치료는 우울한 여성 내담자에 대한 근원적인 치료법을 제시하지는 못했다. 왜냐하면 인지 치료는 내담자의 인지 체계 구성에는 관심하지만, 인지를 형성하고 생산하는 내담자의 환경이나 상황에 관심하지 않음으로써 여성의 우울을 야기하는 가장 주요한 문제를 간과하기 때문이다.

따라서 푸코의 담화 이론의 관점에서 인지 치료를 보완할 때 우울한 여성을 위한 상담이 보다 효과적으로 전개될 수 있다. 담화 이론 관점에서 볼 때 여성 내담자의 우울은 내담자 주변의 가족, 문화, 종교의 다양한 지배 담론을 내담자가 내면화하는 경우에 발생한다. 특별히 여성의 우울을 조장하는 여성성의 담화는 내담자 내면에서 전적으로 파생되었다기보다는 가부장제 문화와 사회에서 형성된 지배 담론을 여성이 내면화했기 때문이다. 그리하여 담화 관점에서 접근하는 인지 치료는 우울한 여성 내담자의 개별적 인지 구조에만 관심하는 것이 아니라 내담자 주변의 다양한 담론에 관심하여 그 가운데 내담자가 건강한 담론을 선택할 수 있도록 돕고, 건강한 공동체와의 연계 속에 지속적으로 건강한 담론을 유지할 수 있도록 한다.

우울한 내담자 상담에 있어 벡의 인지 이론은 일반 상담과 기독교 상담에서 전적으로 신뢰받아왔다. 여성뿐 아니라 각 내담자의 구체적 경험과 상황에 대한 총체적인 안목 속에서 지속적으로 비판되고 재구성될 때 인지 치료는 보다 깊어지고 다양해지며, 개별 내담자에 대해 보다 적절한 상담 방안을 제시할 수 있을 것이다.

11장

여성주의 관점에서의 발달 이론 재구성

교회 고등부에 다니는 10대 여학생 A는 최근 과학고에 입학했다. 공부 잘하는 학생이 수두룩하여 소위 '열공'하는 것밖에 방법이 없는데 한 달 중에 일주일 생리 때면 아무래도 남학생보다 집중력도 떨어지고 예민해진다. A는 이것이 속상해 견딜 수 없다.

30대 후반의 교회 주일학교 교사 B는 남편이 기형 정자라 일곱 번째 인공임신을 시도 중이다. 다양한 검사 및 시술로 집 한 채 값은 날아갔고, 배와 자궁은 상처투성이다. 처음엔 어른들 때문에 시술을 시도했지만, 지금은 B도 엄마가 되고 싶은 마음이 간절해 포기를 못하고 있다.

50대 중반의 교회 권사 C는 폐경 후 처방받은 호르몬 약 부작용으로 갑작스레 자궁암과 유방암 수술을 동시에 했다. 그래서 요즘 너무 억울하고 속상해 화병이 날 지경이고, 다른 곳에 또 암이 생길까 늘 불안하고 초조하다.

60대 초반 교회 권사 D씨는 30대 중반까지 전업주부였다. 늦게 시작한 공부에 운이 따라 쉽게 대학 교수가 되었는데 연구뿐 아니라 행정 및 모금에도 탁월하여 결국 작은 대학의 총장이 되었다. 현재 남편은 퇴직 후 집에서 살림을 도맡고, D씨는 전국을 누비며 학교 기금을 모금하고 있다. D는 매일매일이 기쁘고 신난다.

발달 단계별 다양한 심리를 경험하는 위 여성들의 사례는 대부분의 여성들이 충분히 공감할 수 있는 이야기이다. 그러나 기존 발달 이론의 빛에서 이들 여성의 발달 단계별 경험은 대체로 정상 심리 발달 궤도에서 벗어나 있거나 정상이 아니거나 문제가 있는 것으로 여겨졌다(Stevenson-Moessner, 2000: 1). 전통 발달 이론은 남성 학자들의 주도 속에, 남성의 발달 경험에 근거해 전개되어 여성의 독특하고 다른 경험에 주목하지 않았기 때문이다. 다시 말해 에릭 에릭슨의 심리 사회적 발달 이론, 장 피아제(Jean Piaget)의 인지 발달 이론, 로렌스 콜버그(Lawrence Kohlberg)의 도덕 발달 이론, 또 제임스 파울러(James Fowler)의 신앙 발달 이론 등은 그 이론의 탁월함에도 불구하고 여성의 발달 경험을 포괄적으로 포용하지 못한다.

이 장에서는 여성주의 목회상담학의 관점에서 여성이 주체가 되어 여성의 발달을 이해하고 논의하는 작업을 전개하고자 한다. 미국의 경우, 1990년대를 전후로 여성주의 관점에서의 목회상담학 연구가 본격적으로 시작되었으나, 여성 발달과 관련한 구체적 관심은 아주 최근에서야 시작되었다(Cooper-White, 2008: 18). 한국의 경우도 여성의 발달 심리에 대한 상담학, 심리학, 목회상담학에서의 구체적 연구는 매우 적다(양점도·장덕희, 2002: 65, 65-92; 권수영 외, 2007: 224-225). 따라서 이 장의 논리는 한국에서 여성의 심리 발달에 관한 목회상담 연구를 자극하는 하나의 시발점이 될 것이다. 먼저, 여성주의 목회상담학 관점에서 기존 발달 이론의 문제를 비판적으로 살펴본 후, 다양한 여성 경험을 반영하는 발달 이론을 심리학적·목회신학적으로 재구성할 것이다. 이는 전통 발달 이론을 총체적으로 부정하기 위한 것이 아니라 기독 여성 발달 이해에 좀 더 구체적이고 적합한 이론을 탐구하여, 보다 효과적인 여성 상담을 모색하기 위한 것이다.

1. 발달 심리 이론의 비판

발달 심리, 무엇이 문제인가? 장 피아제, 로렌스 콜버그, 레프 비고츠키(Lev Vygotsky), 아놀드 게젤(Arnold Gesell) 등 수없이 많은 발달 이론가들이 있으나 여성주의 목회상담학에서 가장 많이 관심하는 지그문트 프로이트와 에릭 에릭슨 두 학자의 이론을 중심으로 발달 심리학의 문제를 살펴보고자 한다.

프로이트는 마음의 질병으로 고통하는 많은 내담자들에 대한 임상경험을 토대로 인간 발달은 인간의 생애 초기에 주로 완성된다고 주장한다(Freud, 1990: 122, 135-138). 즉, 인간의 발달은 구강기, 항문기, 남근기, 잠재기, 성기기를 거쳐 발달하며 각 시기 반단이 제대로 되느나 아니냐에 따라 인간의 독특한 성격이 결정된다는 것이다. 특히 프로이트는 남아와 여아의 심리 성적 발달에 있어 남근기를 주목한다. 남근기에 남아와 여아는 자기 몸의 생물학적 차이를 인식한다. 그리하여 남아의 경우, 거세 불안(castration anxiety) 속에 어머니 사랑을 멈추고 아버지의 법과 명령을 내면화하며 양심과 도덕심을 발달시킨다. 반면, 여아는 남근 시기(penis envy) 속에 허영심, 수동성, 나르시시즘 등의 성향을 발달시키며 후에 결혼을 통한 아들 출생을 강하게 선망한다.

이런 프로이트 이론은 여성주의 목회신학자 주디스 오르(Judith Orr)의 주장에서 보듯, 서구 남성의 심리성적 발달 이론 구축에는 도움이 되나 다양한 인간의 구체적인 발달 상황을 모두 포착하지는 못한다(Orr, 2000: 45). 즉, 프로이트를 포함한 발달 이론가들은 인간의 발달 단계를 나누어, 단계별 인간 행동의 의미와 목적을 조목조목 설명해 나름의 경험을 축적한 각 개인의 다양하고 구체적 모습을 이해하는 데 도움을 준다. 특히 생애 주기 이론은 인간의 전 생애, 즉 탄생부터 죽음에 이르기까지 인간이 경험하는 다양한 발달 문제와 가능성을 조명한다. 하지만 이들 발달 이론은 중산층 서구 남성의 경험에 주로 근거한 이론이기에 인간을 보편적이고, 불변하고, 위계적인 존재로 본다. 그리하여 젠더를 비롯하여 불평등한 권력 관계에서 야기된 사회 문화의 문제 및 발달 문제를 직시하지 못하는 것이다.

프로이트뿐 아니라 프로이트를 극복하고자 한 여성 발달 이론가 역시 아직은 한계를 가진다. 프로이트는 남성의 발달을 인간 발달의 표준으로 봄으로써 여성의 발달이나 여성 경험에 많은 관심을 표명하지 않는다. 또한 발달 단계에서 남성과 달리 독특한 여성의 경험을 여성이 남성보다 열등함을 입증하는 특성으로 규정한다. 이에 여성 이론가인 캐롤 길리건

(Carol Gilligan)이나 낸시 초도로우(Nancy Chodorow)는 차별이 아닌 차이의 관점에서 여성과 남성의 심리적 동등성을 주장한다(Chodorow, 1978; Gilligan, 1982). 그러나 어린 나이부터 노동 현장에 뛰어들 수밖에 없는 노동자 계층 여성 경험에 관심한 오르는 프로이트 이론이 서구 중산층 남성의 경험을 전제하듯, 이들 여성 이론가의 논의 역시 이성애에 기초한 핵가족의 전업주부와 아이 관계를 전제한다고 한다(Orr, 2000: 45-46). 즉, 길리건이나 초도로우 역시 노동자 계층 여성 가정이나 레즈비언 가정의 돌봄 관계를 포괄하는 이론을 제공하지는 못한다.

학대 여성의 트라우마에 관심하는 파멜라 쿠퍼-화이트(Pamela Cooper-White)의 관점에서도 프로이트의 발달 이론은 문제가 있다(Cooper-White, 2000: 88). 쿠퍼-화이트에 따르면, 수십 년 전만 해도 가끔씩 일어났던 끔찍한 아동 학대가 현대에는 만연하고 있다. 현재 미국의 경우, 열여덟 살 전까지 세 명 중 한 명의 여자아이가, 열한 명 중 한 명의 남자아이가 성적·육체적으로 학대를 당하고 있다. 그런데 프로이트는 「섹슈얼리티에 관한 세 에세이Three Essays on the Theory of Sexuality」를 통해 발달 이론과 트라우마 연구 모두에 초석이 될 수 있는 연구를 한다. 그의 발달 이론에 기초가 된 다수의 내담자들이 아버지 혹은 아버지를 대신하는 남성에게 성 학대를 경험한 트라우마의 피해자였던 것이다(정희성, 2011a: 201-207). 그러나 프로이트와 그의 추종자들은 이들의 성 학대에 '눈감고' 학대로 인한 트라우마의 영향도 인식하지 않은 채 발달 이론을 전개한다. 프로이트 이론은 멋지게 인간 발달에 대해 논하고 있지만 막상 학대에 눈감은 허황된 이론에 불과한 것이다.

한편, 프로이트가 인간의 초기 발달에 관심한 것과 달리 에릭슨은 인간의 출생부터 죽음까지에 관심하여 전 생애 발달 이론을 전개한다(에릭슨, 1988). 에릭슨에 의하면, 인간의 전 생애는 유아기, 초기 아동기, 놀이기, 학령기, 청소년기, 성인 전기, 성인기, 노년기로 나뉜다. 인간의 발달은 시기에 맞춰 각각 발달해야 하며, 위계적으로 상호 연결되어 있다. 또 어떤 발달 단계도 한 번에 이루어질 수는 없으나 초기 단계가 후기 단계로 대치될 수는 없다고 한다. 그뿐 아니라 인간 발달은 사회적 맥락에서 발달하며 발달 단계별 심리 사회적 위기나 발달 과제가 있다. 다시 말하면, 인간의 각 발달 단계는 근본적으로 부정적 축과 긍정적 축, 두 양극을 가지며 이 두 축의 조화로운 균형 속에서 심리 사회적 성숙에 이르게 된다는 것이다.

엘리자베스 리버트(Elizabeth Liebert)는 에릭슨 이론이 젠더 관점에서도 매우 중요하다 주장한다(Liebert, 2000: 23). 에릭슨은 자신의 발달 이론을 통해 남아는 행동 지향적이며 돌출적이고 심지어 폭력적인 반면, 여아는 내성적이고 보호 지향적이며 포용적이라 했다. 이에 리버트는 에릭슨이 남성 중심적 사회 문화에서 여성을 젠더화된 방식으로 반응하게 하는 상황에 무비판적이었다고 한다. 그러나 이는 당대 남아와 여아의 반응에 대한 관찰 결과이기에 무조건 에릭슨을 비판해서는 안 된다고 한다. 그리고 프로이트와 비교할 때 에릭슨은 훨씬 더 여성의 몸을 긍정한다고 한다. 즉, 프로이트는 여성의 남근 선망을 강조하여 여성 발달의 부정적 측면을 강조한 반면, 에릭슨은 여성은 인간의 생명이 생성되는 자궁, '내적 공간(inner space)'을 소유한다 주장한다. 프로이트가 여성을 '남성이 아닌' 존재로 명명한 것과 달리 에릭슨은 여성에게 '내적 공간을 소유한 존재'라는 긍정적 정체성을 부여한 것이다.

그러나 메리 린 델(Mary Lynn Dell)과 같이 독신 여성 경험이라는 구체적 여성 경험을 대입시킬 때 에릭슨의 이론 또한 문제를 드러낼 수밖에 없다(Dell, 2000a: 128). 델은 프로이트 이론이 너무 성적이고 전형적이어서 현실적이지 않은 반면, 에릭슨의 이론은 많은 임상가들에게 주요한 심리적, 치료적 통찰을 제공한다고 본다. 하지만 에릭슨은 성인 단계를 초기 성인기, 중년기, 노년기의 셋으로 나누는데 이 부분이 결혼하지 않았거나 결혼 생활을 하지 않는 독신 여성들에게는 적합하지 않다는 것이다. 에릭슨에게 있어서 전 단계에서의 충분한 발달 과제의 성취는 다음 단계의 성공적 발달에 주요한 전제이다. 이에 따르면, 초기 성인기에 결혼이라는 과제를 완성하지 못한 독신 여성의 경우, 다음 단계도 성공적으로 성취할 수 없다. 또한 에릭슨은 초기 성인기 발달 단계에서 여성은 남성과의 결혼 혹은 연합 없이는 초기 성인기의 발달 과제를 성취할 수도 없는 것으로 이해한다. 에릭슨의 성인기 논의는 결혼이나 자녀 양육과 같은 전통적인 사건에 지나치게 의존하여 현대 사회에서 증가하고 있는 독신 여성의 구체적 경험과 차이를 포괄하지 못하는 것이다.

여성 간 다양성과 차이에 관심한 오르나 델과 달리, 밀러-맥르모어는 여성 다수가 공유하는 어머니 경험에 관심한다(Treadway & Miller-McLemore, 2000: 178-179, 182). 밀러-맥르모어에 따르면, 현대 사회는 아이리스 영(Iris Young)이 주장하듯 "복수적 출산 문화(plural child-bearing culture)"의 형태를 띤다.[1] 과거 전통 사회에서 임신, 출산, 양육은 주로 20대 초반 이성애 부부의 문제였다. 그런데 현대 사회에서 임신, 출산, 양육은 10대부터 후기 성인기까지 경험하는 문제이다. 출산과

1 Iris Marion Young, "Making Single Motherhood Normal," *Dissent*(1994), 91. Treadway and Miller-McLemore, 2000: 187에서 재인용.

관련된 경험도 다양하여, 20대 초반에 경험하기도 하고, 30대 혹은 40대 초반까지 기다려 경험하는가 하면, 평생 불임인 경우도 증가하고 있다. 그뿐 아니라 현대 사회에서 여성의 어머니 경험은 급격히 변화하고 있다(Treadway & Miller-McLemore, 2000: 178). 과거 전통 사회에서 여성은 부인으로서의 역할이나 직업보다 어머니 역할을 가장 중시했다. 현대 사회에서 여성은 어머니인 동시에 직업을 가져야 한다. 그러나 대중매체 등에서 어머니로서 여성의 역할을 계속 강조하기 때문에 많은 여성들은 자기 능력의 한계를 수시로 경험하며 좌절할 수밖에 없다.

밀러-맥르모어와 같이 현대 여성의 어머니 경험을 숙고해볼 때도 에릭슨의 발달 이론은 확실히 문제가 있다. 여성의 관점에서 볼 때 성인 여성에게 출산, 임신, 양육의 경험이야말로 매우 중요하고 복잡하고 다원적인 경험이다(Treadway & Miller-McLemore, 2000: 178, 182-183). 그런데 에릭슨은 성인기 발달 단계에서 이 어머니 경험을 괄호 속이나 한편에 밀어둬도 되는 것으로 간주한다. 그리하여 성인기 발달 과제를 독립으로 두고, 다음 세대를 안전하게 돌보고 관리하는 것에는 거의 관심하지 않는다. 물론 에릭슨은 중기 성인기에 다음 세대를 돌보고 지도하는 생물학적, 심리학적, 윤리적 헌신인 생산성을 주요 발달 과제로 본다. 그러나 여성에게 있어 생산성의 문제는 성인 중기에 갑자기 관심해야 하는 문제가 아니다. 대부분의 여성들은 10대부터 40대, 혹은 50대까지 대부분의 삶을 임신, 출산, 양육에 관여하기에 여성의 발달 경험을 감안한다면 에릭슨이 제안한 시기보다 훨씬 더 생애 전반에 걸쳐 생산성의 문제가 언급되고 관심되어야 하는 것이다.

2. 여성 발달의 심리학적 재구성

독신 생활 혹은 어머니 경험 등 여성의 구체적인 경험을 근거로 프로이트나 에릭슨의 발달 이론을 고찰할 때 이들 이론이 여성 발달의 다양하고 생생한 경험을 충분히 설명하지 못함을 알 수 있었다. 그렇다면, 어떻게 해야 여성의 구체적 발달 경험 이해에 도움이 되는 발달 이론을 모색할 수 있는가?

먼저, 쿠퍼-화이트 같이 여성의 구체적 경험에 주목하여 특정 경험 이해에 도움이 되도록 발달 이론을 부분적으로 수정하는 것이다. 쿠퍼-화이트는 에릭슨이 인간의 모든 발달을 일직선상에 세우기 때문에 트라우마로 고통하는 여성들을 이해하는 데 많은 한계가 있다고 한다(Cooper-White, 2000: 90-91). 트라우마란 정상적인 대처에 실패했을 때 발생하는 압도적인 공포, 심한 무기력감을 의미한다. 성인에 대한 절대 의존이 기본적 감정인 어린 아동의 경우, 어린 시절 경험한 학대나 유기 경험이 아동의 공포, 무기력, 무력감을 더욱 강화하여 인생을 트라우마로 가득한 것으로 이해하기 쉽다. 특히 에릭슨의 관점에서 접근할 경우, 생애 초기에 트라우마로 인해 기본적 신뢰 능력에 문제가 생기면 이후 정상적 발달은 거의 기대할 수 없다. 그러나 쿠퍼-화이트는 심한 학대 속에서 자란 여자아이가 '올 A'를 맞는 우수한 학생이나 대중이 부러워하는 유명 운동선수가 되거나 심한 부모의 방치 속에도 당차게 가장 역할을 해내는 경우들을 접하며, 에릭슨의 이론으로 이해할 수 없는 예외들을 발견한다.

그리하여 쿠퍼-화이트는 에릭슨과 달리 다양한 발달 라인(developmental lines)을 주장하는 안나 프로이트(Anna Freud) 이론에 주목한다.[2]

안나 프로이트는 에릭슨과 마찬가지로 프로이트 이후 첫 세대 학자로 프로이트의 발달 이론을 병리와 정상적 발달에 모두 적용해보고자 했다. 그리하여 그녀는 런던 햄스테드 클리닉에서 아동과 함께 작업하며 하나의 발달 라인만 있는 것이 아니라 태아기부터 성인기에 걸쳐 많은 발달 라인이 있다고 주장했다. 즉, 프로이트 발달 이론의 핵심 개념인 자아, 원자아, 초자아 개념에 그녀는 여전히 관심했지만, 정상적 발달은 일직선상에 놓인 발달 라인 각개의 문제없는 발달이 아니라 모든 다양한 발달 라인의 유사한 발달이라 주장했던 것이다.

안나 프로이트의 영향 속에서 쿠퍼-화이트는 트라우마를 경험한 아동도 다양한 영역의 발달과 성숙이 가능하다고 주장한다(Cooper-White, 2000: 92). 에릭슨과 같이 발달 단계 이론을 직선적으로 이해하는 경우, 어린 시절 심한 학대를 당하면 그 시기 경험해야 할 발달 과제, 즉 기본적인 덕목(virtue)을 성취하지 못할 뿐 아니라, 이로 인해 이후 발달 단계에서도 성숙한 방식으로 발달 과제를 완수할 수 없다. 그러나 발달 단계의 다양성을 인정하는 경우, 어릴 적 매우 충격적인 일을 겪었을지라도 그것이 전체 삶에 영향을 미치는 것은 아니다. 학대와 트라우마 속에서도 뛰어난 능력을 발휘할 수 있다는 가능성이 배제되지 않는 것이다. 이에 쿠퍼-화이트는 발달 덕목의 다양성을 강조함으로써, 또 발달 라인의 다양함을 강조함으로써 어린 시절 트라우마를 경험한 학대 아동도 성숙할 수 있다고 주장한다. 특정 시기의 위기가 다음 단계의 발달을

---

2 Anna Freud, "The Concept of Developmental Lines," *Psychoanalytic Study of the Child*, 18(1963), 245-65. Pamela Cooper-White, "Opening the Eyes: Understanding the Impact of Trauma on Development," in Jeanne Stevenson-Moessner, ed. *In her own time: women and developmental issues in pastoral care*(Minneapolis: Fortress Press, 2000, 92)에서 재인용.

온전히 방해하는 것이 아니라 다양한 모습으로 쌓이고 축적되어 나이테와 같이 고유한 모습을 갖게 한다는 것이다.

한편, 여성주의 목회신학의 관점에서 발달 심리학을 재구성하는 두 번째 방법은 여성의 독특한 문화적 상황에 관심하여 특정 발달 시기를 새롭게 구성하는 것이다. 독신 여성은 아직 결혼하지 않은 여성뿐 아니라 이혼 혹은 파트너의 죽음으로 혼자가 된 여성을 가리킨다. 그런데 에릭슨 발달 이론은 이와 같은 독신 여성의 경험을 적절히 반영하지 않는다. 가령, 에릭슨은 성인기의 과제로 생산성을 들었는데, 독신 여성은 에릭슨이 제시한 생산성을 성취할 수 없다. 그래서 델은 진정한 생산성이란 생물학적 출산을 포함하면서도 이를 넘어선 것으로, 일, 직업, 소

〈표 3〉 독신 여성의 성인기 이후 발달 주기

단계	정서 과정
1. 아직 결혼 안 함	1. 원가족과의 관계 변화: 의존에서 독립으로 2. 가족 밖 세계에서 독립성 증가(일과 우정)
2. 30대 (독신의 중간 지대)	1. 처음으로 독신 상황에 직면함 2. 결혼에 더해 다른 가능성을 포함하는 것으로 확장함
3. 중년 (40대–50대 중반)	1. 이상적인 미국 가정에 대한 환상을 다룸 a. 절대 결혼하지 않을 가능성을 받아들임 b. 생물학적 자녀 없음을 받아들임 2. 현재와 미래 직업의 의미를 정의함 3. 독신 생활 안에서 진정한 삶을 정의함 4. 원가족에서 성인 역할을 확고히 함
4. 후기 (50대 – 건강이 나빠질 때까지)	1. 일 위주의 삶에 관한 정의 2. 자신의 일의 결실과 독신의 유익을 즐김 3. 육체적 쇠락을 인식함 4. 사랑하는 이의 죽음과 장애에 직면
5. 노년 (건강 약화 – 죽음 사이)	1. 죽음을 직면함 2. 살아온 삶을 받아들임

명, 그리고 그 외의 모든 창조적이고 생산적인 활동을 포함하는 것으로 보아야 한다고 한다. 결혼하여 부모가 되는 것을 성인됨의 유일한 성숙 기준으로 보지 않아야 하는 것이다. 또한 델은 자신의 임상 경험을 근거로 독신 여성의 성인기 이후 발달 주기를 〈표 3〉과 같이 구성한다(Dell, 2000b: 330).

델은 독신 여성의 경험을 중심으로 구성한 발달 단계를 통해 문화에서 규정한 사건보다는 개인의 풍요롭고 복잡하고 다양한 삶에 관심하고 있다(Dell, 2000b: 330). 즉, 젠더화된 사회 문화를 반영하는 원가족, 성, 결혼 등을 보편적으로 적용하기보다 결혼하지 않은 사람, 이혼한 사람, 미망인, 동성애자들도 받아들일 수 있는 삶의 발달 단계를 제시하는 것이다. 델은 자신의 발달 단계가 독신 여성들의 통전적인 삶을 이해하는 데도 도움이 될 뿐 아니라 독신 여성들을 위한 치료 계획을 구상하는 데도 도움이 된다고 한다. 독신 여성 역시 그 양태는 다르지만, 결혼한 사람 못지않게 나름의 방식으로 변화와 성숙을 경험한다. 그러므로 교회와 사회가 기혼자뿐 아니라 독신 여성들이 그리스도의 몸된 교회에 충분히 수용되도록, 또 독신 여성들의 정신 건강과 영적 성장을 위해서 지원하고 노력해야 한다는 것이다.

여성주의 관점에서 발달 이론의 심리학적 구성은 오르처럼 특정 여성들의 발달 경험에 근거해 생애 주기 발달 단계 전체를 새롭게 고안할 수도 있다. 오르는 전형적인 발달 단계와 달리 노동자 계층 여성의 발달 단계를 아동기-사춘기-초기 성인기-중기 성인기-노년기로 완전히 재구성한다. 오르에 의하면, 노동자 계층 여성 발달의 첫 번째 단계는 출생부터 12세까지의 아동기이다(Orr, 2000: 47-50). 아동기에 중산층 여아와 달리 노동자 계층의 여아는 가난이 무엇인지를 구체적으로 경험한다. 부모가 직장에 다닌다 해도 비정규직인 경우가 많아 불확실성과 불안이 이 시기 주요 경험이다. 이 시기 중산층 아동기 여아의 주된 고민이 개인적 결함과 관계된 것이라면, 노동자 계층 여아는 자신의 관계망 때문에 고민한다. 즉, 돈이나 음식 부족뿐 아니라 알코올중독에 걸린 부모, 자주 싸우는 가족, 아픈 엄마가 주된 고민거리이다. 그래서 '너무 어려서 걱정할 수 없다'는 말은 노동자 계층 여아에게 해당되지 않는다.

노동자 계층 여성의 두 번째 발달 단계는 13세부터 17세까지의 사춘기이다(Orr, 2000: 50-54). 사춘기는 급격하게 심리적, 신체적 변화를 겪는 시기로 사춘기 소녀의 경우, 몸의 극심한 변화 속에 생리, 섹스, 성적 매력 등의 문제에 관심하며 종교적 회심을 경험하기도 한다. 그런데 중산층 사춘기 소녀의 경우, 대학 교육을 받기 때문에 사춘기를 즐길 수 있는 기간이 비교적 길다. 반면, 노동자 계층 사춘기 소녀는 대부분 고등학교 졸업과 함께 일찍 직장 생활을 하거나 결혼을 하기 때문에 그 기간이 짧다. 그런가 하면 노동자 계층 사춘기 소녀들은 사춘기의 고유한 특징인 정체성 갈등 역시 자신에 대한 정직한 직면으로 시작하는 것이 아니라 생존 외에 특별한 선택의 여지가 없는 절망 속에서 경험한다. 노동자 계층 사춘기 소녀들의 직업 선택은 자기 성취가 아니라 생존에 의해 결정되며, 직업에 대한 장기 계획조차 세우지 않는다. 또 이 시기 노동자 계층 사춘기 소년들은 학교나 주변 이웃이 자신과 경제 수준이 비슷하면 덜 갈등하지만, 그렇지 않은 경우, 깊이 상처받고 수치심을 느낀다.

한편, 노동자 계층 여성의 세 번째 단계는 18세부터 34세까지의 초기 성년기이다(Orr, 2000: 54-56). 중산층 여성의 경우, 결혼하기 전 원가족에서 독립하여 자신이 무엇을 해야 하는지, 자기가 누구인지를 생각할 여유가 있다. 그러나 노동자 계층 여성의 초기 성인기는 대부분 이른 결혼과 부모 됨에서 시작한다. 그래서 성장에 관해 생각할 여유가 없이 생존을 위해 일해야 한다. 물론, 일이 가족 경제에 도움이 되기 때문에 일을 통해 자아 존중감과 자기 가치감을 경험하기도 하지만, 일에 대한 만족도가 높지는 않다. 때문에 오히려 가정생활에 더 많이 투자하기도 한다. 반면, 일을 할 수 없게 되는 경우, 우울감, 낮은 자존감, 중독에 빠져 심한 경우 자살까지 생각하게 된다. 중산층 성인 여성의 경우, 일 자체에 대한 흥미도, 자아 성취 같은 내적 요소가 중요하다 평가한다. 그러나 노동자 계층의 여성은 임금 및 노동 시간, 혹은 감독이나 동료 같은 외적 요소를 중요하게 평가한다. 여성의 수입이 가정의 주요 수입원이기 때문에 노동자 계층 가정에서 여성은 임신, 섹스, 이혼 등의 문제에 주도적일 뿐 아니라 가족 내 힘이 있는 편이다.

노동자 계층 여성의 네 번째 단계는 35세부터 50세까지 중기 성인기이다(Orr, 2000: 58). 이 시기 중산층 여성은 주로 자신이 무엇을 생산해 냈는가에 대해 내적 성찰을 한다. 반면, 노동자 계층 여성은 여전히 이런 문제에 대해 생각할 충분한 시간적 여유가 없다. 이 시기 바람직한 파트너에 대해 다시 평가하기도 하는데 중산층 여성은 착한 마음, 친절, 배려심 같은 내적 요소를 중시하는 한편, 노동자 계층 여성은 대화할 수 있는 사람, 함께 경제적 부담을 나누는 사람 등 행동 요소에 관심한다. 계층을 초월해 '빈 둥지 증후군'은 중년 여성 모두에게 중요한 문제이다. 하지만 노동자 계층 중년 여성의 경우, 일하며 자녀를 양육한다는 힘든 부담에서 벗어나는 시기이기 때문에 빈 둥지 경험이 오히려 안도감을 주기도 한다. 한편, 이 시기 노동자 계층 중년 여성의 주요한 관심은 타인을 돕는 것이다. 백만 달러가 생기면 어떻게 하겠느냐는 인터뷰에서 중산층 중년 여성이 가정, 가족, 투자에 관심한 것과 대조적으로 노동자 계층 여성들은 대학, 노숙자 숙소, 혹은 교회에 기증하겠다고 했다.

노동자 계층 여성의 마지막 발달 단계는 50세 이후의 노년기이다(Orr, 2000: 59-61). 노년기는 폐경, 손주 돌보기, 은퇴, 부모 돌보기 및 자신의 죽음에 직면하는 시기이다. 그런데 노동자 계층 노년 여성의 이 시기 가장 큰 관심은 배움에 관한 것이었다. 이는 한 단계 높고 중요한 사람이 되기 위해 더 많이 배워야 한다고 강조한 부르주아 문화의 영향이기도 하겠지만, 배움을 자기 존중을 획득하는 방법이자 생존을 넘어 삶의 충만함에 이르는 길로 이해하기 때문이다. 그래서 부모 역할에서 자유로워지고 노동에서 벗어나게 되면 더 많이 배우고 지혜를 축적하고자 한다. 이 시기 노동자 계층 노년 여성이 가장 두려워하는 것은 죽음 자체라기보다 다른 사람에게 부담을 주는 것이다. 이는 중산층 노년 여성이 죽음에 가까워지며 의존적이 되고 통제력을 상실할까 고민하는 것과는 대조적이다. 또한 노동자 계층 노년기 여성의 마지막 삶의 주제는 휴식이다. 이들은 노년기에 특별한 휴식을 갈망하여 백만 달러가 주어지면 빚을 갚고, 기증하고, 휴가를 가겠다는 생각을 많이 피력한다. 일에서 벗어나 쉬는 것. 그것이 그들 삶의 마지막 주요 관심인 것이다.

3. 목회신학적 재구성

한편, 도널드 캡스는 기독교가 대죄(Deadly Sins), 팔복(The Beatitudes), 천로역정 이야기 등을 통해 기독교인의 발달 단계별 선한 발달을 꾸준히 고취시켜왔다고 한다(Capps, 1985: 228-244). 때문에 교회 여성의 다양한 발달을 지지하는 상담을 위해선 심리학 이론뿐 아니라 기독교적 덕목이나 발달 모형에 대한 새로운 목회신학적 접근이 필요하다.

미국 흑인 여성의 삶과 경험에 관심해온 테레사 스노튼(Teresa Snorton)은 흑인 여성을 위한 기독교적 덕목을 새롭게 제시함으로써 이의 해결을 모색한다. 스노튼에 의하면, 미국 사회에서 흑인 여성들에게 강요해온 덕목은 전통적으로 '끊임없이 일할 것'과 '과도한 책임감'이었다고 한다(Snorton, 2000: 285-287). 노예 생활 당시 흑인은 백인의 노예로 살며 남녀 구별 없이 열심히 일해야 했고, 실수하거나 게으름을 피우면 심하게 벌을 받거나 팔려갔다. 그래서 흑인은 백인에 의해서, 또 스스로 자신의 가족을 지키기 위해서 최선을 다해 열심히 일해야 한다고 생각하며 이를 삶의 최고 덕목으로 강조했다. 노예 해방 이후 약간의 변화가 있었지만, 대부분의 흑인들은 여전히 가난했기 때문에, 젠더를 불문하고 가족의 생계를 위해 여전히 열심히 일해야 한다고 배웠다. 흑인 여성의 경우, 흑인 남성 못지않게 열심히 일했을 뿐 아니라 밭에서 아이를 낳고도 곧 다시 일하러 갈 정도로 더욱 맡은 바를 다하고자 했다. 이런 상황에서 누군가에게 의지한다거나, 휴식을 취한다거나, 잠시 휴양을 떠난다는 것은 상상조차 할 수 없는 것이었다. 오로지 '열심히 일해라', '맡은 일은 반드시 끝내라', '다른 사람을 보살펴라'는 것이 사회가 흑인 여성들에게 강조한 삶의 주요 덕목이었다.

그런데 스노튼은 기독교의 가르침 역시 흑인 여성들에게 이와 같은 과도한 책임감과 일에 대한 부담을 강화시켰다고 한다(Snorton, 2000: 289). 스노튼에 의하면, 기독교가 흑인 여성들에게 강조한 가르침은 '하나님께서는 인간이 감당할 수 없는 시험은 주시지 않는다'는 것이었다. 그리하여 어떤 곤경이나 어려움에서도 흑인 여성들은 이를 참고 견뎌내야 하는 것으로 이해했고, 하나님에 대한 믿음 속에서 무거운 삶의 스트레스와 책임감을 홀로 지고 가야 하는 것으로 여겼다. 결국, 많은 흑인 여성들이 과도한 노동과 스트레스로 병에 걸리거나 죽음에 쉽게 노출되었다. 통계에 의하면, 백인 여성보다 두 배 이상 많은 흑인 여성이 심장병과 심장마비로 죽는다. 당뇨나 그로 인한 합병증 역시 백인 여성보다 두 배나 높을뿐더러 참고 지내다 병원의 도움을 늦게 요청하기 때문에 암으로 인한 사망률 역시 백인 여성보다 높은 것으로 나타난다.

때문에 스노튼은 휴식의 신학(theology of rest)을 통해 '휴식'을 흑인 여성들을 위한 기독교의 새로운 덕목으로 제안한다(Snorton, 2000: 291). 스노튼은 창세기 2장 2절에 '하나님께서 일곱째 날에 쉬셨다'고 한 부분을 신학적 근거로 삼는다. 그래서 휴식이야말로 연이은 창조와 새로운 갱신에 필수 불가결하며, 창조와 주기적으로 동반해야 하는 하나의 쌍이라고 한다. 또 하나님은 피곤해서 쉬신 것이 아니라 연이은 창조를 위해 쉬신 것이라고 한다. 때문에 기독교를 믿는 흑인 여성 역시 자기를 돌보고 몸과 마음의 휴식을 취해야 한다는 것이다. 휴식이야말로 영혼의 갱신을 위해, 또 새로운 창조를 위해 반드시 필요하다. 그러므로 하나님이 쉬셨듯이 흑인 여성도 쉬어야 하며, 일을 위한 계획뿐 아니라 휴식을 위한 스케줄도 짜야 한다는 것이다.

한편, 밀러-맥르모어도 여성의 어머니 경험을 근거로 하나님에 대한 새로운 이해뿐 아니라 기독교의 덕목을 제시한다(Treadway & Miller-McLemore, 2000: 185). 현대 생태 여성 신학자 샐리 맥페이그(Sallie McFague)는 핵무기와 같이 가공할 만한 무기가 인류 생존을 위협하는 현대 사회에서 하나님과 인간이 함께 협조하고 공조하는 공동 파트너십, 공동 창조(co-creating)를 강조한다(McFague, 1987: 104). 그런데 밀러-맥르모어는 여성 존재를 낳은 경험, 창조 경험이야말로 하나님의 공동 파트너십, 공동 창조와 가장 유사한 경험이라고 한다. 또 여성의 임신, 출산, 양육의 모성 경험은 인간이 자기 자신을 넘어서 타인을 돌보고 보호하고자 하는 종교적 헌신을 발전시키며, 타인의 가장 근본적인 필요와 번성을 추구하는 하나님 사랑을 이해하는 데 매우 적합하다고 한다. 그리하여 밀러-맥르모어는 발달 주기 이론에서 여성의 임신, 출산, 양육과 같은 모성 경험을 강조할 뿐 아니라 하나님을 이해하는 데 있어서도 이를 활용하고자 했다.

모성 경험을 근거로 밀러-맥르모어가 기독교 덕목으로 제시하는 것은 '명상', 즉 기독교 수양의 새 모습이다(Treadway & Miller-McLemore, 2000: 186). 기독교 전통에서 영적 스승들은 다양한 방식으로 기독교인이 지향해야 할 삶의 방법을 모색해왔다. 그리하여 많은 이들이 오랜 침묵, 홀로 있음, 금욕, 노동, 자기 부인을 강조하는 명상 생활, 수도 생활을 그 방안으로 강조했다. 그런데 밀러-맥르모어는 명상이나 수도 생활이 아니라 모성 경험이 바로 금욕, 노동, 자기 부인을 실천케 하는 구체적이고 특별한 경험이라 한다. 어머니가 되어 자녀를 낳고, 키우고, 자라게 하는 것은 움막에 스스로를 가두고 명상하는 수도사 못지않게 한밤의 긴 잠, 자신을 위한 시간, 원하는 대로 오고 갈 자유, 이 모든 것을 포기하는 자기 부인의 경험을 사랑 속에서 훈련하는 것이기 때문이다.

한편, 밀러-맥르모어는 모성 경험이야말로 전통적인 명상이 지향한 하나님과의 만남법에 대한 새로운 방법을 제시한다고 한다. 즉, 명상이 하나님과의 만남을 침묵과 홀로 있음 속에서 가능한 것으로 강조한 것과 달리 모성 경험을 통해 하나님과의 만남은 '대화와 관계성 속에서' 가능함을 깨닫게 된다는 것이다. 아이를 양육하며 어머니는 침묵 못지않게 대화의 중요성을 인식하게 되는데 이를 통해 하나님을 향한 영적 묵상이 고독뿐 아니라 관계 안에서 이루어질 수 있음을 깨닫고 하나님 사랑의 복잡하고 심오한 차원에 대해 보다 구체적인 통찰을 얻게 된다. 따라서 모성 경험이야말로 명상 못지않게 기독교인 삶의 바람직한 덕목으로 이해해야 한다는 것이다.

그런데 스노튼이나 밀러-맥르모어보다 더 혁신적인 방식은 진 스티븐슨-모에스너(Jeanne Stevenson-Moessner)와 같이 여성주의 목회신학 관점에서 발달 이론가들이 제시하는 발달 사다리를 완전히 재편하는 것이다. 먼저, 이를 위해 스티븐슨-모에스너는 목회신학에서 주요 메타포였던 성육신 신학을 비판적으로 재조명한다(Stevenson-Moesnner, 2000: 8). 목회신학자 찰스 거킨(Charles Gerkin)은 교부 시대부터 현대에 이르기까지 목회신학의 주요 메타포는 '하나님이 육신이 되었다'는 성육신 교리였다고 한다(Gerkin, 1984: 70-71). 성육신 신학은 인간을 위한 하나님의 지속적인 활동을 묘사했을 뿐 아니라 목회자와 내담자 관계의 유비, 또 목회상담 관계에서 체현되는 은혜와 수용의 패러다임적 이미지가 되어왔다. 이에 스티븐슨-모에스너는 거킨은 하나님의 성육신이 여성의 몸에서 일어났음을 간과했다고 한다. 성육하신 예수 사건은 하나님의 성육신이면서 동시에 여성의 몸에서 태어난 모성과 분리할 수 없다. 또 예수의 성육신 사건에서 오히려 의문시해야 하는 것은 예수의 아버지이지 어머니가 아니다. 따라서 예수께서 마리아라고 이름 지어진 여성의 몸에서 태어나셨다는 사건이 더욱 강조되고 강조되어야 한다는 것이다.

그래서 스티븐슨-모에스너는 하나님의 어머니 마리아를 중심으로 목회신학의 성육신학을 재구성하고자 한다(Stevenson-Moesnner, 2000: 8). 그녀에 따르면, 기독교 개신교 전통에서는 여성의 경험과 몸을 중시하지 않고, 하나님을 임신한 자(God-bearer, Theotokos)로서 마리아의 중요성을 부인해왔다. 그러나 하나님을 임신한 마리아의 중요성은 이미 431년 에베소 회의에서 확증됐으며 '동정녀 마리아에게서 나시고'라는 사도신경을 통해 명백히 고백되었다. 그러므로 기독교 신앙은 성육신이 여성의 몸과 불가분하게 연결되어 있음을 놓쳐서는 안 된다. 그런데 마리아를 성육신 신앙의 중심에 놓고 목회신학적 여성 발달 사다리를 구성할 때 강조되는 것은 영혼과 육신의 분리가 아닌 하나 됨이다. 다시 말하면 마리아에 기초한 성육신 신학은 마음과 몸과 육체의 일치를 강조하며, 마리아뿐 아니라 여성의 위치를 상승시킨다. 더불어 천한 자와 낮은 자를 올리시는 하나님, 문화의 영향력에 관심한다.

스티븐슨-모에스너에 의하면 마리아에 기초한 발달 사다리는 마음-몸-영혼-문화의 4부 일치(mind-body-soul-culture quadripartite unity)를 강조한다(Stevenson-Moesnner, 2000: 17). 육신이 되신 하나님은 여성의 자궁을 통해 운반되었고, 여성의 산고 속에 태어났다. 그래서 이 발달 모형은 몸과 영혼, 몸과 마음, 또 몸이 하나님이 계신 거룩한 장소라는 것을 강조한다. 그와 더불어 어느 누구의 몸도 범해지거나 약탈당해서는 안 된다는 것, 또 인간의 가치가 피부색이나 능력에 의존하지 않는다는 것을 강조한다. 실제로 미국 병원이나 교회에서는 유방 절제나 자궁 절제 혹은 유산이나 불임, 출산 등에 직면하여 마리아께 기도해달라는 교인들도 있다. 이처럼 마리아는 이미 문화 속에 영혼과 몸의 연결, 육체적인 것과 영적인 것을 연결하는 표상으로 자리잡아왔다. 마찬가지로 마리아는 강간, 가정 폭력, 근친상간, 아동 학대도 종교적 문제가 된다는 것을 이해하게 하는 좋은 표상이 된다.

스티븐슨-모에스너가 제시하는 마리아에 근거한 여성을 위한 발달

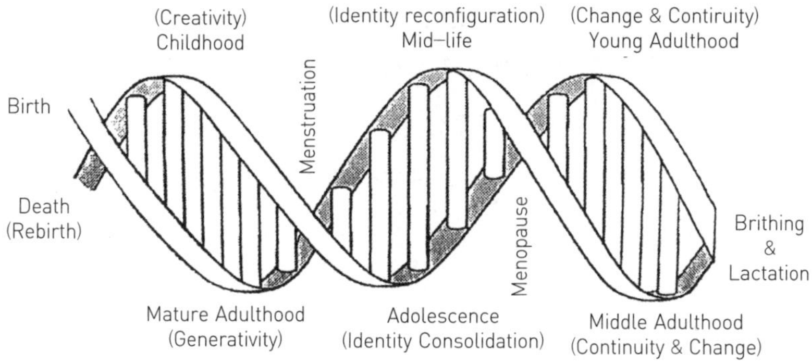

〈그림 3〉 스티븐슨-모에스너의 여성 발달 모형

모형은 〈그림 3〉과 같다(Stevenson-Moesnner, 2000: 16). 그녀는 전통적인 발달 이론가들이 주장하는 발달 사다리는 단선적이고, 위계적이며, 진단 중심적이라고 한다. 그러나 여성의 성숙과 발달은 원이나 동심원, 혹은 이중 나선과 같은 모습으로 표현되는 것이 더 적절하다고 한다. 이중 나선 소용돌이 모형을 통해 여성 몸의 통과의례인 생리와 폐경 등을 드러낼 수 있으며, 여성의 피해 경험과 희망의 이야기, 다양한 몸-마음-문화의 경험이 소용돌이 속에서 상호 관계적 교환, 쌍방향적 교환이 일어남을 이해할 수 있다. 그뿐 아니라 어머니와 자녀의 상호 관계성, 즉 아동기의 '창의성'과 성숙한 성인기의 '생산성', 사춘기의 '정체성 공고'와 중년기의 '정체성 재배열', 또 초기 성인기의 '변화와 일치'와 성인기 중기의 '변화와 일치'의 발달 평행 및 관계성이 드러난다.

* * *

지금까지 전통적인 발달 이론을 여성주의 목회상담학 관점에서 비판하고 재구성해보았다. 발달 심리학은 문화 속에 내포된 젠더 차별에 대해 무관심하고 무지하여 일상생활 속에서 구체적으로 발달하고 변모하는 여성에 대해 '정상이 아닌', '고장 난', 혹은 '문제가 있는' 것으로 이해하게 했다. 이에 먼저, 여성주의 관점에서 발달 이론을 심리학적으로 재구성했다. 여성의 구체적인 경험을 중심으로 전통 이론을 재조명하여 발달 라인의 다양성을 강조하거나 발달 단계의 특정 시기를 부분적·전면적으로 재구성했다. 다음으로, 발달 이론을 목회신학으로 구성했다. 예를 들면, '휴식의 신학' 등을 제안하여 '휴식'을 기독교적 덕목으로 새로이 고안하거나, '모성 경험'을 기독교적 덕목을 고양하는 수양의 한 방법으로 제안하거나, 예수의 어머니 마리아를 중심으로 발달 모형을 새로이 구성했다.

이와 같은 논의는 무엇보다도 이 장의 도입부에서 소개한 사례들의 10대, 30대, 50대, 60대 여성을 여성의 관점에서 이해할 수 있는 이론적 근거를 제시해준다. 즉, 이들이 각자 삶의 단계에서 경험하는 다양한 심리와 마음의 경험이 전통 발달 심리에서 주장하듯 고장나거나 잘못된 것이 아니라 여성의 고유한 발달과 문화적 정황에서 일어날 수 있는 것으로 이해할 수 있게 하는 것이다. 이는 남성 경험 중심의 전통 발달 이론에서 벗어나 여성, 소수자, 기타 타자들이 자신의 발달 경험을 주체적으로 성찰할 수 있게 하는 계기를 제공한다.

이 논의는 또한 여성의 발달 심리 역시 여성이라는 이유만으로 하나로 통일될 수 있는 것이 아님을 보여준다. 전통 발달 이론은 대표적이고 획일적인 발달 경험을 전제했다. 이 논의는 인간이라는 이름하에 남성 경험을 대표했던 전통 논의에 대한 비판에서 시작하면서 여성의 발달 경험을 하나로 명명할 수 없다고 한다. 여성 다수가 경험하는 모성 경험을 여성 발달의 주요 경험으로 이해하는 여성들도 있지만, 모성 경험 없이 살아가는 독신 여성들도 나름의 발달 경험을 하며, 그 밖에 트라우마를 경험한 여성들, 또 노동자 계급 여성들도 자신의 문화적, 개인적 삶의 여정에서 여성으로서 다른 여성과 '따로 또 같이' 발달하고 변화한다는 것이다.

마지막으로 이 논의는 목회상담학 컨텍스트에서 여성 발달의 새 모형 구성을 위해 마리아를 끌어왔다는 의의를 가진다. 초대 기독교와 종교개혁 당시 마리아를 하나님의 어머니, 예수님의 어머니로 강조한 것은 마리아를 신성화하기 위함이 아니라 예수 그리스도의 신성을 강조하기 위함이었다. 그러나 가부장제의 영향 속에서 개신교는 점차 마리아의 중요성을 무시하고, 여성의 이야기, 여성의 경험에 관심하지 않았다. 또 기존 목회상담학은 목회상담적 돌봄의 전형을 예수, 예언자, 지혜자, 선한 목자, 사마리아인 등 남성에게서만 찾았다. 이런 상황에서 마리아에 기초한 논의는 초기 기독교 및 개신교 전승과 부합하면서도 여성 발달 경험의 중요성을 목회상담학에서 활용할 수 있는 전환점을 제공한다.

여성주의 목회상담학 관점에서 발달 이론의 재구성은 아직 시작 단계에 있다. 앞으로도 심리학 이론뿐 아니라 기독교 및 한국 전통의 다양한 여성 전승을 재발굴하여 한국 교회 여성의 다양하고 심층적 발달을 지원하고 이해하는 노력이 지속되어야 할 것이다.

12장

한국 여성주의 목회상담학의 현황과 전망

미국에서 교육 분석을 받을 때의 일이다. 미국 목회상담협회 소속 전문 목회상담가로 중후한 인상의 백인 남성 목회자가 나의 첫 상담가였다. 내담자를 받기 전 상담 경험이 있어야 한다는 센터의 권유로 시작된 상담이었지만, 오랜 유학 생활을 홀로 보내었기에 나는 마음이 치유되고 위로받기를 진심으로 고대했다. 그는 매우 친절했고 정중했고 배려심이 깊은 듯했지만 매번 상담이 끝나면 이상하게도 마음이 잘 전해지지 않은 것 같은 느낌으로 가득 차곤 했다. 결국 나는 상담 종료를 결심했고, 마지막 시간에 솔직한 느낌을 상담가에게 이야기했다. 그런데 그는 마지막 상담에서조차 내 이야기에 귀 기울이기보다 이를 '백인 중산층 남성에 대한 한국 여성의 저항'이라 분석하며 억울해했다. 나는 '끝까지 내 이야기를 경청하지 않았구나' 생각하며 실망 속에 상담실을 빠져 나왔다.

공감, 수용, 배려는 목회상담에서 가장 중요한 상담 기법이다. 그런데 이를 교과서적으로 잘 익히고 훈련받은 백인 남성 목회상담가의 상담이 내 마음 깊은 곳의 치유를 이끌어내지 못한 이유는 무엇이었을까? 그는 훌륭한 인격을 갖춘, 오래 수련을 받은 목회상담가였지만, 다른 문화권의 사람이 지니는 차이와 다양성에 대해 모르거나, 모른다는 사실을 인정하지 않았기 때문이라고 생각한다. 목회상담학은 다른 신학 영역에 비해 인간 경험에 비교적 많이 관심해왔지만, 여전히 심리학 및 신학 이론의 적용과 응용에 의존해 젠더, 성, 계급, 인종 등 다른 문화의 내담자가 지니는 차이와 다양성에 충분한 관심을 기울이지는 못했다. 한국 목회상담학계 역시 서구 목회상담학 이론의 수용에 급급하여 한국 여성의 차이와 다양성을 고려한 목회상담학 연구에 많은 노력을 기울이지는 못했다.

이에 마지막 장에서는 한국 여성의 차이와 다양성에 관심하는 목회상담학을 여성주의 관점에서 모색해보고자 한다. 여성주의 관점에서 접근하는 이 목회상담은 단지 여성을 대상으로 하는 목회상담의 구성에 관심하기보다는 한국 여성의 다름과 다양성에 관심하며 여성주의 목회상담의 이론과 실제 구성에 관심하고자 한다. 성차별, 계급 차별, 문화적 차별, 심지어 여성 안에서의 독선적 문화에 영향받으면서도 개별적 인간으로서 삶에 대해 끊임없이 고민해온 한국 여성 목회신학자로서의 개인적 경험과 성찰이 이 글의 출발점이다. 이 장에서는 우선 한국 여성목회상담을 위한 이론적 논의를 소개한 후 성서 및 한국 문화적 자원의 활용과 상담적 관심을 간략히 논하고자 한다.

1. 이론적 논의

한국 여성을 대상으로 하는 목회적 돌봄/목회상담은 한국 개신교 선교가 시작되었던 1880년대, 즉 지금부터 약 130년 전에 시작되었다. 한국 목회상담학자들은 한국의 남녀 신도를 대상으로 한 목회적 돌봄이 기독교 선교 초기 선교사와 초기 개종 지도자를 중심으로 시작되었고, 이후 영적 대각성과 대부흥 운동을 거쳐 교회 성장기까지 꾸준히 전개되었다고 본다(권수영 외, 2007: 215-248). 기독교 선교 초기부터 한국 여성에 대한 선교가 적극적이었고, 전도 부인을 비롯한 여성들이 열정적으로 선교 사역에 종사했던 점을 고려해볼 때 한국 여성이 대상이자 주체가 된 목회적 돌봄/목회상담은 선교 초기부터 진행되었다고 추측해도 큰 무리는 없을 것이다. 그러나 당시 한국 기독교는 근대의 이분법적 사고에 바탕하여 여성과 남성을 위계적으로 구분하고, 여성 안에서도 정녀와 음녀와 같이 다양한 계층을 분류하여 여성을 타자화하고 배제했다. 때문에 당시의 목회적 돌봄이나 상담을 '여성의 관점을 옹호하는', '여성의 권리를 옹호하는' 혹은 '여성 경험의 차이와 다양성을 존중하는'의 의미를 갖는 여성주의 접근의 시작으로 보기는 어렵다.

여성주의 관점에서 목회상담의 본격적 시작은 1980년 이후 전개된 한국 여성 해방신학과의 연관성 속에서 이해하는 것이 보다 적절하다. 한국에서 한국 여성을 위한 여성 해방신학이 본격적으로 전개된 것은 지금으로부터 약 30년 전이다. 당시 한국 여성 신학자들은 피오렌자, 류터, 러셀 등 서구 여성 해방신학자들의 논의에 깊이 영향을 받은 동시에 한국의 독특한 역사적 경험에 관심하며 한국 여성 해방신학을 논하기 시작했다. 1980년 한국여성신학회와 한국여신학자협의회가 나란히 설립되며, 한국의 여성 신학자들은 서구 여성 신학자들이 관심해온 성차별 문제뿐 아니라 구미 열강의 제국주의적 야욕, 남북 분단, 군사독재, 갑작스런 경제개발 논리 속에 왜곡되고 차별받은 한국의 여성들이 하나님의 정의와 해방의 삶을 구체적인 일상에서 살아낼 방법을 고민했다. 특별히 한국 여성 신학자들은 한국 여성 중에서도 더 가난하고 소외된 여성들, 민중 여성의 삶과 경험에 관심하여 이들의 온전한 삶의 회복을 위해 노력하고자 했다.

이러한 영향 속에 한국 최초이자 대표적인 여성주의 목회상담 기관인 기독여성상담소는 다음과 같이 설립 의도를 천명한다. "기독여성상담소는 피해자들을 여성 신학적 관점으로 상담하고 지원하여 전인적인 치유를 하도록 돕습니다."[1] 박순경, 김애영을 비롯 한국 여성 해방신학에 기초하여 한국 민중 여성의 해방과 치유 문제에 특별히 관심했던 한국여신학자협의회는 다양한 폭력과 위계 질서 속에 고통하는 한국 여성의 문제 해결을 실천적 관점에서 모색하던 중 부설 기관으로 1998년 기독교여성상담소를 개소했다. 이에 기독교여성상담소는 상담센터의 이론적 기반이 여성 신학에 있음을 분명히 밝히고 세계적으로 유례없이 높은 한국 교회와 가족에서의 성폭력 문제에 집중 관심했다. 그리하여 상담, 교육, 인권 옹호 활동을 통해 여성과 남성, 아이와 어른, 피해자와 가해자 모두의 하나님 형상 회복을 목표로 하고, 성폭력 문제에 침묵해온 한국 교회와 사회의 공동체적 개혁과 변혁을 요구했던 것이다.

1990년대 중반 이후 목회상담학 관련 학위를 받은 여성 목회신학자들의 등장과 함께 한국 여성을 위한 목회상담의 이론적, 실천적 지평이

---

1 기독교여성상담소 홈페이지(http://www.8275.org) 참조.

확대되었다. 한국여신학자협의회 부설 기독교여성상담소는 한국 여성 해방신학의 프락시스(praxis)를 위해 설립된 기관이라 목회상담가가 아닌 여성 해방신학 현장 운동가들을 중심으로 운영되었다. 한편, 국내외에서 목회상담학 관련 학위를 받은 여성학자들은 탄탄한 이론을 바탕으로 여성주의 목회상담학 전개를 위한 본격적 이론과 실천을 모색했다. 먼저, 여성주의 관점에서 한국 교회 여성에 대한 기존 목회상담의 분석, 비판적 연구가 있었고, 융이나 아들러에 대한 여성주의적 재해석과 그린스팬, 길리건, 초도로우 같은 여성 심리학자들의 소개 등도 시도되었다. 그뿐 아니라 2006년 이화여대에서 열린 목회상담협회 주최 학술대회에서는 예배와 학술 발표 전체를 여성주의 관점에서 구성했다. 즉, 여성주의 목회신학적 관점에서 구성한 예배, 여성주의목회상담의 이론적 논의 및 실제에 관한 다양한 논문과 동영상 등을 발표하여 한국 여성 목회상담의 본격적 출발을 알렸다.[2]

이와 같은 흐름에서 여성주의 목회상담학 구성을 위해 필자가 주목하는 이론은 후기 구조주의 여성 신학과 프랑스 여성주의 정신분석학이다. 아주 간략히 말하자면, 후기 구조주의 여성 신학은 여성이 사회적 구성물이라고 주장한다. 이리가레, 식수, 크리스테바로 대표되는 프랑스 여성주의 정신분석학에서는 권력 과정을 내포하고 있는 주체성 담론은 인위적이고 불안정하다고 보고, 변화에 개방적이고 정치적 실천에

2 "여성, 삶, 그리고 이야기"라는 주제로 발표된 여성주의 목회상담의 이론과 실제에 관한 다양한 논문과 동영상 사례는 아래와 같다. 최재락, 「여성의 자아상실에 대한 목회상담적 성찰」; 김필진, 「여성의 전인치유를 위한 여성주의 목회상담」; 이명숙, 「여성성폭력생존자들의 이성관계 패턴」; 정희성, 「히스테리의 여성주의적 접근」; 고영순, 「여성목회상담가, 나는 누구인가?」; 박성자, 「여성목회상담 왜 필요한가?」; 김영이 외, 「여성주의 목회상담 어떻게 하는 것인가?」.

완전히 새로운 주체성을 제안한다. 필자는 한국 여성주의 목회상담의 태동에 지대한 영향을 준 한국 여성 해방신학이 한국 여성 내담자의 문제를 공동체적/사회정치적 차원과 연관하여 바라보도록 하는 데 도움을 주었으나 한국 여성 경험의 보편성을 전제하여 복합적이고 다층적인 한국 여성 내담자의 상처와 아픔을 구체적으로 이해하는 데는 한계를 보였다고 생각한다. 때문에 보다 다양하고 개별적으로 여성의 상처와 치유 경험을 이해하게 해주는 후기 구조주의 여성 신학이나 프랑스 여성주의 정신분석학의 통찰이 여성주의 목회신학 구성에 유용한 자원이라고 생각한다. 그리하여 구체적으로 한국 여성의 아픔과 치유를 "다성적으로 읽기", "진행 중인 주체로 읽기", "전오이디푸스 단계로 읽기" 등을 실험적으로 제안했다(정희성, 2000: 283, 413-438).

그러나 한국 여성주의 목회상담의 이론 구성에 있어 필자는 한국 여성의 차이와 다양성을 강조할 수 있는 이론을 수용하면서도 한국 여성 해방신학자들의 주장과 같이 한국 여성의 민족 정체성에 관한 문제를 포기할 수 없다고 생각한다. 미국의 여성주의 목회상담가 누거는 여성 경험에 대한 다름의 강조는 여성의 사회적/정치적 연대를 약화시킬 수도 있기 때문에 여성주의 목회상담학은 근대주의와 탈근대주의 사이에 균형을 맞추어야 한다고 한다(Neuger, 2001: 65-67). 이는 여성 문제뿐 아니라 민족 문제에도 유사하게 적용될 수 있다. 즉, 이 문제가 민족에 연결될 때 개별 인간으로서 여성에 대한 관심은 민족 문제에 대한 한국 여성의 연대감을 약화시킬 수도 있다. 서구 여성들과 달리 한국 여성들은 5000년 한국 역사 속에서 끊임없이 주변 국가의 침략을 경험하고, 그로 인한 한스런 경험을 의식과 무의식에 절절히 간직하고 있다. 때문에 한국 여성을 위한 목회상담학은 한국 여성의 차이와 다양성을 인지

하면서도 '전략적 본질주의'의 관점에서 민족 문제의 논의를 강조할 수 밖에 없다.

2. 성서 자원의 활용 문제

목회신학의 이론적 논의가 한국 내담자 여성의 상처와 치유를 이해하는 거시적인 틀을 제공해준다면, 성서적 메타포에 대한 연구는 여성을 위한 목회상담의 생생하고 구체적 이미지를 상상할 수 있게 한다. 그리하여 서구 여성 목회상담가들은 현자, 예언자, 제사장, 선한 목자와 같은 전통적인 목회상담의 메타포를 대신하여 출애굽 사건, 선한 사마리아인, 산파 십브라와 브아(출1) 등 다양한 이미지를 여성주의 목회상담학의 메타포로 제시했다(거킨, 1999: 28-32; 누거, 2002: 100-101). 출애굽 사건은 노예 공동체로부터 자유와 해방을 이끄시는 하나님과 그의 지도력 밑에서 결속한 새로운 공동체의 탄생을 표현한다. 선한 사마리아 사람 역시 여관 주인과의 협업을 통해 돌봄을 제공한 자로서 여성주의 목회상담학 관계적 자아의 새 모델로 적합하다(Stevenson-Moesnner, 1991: 202-204). 산파 이미지는 없는 것을 새로 창조하는 것이 아니라 산모 배 속에서 태아를 꺼내는 역할로, 상담에서 여성 내담자의 잠재력과 가능성을 강조하기에 좋은 이미지이다(Gill-Austern, 1999: 152). 그뿐 아니라 출애굽기에서 이집트 산파이면서 히브리인 모세의 탄생에 일조했던 십브라와 브아는 거대하고 강력한 세계화 속에서 민족의 경계를 넘어 고통하는 자를 돕고 연대하는 이미지에 적합하다(빌만, 2002: 41-48).

그러나 필자는 한국 여성주의 목회상담학 구성을 위한 이들 메타포가 여러 가지 면에서 한계를 가진다고 생각한다. 서구 여성 목회신학자들은 전통적인 성서적 메타포에서보다 상담자–내담자간 수평적 관계를 강조하여 관계 지향적인 자아 탄생을 지향했다. 그러나 출애굽 이미지는 빌만의 지적과 같이 너무나 방대하고 고된 여정을 상정하여 여성으로 하여금 감히 시도조차 하기 힘든 이미지를 생산한다. 또 산파의 경우 산파 대 태아의 이미지가 산파 대 산모의 이미지보다 강할 뿐 아니라 태어난 아이 역시 철저한 보살핌 없이 생존이 불가능하기에 상호 수평적 상담 모형으로는 문제가 있다. 선한 사마리아 사람의 메타포 역시 예수나 하나님, 혹은 성서의 영향력 있는 인물을 중심으로 한 전통적 메타포에 비해 이미지가 주는 파급 효과가 매우 적다. 때문에 예수와 연관되면서도 한국 여성의 적극적이고 오뚜기 같은 이미지를 반영하는 성서적 메타포의 발굴이 필요하다.

이런 관점에서 한국 여성주의 목회상담학에 보다 적절한 성서적 메타포는 혈루증을 앓는 여인(막5: 25–34)과 수로보니게 여인(막7: 24–30)의 이야기라 할 수 있다(정희성, 2005: 43–81). 전통적으로 혈루증 여인에 관한 이야기는 예수의 치유가 기적과 같은 헬레니즘적 치유가 아니라 신앙에 의한 치유임을 강조하기 위한 이야기로 이해되었다. 그런가 하면 수로보니게 여인 이야기 역시 예수가 여인을 지독하게 경멸했음에도 '인내'하고 '겸손'했던 여인의 성품에 초점을 맞춘다. 그런데 한국 여성주의 목회상담학의 관점에서 새롭게 주목하는 것은 내담자의 롤모델로서 활용되는 이들 두 여성이 사실은 '치유받은 자인 동시에 치유자'라는 점이다. 혈루증을 앓는 여인은 예수에 의해 열두 해나 고통하던 문제를 치유받는 동시에 가부장적 문화와 편견 속에서 군중 속 여인의 아픔을 감지하지 못한 남성 예수의 깨달음을 유도해냈다. 이방인이며 상류층이었던 수로보니게 여인의 귀신들린 딸을 예수가 낫게 했으나, 여인의 아픔에 공감하지 못하고 개 취급하며 경멸했던 예수를 설득하고 각성시켜 치유케 한 사람은 수로보니게 여인이었다.

다시 강조하자면 목회상담에서 상담가의 롤모델로 활용되는 예수 역시 두 이야기 속에서 치유자인 동시에 치유받은 자이다. 두 이야기에서 예수가 혈루증을 앓는 여인과 수로보니게 여인의 딸을 낫게 한 치유자인 것은 확실하다. 그러나 혈루증 여인 이야기에서 예수는 많은 학자들이 지적했듯이 영웅적인 치유자도, 여인의 고통을 함께 아파하는 메시아적 상담가도 아니다. 또 수로보니게 여인 이야기는 예수가 "성서 속에서 기꺼이 치유에 참여하려 하지 않았던 단 하나의 삽화"였다(Rebera, 2001: 103). 대신 예수는 혈루증 여인의 애타는 접촉을 통해, 또 수로보니게 여인의 끈질기고 현명한 반박을 통해 자신의 가부장적 편견, 이방문화에 대한 편견, 계층에 대한 편견과 무지를 기꺼이 인정하고 반응하며 변화하고 치료받은 자이기도 하다. 상담가 수와 모리시마는 문화적 배경이 다른 상담에서 상담가는 내담자 문화에 대한 이해력과 치료 기술이 부족하기 때문에 내담자의 다양한 경험을 통해 배우고 변화하고자 하는 '변화하는 치료자(changing therapist)'가 되어야 한다고 한다(Sue & Morishima, 1990: 143-144). 두 이야기 속에서 예수는 바로 '변화하는 치료자'였다. 이와 같이 한국 여성을 위한 목회상담에서 내담자와 상담가는 서로의 성, 문화, 인종, 계급과 같은 다양한 차이와 다양성을 인정하고 변화하는 '상호 치유자(co-healer)'여야 한다.

한편, 필자는 한국 여성을 위한 목회상담학의 성서 자원 활용을 위해 보다 창의적인 방안이 필요하다고 생각한다. 한국 기독교 여성 내담자에게 있어 성서는 여성 내담자의 문제 이해와 해결을 돕는 매우 결정적인 자원으로 사용되었다. 그런데 전통적인 목회상담학과 서구 여성주의 목회상담학에서의 성서 연구는 기독교가 유일한 종교였던 서구 문화의 배경에서 전개되었기 때문에 한국 여성 내담자의 다양한 종교적, 문화적 차이를 수용하는 데 한계가 있었다. 한국과 같이 기독교 전파 이전 이미 오랫동안 다양한 종교와 문화가 존재했고, 현재에도 다양한 종교가 상호 균형 속에 존재하는 경우, 서구 경험만으로는 이해할 수 없는 다양하고 복잡한 차원의 경험이 있다. 때문에 성서를 기준으로 놓고 한국 여성을 위한 목회상담의 메타포를 발견하고자 하는 다소 수동적이고 일방향적인 접근보다 성서는 물론이고 한국 여성의 구체적 경험, 상상, 감성, 욕망 등 모든 자원이 자유롭게 경쟁하는 성서 읽기가 모색되어야 한다.

"한-여성-놀이"의 3중적 성서 읽기는 실험적 읽기의 한 방법이다(정희성, 2011a: 143). 이 성서 읽기는 '한', '여성', '놀이'라는 단어의 다양한 조합을 환영하는 읽기로, 먼저 '여성'이라는 단어는 여성 내담자의 관점과 경험에서 가부장적 문화와 교회에 대한 비판적 읽기를 시도하는 것을 상징한다. 그러나 이 성서 읽기는 여성을 본질적으로 이해하지 않고, 여성의 개별성, 다중성, 상황성을 강조하기 때문에 두 번째 차원, 즉 '한'을 통한 성서 읽기를 제시한다. 여기에서 '한'이라는 단어는 한 개인의 개별적 정체성을 강조하는 한(一), 개인의 다중적 정체성을 용인하는 한(多), 또 개인의 민족 정체성을 강조하는 한(韓)이라는 삼중적 차원을 포함하는 읽기이다. 마지막 '놀이'로 읽기는 모든 정체성이 비위계적 관계 속에서 경쟁하고 타협하는 읽기를 말한다. 그리하여 "한-여성-놀이"로서 읽기는 한, 여성, 놀이의 관점과 경험이 조각보와 같이 오리고, 버리고, 붙이며 덧대어지는 읽기이며, 아무런 목표, 아무런 의미가 규명되지 않아도 좋은 유희와 전복의 읽기이다. 한국의 성폭력 피해 여성 내담자에게 피해자 정체성뿐 아니라 다양한 정체성을 가진 새로운 주체의 가능성을 열어주는 다말과 밧세바 이해는 바로 이를 기초로 구성되었다(정희성, 2011: 제6장 참고). 이 읽기를 통해 성서 속 끔찍한 근친강간의 피해자였던 다말은 다윗의 모든 아들들을 능가하는 시대의 영웅으로, 또 다른 성폭력 피해자 밧세바는 뛰어난 네트워킹으로 가해자 다윗왕을 책망하고 능가하여 자신의 아들에게 왕위를 계승하게 한 지략가로 재구성된다. 이와 같이 한국 여성을 위한 성서적 메타포에 대한 독창적이고 개방적인 연구가 계속되어야 한다.

3. 종교 문화적 자원 활용

한국의 여성 목회상담가들이 한국 여성의 차이와 다양성에 관심하며 비교적 관심을 많이 가져온 영역이 바로 한국의 전통 종교 문화이다. 서구적인 것과 한국적인 것을 대립적으로 볼 수는 없지만, 130년 역사의 기독교와 비교해 5000년 역사를 관통해온 한국의 전통 종교 문화가 한국 여성 내담자들의 구체적 상황과 무의식적 경험에 지대한 영향을 끼쳤음에는 의심의 여지가 없다. 특별히 한국의 남녀 목회상담가는 무교에 많이 주목했는데 무교는 한국에서 가장 오래된 종교이며, 다양한 한국 종교 중 특별히 한 맺힌 백성들, 즉 고통받고 상처받은 사람에 더욱 관심한 종교이기 때문이다. 여성학자들은 이에 더해 무교 사제와 신자 대부분이 여성이었다는 점, 한국에서 가부장제가 가장 극심하던 조선시대에 무교가 여성들의 유일한 심리적 탈출구였다는 점에 주목하여 무교 연구를 통해 한국 여성의 치유의 자원을 발굴하고자 했다. 여성 목회상담가 김영애는 무교를 한국 여성을 위한 목회상담학 연구에 연결시킨 최초의 한국 여성 목회상담학자이다(Kim, 1991).

여성 목회상담가 신명숙 역시 가부장제 극복을 위한 한국 목회상담의 새로운 패러다임을 모색하는 데 있어 무교를 주요한 자원으로 사용하고 있다(신명숙, 1999: 209-216). 신명숙은 한국 목회상담학의 문제를 서구 의존적인 것으로 규정하고, 한국 목회상담의 새 모형을 탐색하고자 유교와 무교를 살피고 있다. 그녀에 의하면 한국인에 도움이 되는 목회상담 모색에 있어 한국인의 무의식에 내재한 문화적 자원에 대한 연구가 매우 중요하며, 특히 유교와 무교에 대한 연구가 필요하다. 그러나 그녀는 유교 문화의 상황에서 우리나라는 '권위적이고 위계적인' 아버지 유형의 상담으로 일반적인 충고와 지시적인 충고를 위주로 목회자와 내담자의 아버지-아들 관계 상담을 해왔다고 본다. 반면 무교는 스스로 고통과 정신적 한을 겪어낸 무당을 통해 주로 내담자들에게 고통의 연대, 모성적 공감과 위로를 준다. 그래서 그녀는 탈가부장적 목회상담의 모형으로 무교의 여성적 자원, 즉 자매-어머니 형태의 상담, 동반자적 연대감을 지향하는 상담과 모성적 상담을 통한 한국 목회상담의 상황화를 주장한다.

그런데 한국 여성을 위한 목회상담의 구성에 있어 무교에 대한 지나친 몰두는 오랜 역사 속 다층적이고 복잡한 한국 여성 내담자의 의식과 무의식을 이해하는 데 충분하지 않다(Chung, 2007). 무교가 가부장제 문화에서 한국 여성의 마음을 위로하는 데 많은 도움을 주었지만, 이에 대한 지나친 강조 속에 한국 여성 내담자의 유일한 문화적 자원인 양 무비판적으로 서구에 소개되고 있는 것도 사실이다. 기독교, 종교학자들이 주장하는 바와 같이, 무교는 한국 여성 치유의 자원이기도 하지만, 더욱 원시사회로 몰두하여 현실 문제에 대한 합리적인 저항을 어렵게 하거나, 귀신에 대한 지나친 몰두로 운명에 순응하고 의존적인 태도를 갖게 하기도 하기 때문이다. 무교뿐 아니라 오랜 전통의 불교, 유교, 도교 등 다양한 종교가 근대의 천주교, 개신교, 신종교 등과 함께 복잡한 방식으로 한국 여성 내담자의 의식과 무의식에 영향을 미친다.

이런 관점에서 보자면 한국 여성 내담자의 치유를 위한 종교적 자원은 소위 "탈경계적 영성"이라고 부르는 측면에서 접근하는 것이 더 적절하다(Chung, 2010). 탈경계적 영성이란 종교 간 이름을 중심으로 경계를 구분하고, 나와 너를 가르는 방식이 아니라 종교 간 경직된 경계를 가로질러 상호 소통하며 참 생명, 참 삶을 상호 지원하는 것을 지칭한다. 종교학자 유동식도 종교 간 경계를 넘어 풍류도를 추구하는 것이 한국인의 기본 영성이라 했다(Chung, 2010). 유동식은 한국에는 한국 문화와 동일시할 수 있는 종교는 없었지만, 한국인의 세계관이나 가치관 구성에 기초가 되어온 기본적인 종교 의식인 '풍류도(風流道)'가 있다고 했다. 풍류도란 불, 밝, 환, 하늘, 빛을 뜻하는 한글 '부루'에서 나온 개념으로, 현대어로 설명하면 '한', '멋', '삶'의 조합으로 하나님 신앙, 신바람, 참 삶의 추구를 지향하는 것이며, 한국의 종교 역사는 바로 이 '한 멋진 삶의 추구와 과정의 역사'이다. 한국인은 풍류도 추구에 적합한가를 기준으로 종교의 경계를 넘어 외래 종교를 수용하기도 하고, 배척하기도 했다.

함석헌 역시 탈경계적 영성, 즉 종교 간 경계를 넘어 역사 속에서 생명을 추구하는 것이 한국 남녀의 종교 문화적 자원임을 암시했다. 그에 의하면, 한국의 오랜 종교인 무교는 기원전 2333년 한국인의 당당한 출발을 돕는 좋은 역할을 했다(함석헌, 1996). 불교 역시 삼국통일의 정신적 지주로 피를 흘리지 않고 국민을 엮은 공헌이 있다. 그러나 이후 고려 시대의 불교, 조선 시대의 유교는 자기를 찾지 않는 문제를 가졌고, 근대의 기독교 역시 나름 개화에 공헌했으나 그 사명을 다하지 못했다. 그는 기독교의 역할을 뭇사람을 기독교인으로 개종시키는 것이 아니라 한국인의 정신을 일깨우는 것으로, 기독교뿐 아니라 한국의 다른 종교로 깨우는 역할이라 했다. 그는 로뎅의 〈갈보였던 계집〉이라는 조각을 한국인의 자화상으로 보고, 그와 같은 고난의 경험이 세계에 반복되지 않도록 종교 간 경계를 넘어서 세계의 평화, 비폭력, 화해의 길로 인도하는 것을 한국인의 종교적 영성의 핵심이라 보았다. 한국 여성 내담자의 치유적 자원은 특정 종교에서 찾는 것이 아니라 이와 같이 종교 간 경계를 넘어서 생명을 지향하는 탈경계적 영성에서 모색해야 한다.

2차 세계대전 당시 일본군 위안부 여성으로 일했던 한국 여성에 대한 사례 연구 역시 한국 여성의 탈경계적 영성을 지지한다(Chung, 2010: 59). 일본군 위안부는 한국 근대사의 최고 피해자로, 성차별, 민족 차별, 계급 차별 등 다양한 차별로 최악의 고통과 아픔을 경험한 여성 집단이다. 사례 연구의 대상이 된 길원옥 역시 가난에 찌든 어린 시절, 군 위안부 생활로 인한 가혹한 성폭력과 파괴의 경험, 또 귀국 후 계속된 접대부 생활 등 최하층 여성의 삶을 살았다. 그러나 여든이 넘은 현재 그녀는 생존자로서 다양한 고통의 피해자 모습뿐 아니라 '주의 종의 어머니', '교회의 권사', '버려진 생명의 수호자' 및 다양한 정체성의 삶을 살고 있는데, 이 배경에 바로 '탈경계적 영성'이 자리잡고 있다. 즉, 한국의 유교, 불교, 기독교는 상호 연결되며 지독한 고통 속에서 그녀가 선한 삶을 살며 마침내 생존자로서 자신을 주장하는 삶에 이르도록 도왔던 것이다.

4. 상담적 관심

한국에서 여성주의 목회신학의 이론적 구성에 관한 논의가 매우 미비한 것에 비해 상담 문제에 대한 여성주의 관점에서의 접근은 그나마 조금씩 연구되고 있다. 특히 한국의 가부장적 교회와 사회 문화에서 한국 여성이 경험하는 성폭력, 가정 폭력 문제는 여성주의 관점에서 비교적 활발히 연구되어온 상담 주제이다. 앞서 간략히 설명한 바와 같이 기독교여성상담소에서는 교회와 사회에서의 여성 폭력 문제에 관련해 다수의 책과 매뉴얼을 출판했으며 권희순은 매 맞는 여성에 관한 책을 번역했고, 고영순 역시 「폭력과 목회상담: 관계 사이에 흐르는 힘」이라는 논문을 발표했다(한국여신학자협의회, 1995; 루-클라크, 1989; 고영순, 2003). 필자 역시 성폭력 문제에 관한 진단적 관점, 목회신학적 관점, 또 성서적 관점에서 연구하고 발표했다(정희성, 2005). 그뿐 아니라 2011년 1월 목회상담협회 주최로 제주도에서 열린 상담가 모임에서 여성 목회상담가들은 목회상담협회와 학회 내 성윤리 강화를 결의하여, 그해 5월 성윤리규정을 재정비하고 회원 재교육을 실시하기도 했다.

다음으로 여성 우울증에 관한 연구 역시 여성주의 관점에서 많이 관심해온 주제이다. 우울증은 남녀 모두를 강타하지만 비교적 젠더 차이가 명백한 질병 중 하나이다. 그럼에도 불구하고 한국 목회상담가들은 우울증의 젠더 차이를 무시하거나 약화시키고자 했다. 반면 여성학자들은 우울증의 젠더 차이를 직시하고 여성 우울증에 대해 연구했는데, 고영순은 세 명의 내담자를 중심으로 한 구체적 임상 연구를 발표했고, 필자는 우울증에 대한 역사적 이해를 여성주의 관점에서 비판, 우울증을 대상 상실이 아닌 자아 상실의 관점에서 연구·발표하고 다수의 석사논문을 여성주의적 관점에서 지도했다(고영순, 2008: 10; 정희성, 2009; 2011). 한편, 『진통 속의 여성Women in Travails』에 나타나듯 미국 여성주의 목회상담학자들은 여성들이 젠더 차이로 인해 경험하는 다양한 문제 등을 상담적 관점에서 잘 연구해오고 있다(Glaz & Stevenson-Moessner, 1991). 한국 여성학자와 상담가들 역시 히스테리, 이혼 등 젠더 차이를 드러내는 상담 문제에 관심하고 있지만, 여성의 심리적, 생리적, 사회적 다름에서 야기되는 다양한 문제 및 사회적 약자 등에 대한 상담과 연구에도 점차적으로 관심하고 있다. 특히 이화여자대학교 신학대학원 부속 이화목회상담센터는 여성 및 사회적 약자, 아동/청소년 상담을 여성주의 관점에서 접근하고 있다.[3]

현재 한국에서 진행되고 있는 상담 중 여성주의 관점에서 특별히 주목할 수 있는 상담은 불임 여성을 위한 상담이다. 19세기 의약이 히스테리를 통해 여성을 문제적이라 진단하고 여성의 몸을 통제했다면 현대 의약은 여성의 모성을 문제시하며 여성의 몸을 통제하고 있다. 특별히 신자유주의 세계화 시장 경제 체제에서 의약은 여성의 몸을 마케팅 대상으로 여기고 여성이 문제적임을 당연시해왔다. 소위 자궁으로서의 여성(Women as Wombs), 제3세계 여성은 '아이를 많이 낳아' 문제이므로 피임약을 통해 통제하고, 제1세계 여성은 '아이를 못 낳아' 문제이므로 불임 치료의 대상으로 삼고 있다(Raymond, 1993). 샤론정신건강연구소에서는 인구보건복지협회와 불임 치료 병원 등과 연계하여 불임 여성 상담을 실시하고 있다.[4] 연구소가 공식적으로 여성주의 관점을 주장하

3 이화여자대학교 신학대학원 부속 목회상담센터 홈페이지(http://www.epcc.or.kr).

4 샤론정신건강연구소 홈페이지(http://www.sharonewha.org).

고 있지는 않지만, 이화여대에서 여성주의 관점의 교육을 받은 목회상담가들은 불임에 대한 가부장적 이해를 지양하고, 불임 문제에 여성이 주체적으로 개입하고 선택할 수 있는 다양한 심리적, 영적 상담 방안을 모색하고 있다.

한편 앞에서의 상담적 주제가 젠더 차이에 관심했다면 지금부터 관심하는 상담 주제는 한국의 독특한 역사적/문화적 상황과 차이로 인한 문제이다. 먼저, 한국 가족 관계 속에서 여성의 경험과 관련된 상담 문제이다. 서구 가족의 경우 현대화와 함께 가부장적 가족 형태가 약화되어, 원가족의 가족 내 영향력은 약해지고, 사랑을 중심으로 한 부부관계가 가족 관계에서 가장 중요한 것으로 변했다. 반면, 한국의 경우, 서구화 혹은 현대화에도 불구하고 한국 여성은 여전히 가부장제 가족 구조에서 해방되기보다 새로운 이름의 가부장제, 즉 '가부장제의 변형', '신가부장제'의 영향 아래 있다. 특별히 중산층 여성 가족의 경우, 가족의 경제적, 심리적 측면에서 여전히 원가족에 의존적이며, 부부 관계의 주요 연결고리가 정서적 결속성이 아니라 역할의 유능성으로, 부부 중심 가족이 아니라 자녀 중심 가족 관계가 유지되고 있다(이재경, 1999: 61; 조형, 1993: 170-173). 때문에 자녀의 대학 입학이 어머니의 주요 업무로 진행되는 등 매우 독특한 양상을 띄고 있는데, 이와 같이 독특한 한국 가족에서의 여성 경험을 세밀하게 반영하는 다양한 상담적 접근이 연구되고 시도되어야 한다.

한국 사회 문화의 변화와 함께 이주 여성의 가족 경험 역시 새롭게 부상하는 상담 주제이다. 인종 간 교류가 비교적 적었던 과거와 달리 신자유주의 세계화 속에 한국은 '이주의 여성화'라는 말이 등장할 정도로 중국, 필리핀, 베트남, 우즈베키스탄 등 세계 각지에서 여성의 이주 인구가 급증하고 있다. 이로 인해 중산층 이상 여성들의 노동 시장 진출이 활성화되었지만, 노동의 양극화가 진행되어 많은 이주 여성들은 가정부, 보모와 같은 재생산 노동, 시설 관리, 청소 등의 하층 노동에 종사하고 있다. 또 한국의 최하층 남성과의 국제 결혼을 통해 이주 여성들은 사회 최빈계층에서 성차별, 가족 내 차별, 인종차별 등을 경험하며 여러 가지 심리적 고통을 경험하고 있다. 이들의 자녀 역시 순수 혈통을 지향해온 한국 사회에서 여러 어려움을 겪고 있어 이들에 대한 목회상담적 관심이 급부상하고 있다.

마지막으로 한국 여성주의 목회상담에서 반드시 관심해야 하는 상담 주제는 민족 공동체의 구성원으로서 한국 여성의 독특한 역사적 경험과 관련된 것이다. 현재 한국 여성은 국가의 급격한 경제적·문화적 성장으로 자부심을 느끼는 한편, 수천 년간의 피억압 경험으로 인한 상처와 아픔을 의식과 무의식에 안고 있다. 미국, 소련, 일본, 중국 등 세계 열강에 둘러싸여 언제라도 생존과 복지가 위협당하며 가난, 차별, 몸의 대상화를 경험할 수 있음을 뼈저리게 알고 있는 것이다. 그런가 하면 한국은 세계 유일의 분단국으로 핵전쟁의 위협에 끊임없이 노출되어 있다. 민족 공동체의 생존은 한국 여성주의 상담의 주요한 문제일 수밖에 없으며, 구체적으로 군 상담, 새터민 상담, 통일 대비 상담 등이 주요 문제로 등장하고 있다. 현재 지독한 위계와 폭력 문화에서 고생하고 있는 70여만 명에 이르는 사병들과 이들 어머니에 대한 돌봄, 2만여 명에 달하는 탈북자, 또 북한을 탈출했지만 중국 등지에서 생존을 위해 성매매를 강요당하는 탈북 여성 및 아동/청소년에 대한 돌봄 문제에도 관심해야 한다.

지금까지 여성주의 관점에서 한국 여성을 위한 목회상담의 이론과 상담 주제들에 대해 간략히 정리했다. 한국 기독교계는 한국 교인의 질적 성숙에 관심하며 목회상담학에 많은 관심을 보여왔지만, 교인 다수를 차지하는 여성을 위한 여성주의 관점에서의 목회상담이론과 실제의 고민에는 매우 취약했다. 심지어 여성 목회상담학자나 목회상담가들도 여성주의 관점의 이론과 상담 방안 모색에 덜 관심했던 것이 사실이다. 때문에 본 글에서의 한국 여성을 위한 목회상담의 이론과 실제에 관한 논의가 여성주의 관점에서 한국 여성을 위한 목회상담 구성의 작은 출발이 되리라 생각한다. 파란만장한 역사 속에서 오뚝이 같은 일어섬(resilience)을 보여주었던 한국 여성들이 삶의 구체적 경험을 이론화하고 실제화하여 세계 목회상담학계에 새로운 통찰을 제시하기를 기대해본다.

| 에필로그 |

미세먼지 가득한 뿌연 봄날과 열대처럼 뜨거웠던 여름을 뒤로한 때문인지 이번 가을은 유난히 길고 아름답다. 가끔씩 올려다보는 하늘은 이렇게 푸를 수 없으며, 살며시 스쳐가는 바람도 상쾌하다. 며칠 후면 고향 집 논두렁에 황금벼 넘실대고, 마을 입구 감나무에 붉은 홍시 주렁주렁 열리겠지.

프린스턴의 지난 가을도 그렇게 눈부셨다. 유학 시절 차도 없이 홀로, 기숙사와 도서관, 강의실을 오갔을 땐 프린스턴이 그렇게 깊은 숲으로 뒤덮인 마을인지 몰랐다. 연구년을 맞이해 차도 생기고, 가족도 생기고, 여유도 생겨 다시 찾은 그곳은 황홀할 만큼 아름다운 낙엽의 향연이 펼쳐지고 있었다. 길목마다 고을마다 낙엽만으로도 그렇게 수천, 수만의 빛과 색을 만들어낼 수 있는지 예전엔 미처 몰랐다.

나도 이제 가을이다. 파릇파릇 호기심 가득 안고 세상을 내딛던 봄도 지나갔고, 뻘뻘 땀 흘리며 모진 일 해내던 여름도 지나갔다. 이제 한국인으로서도 더 깊어졌고, 한국인 아님으로서도 더 깊어졌다. 기독교인으로서도 더 깊어졌고, 기독교인 아님으로서도 더 깊어졌다. 여성으로서도 더 깊어졌고, 여성 아님으로서도 더 깊어졌다. 이것도 저것도 아닌 것이, 이것도 저것이기도 하며 무한자의 깊이에 다가가는 내가 되고 있다. 한국 문화, 기독교 문화, 젠더 문화에 관심하며 여성 목회상담에 관한 다양한 글을 모은 이 책이 바로 내 가을의 결실이다.

가을에는 감사를 해야겠다. 내 존재의 근원이신 하나님, 부모님께 감사드린다. 이번 추석, 병상에 누운 구순도 넘은 아버지께서 하얀 봉투를 넌지시 내미셨다. 축 처진 손가락 힘 다해 세워 "祝 生日"이라 멋들어지게 쓰시고 빳빳한 지폐 한껏 담으셨다. 치매신데도 자식들 생일은 꼭 기억하신다. 오빠, 언니, 동생, 인생의 마지막 방점은 자애로움임을 삶으로 보여주신다. 감사드린다. 남편, 한결·한성에게도 감사한다. 그리고 이화여자대학교출판문화원에도 감사드린다.

스승님들께도 비로소 진심의 감사를 드려본다. 학문의 여정에서 나는 항상 혼자였다. 혼자 고민하고, 혼자 결정했다. 혼자 머뭇거렸고, 혼자 길을 냈다. 그것을 가능케 해주신 스승들께 감사드린다. 전재옥 선생님, 신학의 첫걸음을 내딛게 해주셨다. 박순경 선생님, 신학의 열정을 불타게 하셨다. 전영호 교수님, 존스 교수님, 주체로 신학하는 길 열어주셨다. 캡스 선생님, 최고의 칭찬으로 목회신학의 길, 자신감 갖게 하셨다. 코링턴 선생님, 떠난 지도교수를 대신해주셨다. 폴링 선생님, 목회상담의 든든한 대부 되어주셨다.

가을이 익어간다. 인생이 익어간다. 학문도 익어간다. 상처 입은 내 조국과 교회와 인생을 위해 생명을 일구리라, 부활하리라.

| 참고문헌 |

가즈에, 이노우에. 「나혜석의 여성해방론의 특색과 역사적 의의」. 『여성문학연구』 창간호, 1999.

강남순. 『페미니스트신학: 여성, 영성, 생명』. 한국신학연구소, 2002.

강신주. 「김명순, 김원주, 나혜석의 시」. 『국어교육』 97(1998), 349-367.

거킨, 찰스. 『목회적 돌봄의 개론』. 유영권 옮김. 은성, 1999.

고영순. 「여성 우울증 임상이야기」. 『목회와 상담』 10(2008), 117-153.

______. 「폭력과 목회상담」. 『목회와 상담』 4(2003), 123-155.

구띠에레즈, 구스따보. 『욥에 관하여: 하느님 이야기와 무죄한 이들의 고통』. 성찬성 옮김. 분도출판사, 1990.

권수영 외, 「한국교회 목회적 돌봄과 상담의 자취와 전망」. 『한국기독교신학논총』 50(2007), 215-248.

권희순. 「중년여성의 위기에 대한 이해와 목회상담 및 목회적 돌봄」. 『신학과 세계』 51(2004), 273-297.

그닐카, 요아킴. 『국제성서주석, 마르코 복음 I』. 한국신학연구소 옮김. 한국신학연구소, 1985.

그린버거, 데니스·크리스틴 페데스키. 『기분 다스리기』. 권정혜 옮김. 학지사, 1999.
길원옥. 「바람부는 대로 물결치는 대로 넘어갔어요, 세월이」. 한국정신대문제대책협의회 전쟁과여성인권센터 연구팀 엮음. 『역사를 만드는 이야기: 일본군 '위안부' 여성들의 경험과 기억』. 여성과인권, 2004.
김진. 「함석헌의 생애와 사상」. 『한국 문화신학』 5(2001), 263-288.
김경. 「현대 한국사회의 권위주의에 대한 사회구성주의 치료적 접근: 공공신학으로서의 목회상담의 관점에서」. 『목회와 상담』 19(2012), 39-71.
김경재. 「함석헌 사관의 기독교적 요소」. 『신학사상』 66(1989), 526-540.
______. 「함석헌의 종교이해」. 『종교문화비평』 17(2010), 26-45.
김광식. 「풍류의 길과 신학적 사유」. 『문화와 신학』 10(2007), 12-27.
김동기. 『종교적 삶의 심리학적 이해』. 학지사, 2003.
김명혜 외. 『그 말을 어디다 다 할꼬: 일본군 위안부 증언자료집』. 여성부 권익기획과, 2002.
김미영. 「1920년대 신여성과 기독교의 연관성에 관한 고찰: 나혜석, 김일엽, 김명순의 삶과 문학을 중심으로」. 『현대소설연구』 21(2004), 67-96.
김상래. 「야곱의 꿈 내러티브(창 28:10-22)에 대한 재탐색: 그는 진정 무엇을 보았고 어떻게 이해하였는가?」. 『학문과기독교세계관』 2(2001), 25-38.
김성민. 『분석심리학과 기독교』. 학지사, 2000.
김성수. 「함석헌의 역사: 사회관」. 『문화와 신학』 5(2001), 342-369.
김수연. 「탈근대 여성 신학 담론에서의 하나님 이해: 성장 이후의 신학으로서의 여성 신학」. 『조직신학논총』 20(2008), 191-220.
김수영. 『가족치료이론을 중심으로 한 야곱가족의 분석』. 이화여자대학교 석사학위논문, 2001.
김승태. 「일본군 '위안부' 정책형성의 일본측 역사적 배경」. 한국정신대문제대책협의회진상조사연구위원회 엮음. 『일본군 '위안부'문제의 진상』. 역사비평사, 1997.

김열규. 『한맥원류: 한국인, 마음의 응어리와 맺힘』. 주우, 1981.

김영애. 「한국 여성의 한에 관한 연구(1)」. 『기독교사상』 36(1992), 158-172.

______. 「한국 여성의 한에 관한 연구(6)」. 『기독교사상』 37(1993), 161-173.

김영진 외. 『구약성서개론』. 대한기독교서회, 2004.

김은실. 「민족 담론과 여성: 문화, 권력, 주체에 관한 비판적 읽기를 위하여」. 『한국 여성학』 10(1994), 18-52.

김은혜. 「기억의 윤리와 기독교 생명가치」. 『장신논단』 47(2015), 153-175.

김재명. 『눈물의 땅, 팔레스타인』. 프로네시스, 2009.

김재현. 「함석헌의 초기 사상형성에서 기독교와 사회주의」. 『시대와 철학』 21(2010), 99-126.

김지향. 『한국 현대여성시인연구』. 형설출판사, 1994.

김충렬. 「도피성 자살과 상담치료적 대응: 상담학의 관점에서」. 『신학과 실천』 24(2010), 45-96.

김현희 외. 『독서치료』. 학지사, 2004.

김형민. 「판넨베르크의 성령이해」. 황승룡 외, 『성령과 기독교신학』. 대한기독교서회, 2010.

김혜령. 「기억의 의무, 역사의 의무」. 『한국여성신학』 80(2015), 44-60.

김혜원. 「제2차 종군위안부 문제 아시아 연대회의」. 『한국 여성 신학』 16(1993), 84-87.

김홍희. 「나혜석의 양면성, 페미니스트 나혜석 VS 화가 나혜석」. 『한국근대미술사학』 7(1999), 251-284.

나영균. 『일제시대 우리가족은』. 황소자리, 2004.

나혜석. 『나혜석 전집』. 이상경 엮음. 태학사, 2000.

나혜석기념사업회. 『정월 라혜석 전집』. 서정자 엮음. 국학자료원, 2001.

______. 『나혜석 학술대회: 제 8회 나혜석 바로알기 국제심포지움』, 2005. 6. 22.

노영희. 「근대조선여성의 민족적 자아 형성에 관한 연구: 나혜석의 근대일본과의 만남을 한 민족적 자각을 중심으로」. 『비교문학 별권』. 1998, 263-282.

노희원. 「오경 연구사 및 최근 동향」. 『구약성서개론』. 대한기독교서회, 2004.

누거, 크리스티. 『목회의 새 패러다임』. 정석환 옮김. 한들, 2002.

______. 『여성들을 위한 목회상담: 이야기 심리학적 접근』. 정석환 옮김. 한들, 2002.

라마자노글루, 카롤라인 외. 『푸코와 페미니즘』. 최영 외 옮김. 동문선, 1998.

라이트, 제시·모니카 바스코·마이클 테이즈. 『인지행동치료』. 김정민 옮김. 학지사, 2009.

램지, 낸시 엮음. 『목회상담의 최근동향』. 문희경 옮김. 그리심, 2012.

러셀, 레티·샤논 클락슨 엮음. 『여성 신학사전』. 황애경 옮김. 이화여자대학교출판부, 2003.

리하이, 로버트. 『인지 치료에서 저항의 극복』. 최영희 옮김. 학지사, 2010.

맥페이그, 샐리. 『어머니, 연인, 친구』. 정애성 옮김. 뜰밖, 2006.

메도우, 메리 조·리차드 카호. 『종교심리학(상)』. 최준식 옮김. 민족사, 1992.

몰트만, 위르겐. 『십자가에 달리신 하나님』. 김균진 옮김. 한국신학연구소, 1979.

______. 『성령의 능력 안에 있는 교회: 메시아적 교회론』. 박봉랑 외 옮김. 한국신학연구소, 1980.

민영진. 「구약성서의 경전, 본문, 사본, 역본」. 김영진 외. 『구약성서개론』. 대한기독교서회, 2004.

______. 『설교자와 함께 읽는 욥기』. 한국성서학연구소, 2002.

밀러-맥르모어, 보니. 「공공신학으로서의 목회신학: 네 번째 영역에서의 혁명」. 낸시 램지 엮음. 『목회상담의 최근동향』. 문희경 옮김. 그리심, 2012.

밀러, 진 베이커. 『새로운 여성심리학을 향하여』. 안상님·김경순 옮김. 한국기독교가정생활사, 1988.

바이샤, 마조리. 『인지 치료의 창시자 아론 벡』. 권석만 옮김. 학지사, 2007.

박노권. 「에릭슨의 이론을 통해 본 영적 발달의 이해」. 『한국기독교상담학회지』 18(2008), 43-67.

박순경. 「민족·가족·여성: 통일민족공동체를 위한 여성의 역할」. 『한국 여성신학』 25(1996), 24-34.

______. 「한국 여성 신학의 영성」. 『한국기독교신학논총』 4(1988), 193-223.

박승호. 『상처받은 하나님의 마음: 한에 대한 동양적 개념과 죄에 대한 서양 기독교적 개념』. 대한기독교서회, 1998.

박아청. 『에릭슨의 인간이해』. 교육과학사, 2010.

박용옥. 『한국 여성 항일운동사 연구』. 지식산업사, 1996.

______. 「1920년대 신여성 연구」. 박용옥 엮음. 『여성: 역사와 현재』. 국학자료원, 2001a.

______. 『한국 여성 근대화의 역사적 맥락』. 지식산업사, 2001b.

박종수. 『융심리학과 성서적 상담』. 학지사, 2009.

______. 『성서적 상담과 분석심리학』 (한국 목회상담협회 창립 25주년 기념 제13차 연례학술대회, 2007. 5. 26), 159-170.

박찬호. 「한의 해석학으로서의 민중 신학」. 『한국개혁신학』 22(2007), 255-281.

박현옥. 「여성, 민족, 계급: 다름과 집합적 행위」. 『한국 여성학』 10(1994),

53-85.

박환. 「나혜석의 민족의식 형성과 민족운동」. 박용옥 엮음. 『여성: 역사와 현재』. 국학자료원, 2001.

번연, 존. 『천로역정』. 여성삼 옮김. 북프렌즈, 2005.

벡, 아론. 『우울증의 인지 치료』. 원호택 외 옮김. 학지사, 1999.

벡, 아론·아서 프리먼·데니스 데이비스. 『성격장애의 인지 치료』. 민병배·유성진 옮김. 학지사, 2008.

벡, 쥬디스. 『인지 치료: 이론과 실제』. 최영희·이정흠 옮김. 하나의학사, 1999.

빌만, 캐트린. 「공동체를 위한 목회적 돌봄」. 크리스티 누거 엮음. 『목회의 새로운 패러다임』. 정석환 옮김. 한들, 2002.

사미자. 『종교심리학』. 장로회신학대학교출판부, 2001.

서명수. 「야곱이야기의 구조와 주제」. 『문학과 종교』 10(2005), 63-78.

사이드, 에드워드. 『오리엔탈리즘』. 박홍규 옮김. 교보문고, 1991.

손영미·조원일. 「쉼터 생활을 중심으로 본 일본군 '위안부'의 삶에 관한 사례연구」. 『한국민 족문화』 34(2009), 369-406.

손호현. 「한 멋진 삶의 풍경화: 유동식의 예술신학 연구」. 『문화와 신학』 7(2007), 94-129.

______. 『인문학으로 읽는 기독교이야기』. 한들, 2008.

송명희. 「이광수의 〈개척자〉와 나혜석 〈경희〉에 대한 비교연구」. 『비교문학』 20(1995), 89-132.

송현주. 「근대 한국 불교의 기독교 인식과 그 쟁점: 일제하 불교잡지를 중심으로」. 이상훈 외, 『한국 문화와 종교적 다양성: 갈등을 넘어서』. 한국정신문화연구원, 2003.

수, 데랄드·데이비드 수. 『다문화 상담: 이론과 실제』. 하혜숙 외 옮김. 학지사, 2011.

스나이드, 노만. 『욥기의 형성사: 기원과 목적』. 김성애 옮김. 성바오로출판사, 1989.

스위처, 데이비드. 『위기상담가로서의 목회자』. 김진영 옮김. 한국장로교출판사, 2007.

신명숙. 「탈가부장적 목회상담의 상황화」. 『신학사상』 105(1999), 199-225.

______. 「일본군 '위안부' 문제에 대한 사회적 인식」. 『역사와 현실』 45(2002), 263-292.

신옥수. 「몰트만의 성령이해」. 황승룡 외, 『성령과 기독교신학』. 대한기독교서회, 2010.

신은경. 『풍류: 동아시아 미학의 근원』. 보고사, 1999.

심수명. 『인격 치료: 기독교 상담과 인지 치료의 통합적 접근』. 학지사, 2004.

심영희. 「침묵에서 증언으로: 군 '위안부' 피해자들의 귀국 이후의 삶을 중심으로」. 『정신문화연구』 23/2(2000), 115-146.

아서 프리먼·마크 길스. 『우울증의 인지치료: 우울증 Beast 길들이기』. 시그마프레스, 2006.

아이힐러, 울리케·일제 뮬러. 『깨어진 침묵: 성폭력에 대한 여성신학적 응답』. 김상임 옮김. 여성신학사, 2001.

안근조. 「욥기를 어떻게 읽을 것인가? 욥기에 나타난 지혜코드를 중심으로」. 『성서학연구원 저널』 47(2005), 1-31.

______. 「욥과 베헤못 그리고 리워야단: 하나님의 두 번째 응답(욥40-41)에 대한 수사비평적 읽기」. 『신학사상』 126(2004), 57-78.

양명수. 『욥이 말하다: 고난의 신비와 신학이야기』. 분도출판사, 2003.

양유성. 「독서치료와 성경의 사용」. (한국 목회상담협회 창립 25주년 기념 제13차 연례학술대회, 2007. 5. 26), 171-184.

양점도·장덕희. 「여성상담의 현황과 활성화 방안」. 『복지행정논총』 12(2002), 65-92.
양현아. 「증언과 역사쓰기: 한국인 "군 위안부"의 주체성 재현」. 『사회와 역사』 60(2001), 60-98.
______. 「증언을 통해 본 한국인 '군 '위안부'들의 포스트식민의 상흔」. 『한국여성학』 22(2006), 133-167.
양현혜. 「한국 교회사에 나타난 여성과 교회」. 한국여성신학회 엮음. 『교회와 여성 신학』. 대한기독교서회, 1997.
______. 「함석헌의 역사의식과 사유체계」. 『신학사상』 142(2008), 159-194.
윔벌리, 에드워드. 『목회상담과 성경의 사용』. 김진영 옮김. 한국장로교사, 2005.
에릭슨, 에릭. 『아동기와 사회: 인간발달 8단계 이론』. 윤진·김인경 옮김. 중앙적성사, 1988.
______. 『비폭력의 기원』. 신승철 옮김. 청하, 1987.
______. 『청년 루터』. 최연석 옮김. 크리스챤 다이제스트, 1997.
엑숨, 세릴, 『산산이 부서진 여성들』. 김상래 외 옮김. 한들, 2001.
여순주. 「일본군 '위안부' 생활에 관한 연구」. 한국정신대문제대책협의회진상조사위원회 엮음. 『일본군 '위안부' 문제의 진상』. 역사비평사, 1997.
염혜정. 『여성의 삶과 미술: 나혜석과 현대 여성작가 3인』. 창해, 2001.
오규훈. 『정과 한국 교회』. 장로회신학대학교출판부, 2011.
오든, 토마스 C. 『바르트 신학과 로저스 심리학의 대화』. 이기춘·김성민 옮김. 전망사, 1983.
오성춘. 『목회상담학』. 한국장로교출판사, 2002.
와이즈, 캐롤. 『목회학 개론: 패스토랄 캐어의 의미』. 이기춘 옮김. 대한기독교출판사, 1984.

워렐, 주디스·파멜라 리머. 『여성주의 상담의 이론과 실제』. 김민예숙·강김문순 옮김. 한울, 2004.

위니캇, 도날드. 『놀이와 현실』. 이재훈 옮김. 한국심리치료연구소, 1997.

유동식. 「풍류도인 함석헌」. 함석헌기념사업회 엮음. 『함석헌 사상을 찾아서』. 삼인, 2001.

_____. 『종교와 예술의 뒤안길에서』. 한들출판사, 2002.

_____. 『풍류신학 1』, 소금 유동식전집 7. 한들출판사, 2009a.

_____. 『풍류신학 2』, 소금 유동식전집 8. 한들출판사, 2009b.

_____. 『풍류신학 3』, 소금 유동식전집 9. 한들출판사, 2009c.

유연희. 「아브라함과 리브가와 야곱의 하나님」. 『신학사상』 120(2003), 99-129.

유영권. 「한국 목회상담의 실천과 교육에 관한 분석」. 『신학논단』 26(1999), 275-297.

유재덕. 「기억에 관한 기독교 교육적 연구」. 『기독교교육정보』 15(2006), 337-365.

윤범모. 「나혜석 예술세계의 원형탐구」. 『미술사논단』 9(1999), 163-189.

윤상철. 『가족상실과 위기상담』. 한국장로교출판사, 2007.

윤소정. 「초대 교회의 목회자 뵈뵈에 대한 여성 신학적 고찰」. 『한국기독교신학논총』 67(2010), 99-119.

윤택림. 「민족주의 담론과 여성: 여성주의 역사학에 대한 시론」. 『한국 여성학』 10(1994), 86-119.

융, 칼. 『원형과 무의식』. 융저작번역위원회 옮김. 솔, 2002.

_____. 『인간의 상과 신의 상』, 융 기본저작집 4. 융저작번역위원회 옮김. 솔, 2007.

_____. 『심리학과 종교』. 이은봉 옮김. 창, 2001.

이 슈바이처. 『마태오복음』. 한국신학연구소, 1992.
이경숙·박재순·차옥숭. 『한국생명사상의 뿌리』. 이화여자대학교출판부, 2001.
이경숙. 『구약성서의 여성들』. 대한기독교서회, 1994.
_____. 『생존과 희망의 구약성서』. 대한기독교서회, 2014.
이관직. 『성경인물과 심리분석』. 생명의말씀사, 2012.
이광수. 『민족개조론』. 대성문화사, 1972.
이만열. 「일본군 '위안부' 정책 형성의 조선측 역사적 배경」 한국정신대문제대책협의회진상조사연구위원회 엮음. 『일본군 '위안부'문제의 진상』. 역사비평사, 1997.
_____. 『한국기독교와 민족의식』. 지식산업사, 1991.
이병학. 「무고한 자들의 억울한 죽음에 대한 위험한 기억(눅13:1-9)」. 『신학연구』 43(2002), 81-108.
이상경. 『인간으로 살고 싶다: 영원한 신여성 나혜석』. 한길사, 2000.
이상화. 「일본군 '위안부'의 귀국 후 삶의 경험」. 한국정신대문제대책협의회진상조사연구위원회 엮음. 『일본군 '위안부' 문제의 진상』. 역사비평사, 1997.
이선애. 『아시아 종교 속의 여성: 아시아 여성의 현실과 신학』. 아시아여성신학자료센터, 1995.
이숙진. 「근대 한국 개신교 민족담론과 여성」. 한국여성신학회 엮음. 『민족과 여성 신학』. 한들, 2006.
이영미. 「전쟁과 성폭력 피해여성들의 추방경험과 해방을 위한 기억들」. 『Canon & Culture』 9(2015), 96-126.
이은규. 「기독청소년 자살예방에 대한 고찰」. 『신학과 실천』 23(2010), 259-285.

이재경. 「여성의 경험을 통해 본 한국 가족의 근대적 변형」. 『한국 여성학』 15(1999), 55-86.

이지은 엮음. 『지식과 권력』. 한울, 1991.

이진구. 「근대 한국 개신교와 불교의 상호인식: 개신교 오리엔탈리즘과 불교 옥시덴탈리즘」. 『종교문화연구』 2(2000), 145-164.

_____. 「근대 한국 개신교의 타종교 이해: 비판의 논리를 중심으로」. 『한국 기독교와 역사』 4(1995), 131-160.

이환진. 「욥이 옳은가? 그의 친구들이 옳은가? 마소라 본문 욥 32.1의 "그는 그의 눈에 옳다"란 표현을 중심으로」. 『신학과 세계』 64(2009), 5-33.

이효재. 「일본군 '위안부' 문제 해결을 위한 운동의 전개과정」. 한국정신대문제대책협의회진상조사연구위원회 엮음. 『일본군 '위안부'문제의 진상』. 역사비평사, 1997.

임희숙. 「일제 강점기 여성교육과 개신교: 1910-1920년대를 중심으로」. 『한국기독교신학논총』 37(2005), 195-217.

장석정. 「여호수아-사사기」. 김영진 외, 『구약성서개론』. 대한기독교서회, 2004.

정금희. 『프리다 칼로와 나혜석, 그리고 까미유 끌로델』. 재원, 2003.

정진성. 「일본군 위안소 제도의 성립」. 한국정신대문제대책협의회진상조사연구위원회 엮음. 『일본군 '위안부' 문제의 책임을 묻는다: 역사·사회학적 연구』. 풀빛, 2001.

정희성. 「주체로 부활하는 한 맺힌 여성 조상: 여성주의 목회상담연구」. 『한국기독교신학논총』 102(2016a), 327-351.

_____. 「발달이론의 비판적 재구성: 여성주의 목회상담학 관점에서」. 『신학과 실천』 48(2016b), 195-219.

_____. 「목회상담학 관점에서 구약성서 다시 읽기」. 『신학과 실천』 42

(2014a), 445-472.

______. 「종교심리학의 한국적 자원연구: 수난의 여왕과 풍류도」. 『신학과 실천』 38(2014b), 379-407.

______. 「목회상담에서 가계도 연구의 새 방향: 야곱의 가족을 중심으로」. 『신학과 실천』 34(2013), 191-216.

______. 「십자가 죽음과 부활 사흘 사이에 무슨 일이 일어났을까?: '사이' 경험에 대한 '삭임'의 목회신학적 성찰」. 『신학사상』 158(2012), 127-155.

______. 『여성과 목회상담』. 이화여자대학교출판부, 2011a.

______. 「인지 치료와 담화이론의 만남: 우울한 여성을 위한 목회상담」. 『신학과 실천』 26(2011b), 79-104.

______. 「상실의 관점에서 읽는 욥기: 목회상담적 연구」. 『한국기독교신학논총』 70(2010), 337-359.

______. 「한국 근대 기독교와 여성의 타자화: 전도부인과 기독교 신여성을 중심으로」. 『한국기독교신학논총』 64(2009), 211-237.

______. 「일본군 '위안부'의 독특한 하나님 이미지 연구」. 『종교연구』 48(2007), 225-251.

______. 「근대 한국 여성의 모성 경험과 민족: 나혜석의 〈모된 감상기〉를 중심으로」. 한국 여성 신학회 엮음. 『민족과 여성 신학』. 한들, 2006.

______. 「한 기독 신여성의 경험에 관한 연구」. 『신학사상』 131(2005a), 201-232

______. 「목회신학의 성서적 메타포에 관한 연구: 아시아 여성의 관점에서」. 『신학과 실천』 9(2005b), 43-81.

조형. 「한국가족에서의 여성: 주부의 삶을 중심으로」. 『한·중 여성의 지위』. 이화여대한국여성연구소·숙명여대 아세아여성문제연구소 엮음. 1993.

조혜정. 「가부장제의 변형과 극복: 한국가족의 경우」. 『한국 여성학』 2(1986),

136-217.
존스, 제임스. 『현대 정신분석학과 종교: 전이와 초월』. 유영권 옮김. 한국심리치료연구소, 1999.
차일즈, 브레바드. 『이스라엘에 있어서 기억과 전통』. 윤천석 옮김. 이컴비즈넷, 2005.
천이두. 『한의 구조연구』. 문학과지성사, 1993.
최만자. 『여성의 삶, 그리고 신학: 1980-1990년대 한국 여성 신학의 주제들』. 대한기독교서회, 2005.
_____. 「한국 여성 신학: 그 신학 새로하기의 어제와 내일」. 『한국기독교신학논총』 22(2001), 293-324.
최만자·박경미. 『새 하늘, 새 땅, 새 여성』. 생활성서사, 1993.
최새은·옥선화. 「신여성을 중심으로 본 신여성과 가족에 대한 담론」. 『가족과 문화』 15(2003), 53-76.
최성수. 「한국신학의 '신학적 과제인식'에 대한 신학적 성찰: 유동식의 "풍류신학"을 중심으로」. 『한국 문화신학회』 3(1999), 216-249.
최영실. 「한풀이를 통해 일어나는 화해와 생명문화: 봉산탈춤의 미얄할미 과정에 대한 여성신학적 해석을 중심으로」. 『한국기독교신학논총』 56(2008), 231-256.
최준식. 「한국인의 생사관: 전통적 해석과 새로운 이해」. 『종교연구』 10(1994), 173-208.
최혜실. 『신여성들은 무엇을 꿈꾸었는가』. 생각의 나무, 2000.
캡스, 도널드. 『대죄와 구원의 덕』. 김진영 옮김. 한국장로교출판사, 2008.
_____. 『인간발달과 목회적 돌봄』. 문희경 옮김. 이레서원, 2001.
코헛, 하인즈. 『자기의 회복』. 이재훈 옮김. 한국심리치료연구소, 2006.
클라인벨, 하워드. 『현대목회상담: 카운슬링의 기본유형』. 박근원 옮김. 대한 기독교출판사, 1985.
클라크, 리타 루. 『매 맞는 여자』. 권희순 옮김. 한국신학연구소, 1989.
태혜숙. 「한국인 군위안부 기억의 '역사화'를 위하여」. 『문화과학』 40(2004), 78-92.
테일러, 찰스. 『합리적 정서요법과 목회상담』. 황영훈 옮김. 한국장로교출판사, 2003.
폰 라트, 게르하르트. 『국제성서주석: 창세기』. 박재순 외 옮김. 한국신학연구소, 1981.
푸코, 미셸. 『담론의 질서』. 이정우 옮김. 새길, 2011.
______. 『주체의 해석학: 1981-1982, 콜레주 드 프랑스에서의 강의』. 심세광 옮김. 동문선, 2007.
______. 『정신병과 심리학』. 박혜영 옮김. 문학동네, 2002.
______. 『비정상인들: 1974-1975, 콜레주 드 프랑스에서의 강의』. 박정자 옮김. 동문선, 2001.
______. 콜린 고든 엮음. 『권력과 지식: 미셸 푸코와의 대담』. 홍성민 옮김. 나남, 1991.
프로이트, 지그문트. 『종교의 기원』. 이윤기 옮김. 열린책들, 2003.
프리먼, 아서·마크 길스. 『우울증의 인지 치료: 우울증 BEAST 길들이기』. 최병휘·이종선 옮김. 시그마프레스, 2006.
하경택. 「패러다임 충돌 현상으로서 욥기의 논쟁연구」. 『종교연구』 47(2007) 343-374.
______. 「욥과 욥기의 문제: 욥기의 연구사에 관한 소고」. 『한국기독교신학논총』 31(2004), 47-76.
한국염. 「마리아론」. 레티 러셀·샤논 클락슨 엮음. 『여성신학사전』. 황애경 옮김. 이화여자대학교출판부, 2003.

한국정신대연구소 엮음. 『강제로 끌려간 조선인 군위안부들: 증언집』. 한울, 1993.

한국문화신학회 엮음. 『한국 문화와 풍류신학: 유동식 신학의 조감도』. 한들출판사, 2002.

한국여성소설연구회. 『페미니즘과 소설비평: 근대편』, 한길사, 1995.

한국여성신학회. 『영성과 여성 신학』. 대한기독교서회, 1999.

한국여신학자협의회. 『성폭력과 기독교』, 여성신학사, 1995.

한자경. 『한국철학의 맥』. 이화여자대학교출판부, 2008.

함석헌, 『죽을 때까지 이 걸음으로』. 한길사, 2009a.

______. 『뜻으로 본 한국역사』. 한길사, 2009d.

______. 『오늘 다시 그리워지는 사람들』. 한길사, 2009c.

______. 『하나님의 발길에 채여서』. 한길사, 2009b.

함석헌기념사업회 엮음. 『함석헌 사상을 찾아서』. 삼인, 2001.

현대미술사학회 엮음. 『미술 속의 페미니즘』. 눈빛, 2000.

황승룡 외. 『성령과 기독교신학』. 대한기독교서회, 2010.

Bae, Hyunju. "Dancing around Life: An Asian Woman's Perspective." *The Ecumenical Review* 56(2004), 390-403.

Bolen, Jean Shinoda. *Goddesses in Everywoman: A New Psychology of Women*. San Francisco: Harper & Row, 1984.

Bons-Storm, Riet. *The Incredible Woman: Listening to Women's Silences in Pastoral Care and Counseling*. Nashville: Abingdon, 1996.

Bowen, Murray and kerr, Michael. *Family Evaluation: An Approach Based on Bowen Theory*. N.Y.: W.W.Norton & Company, 1988.

Brock, Rita N. *Journeys by Heart: A Christology of Erotic Power*. N.Y.:

Crossroad, 1993.

Brock, Rita N. and Rebecca Parker. *Proverbs of Ashes Violence, Redemptive Suffering, and the Search for What Saves Us*. Boston: Beacon Press, 2002.

_____. *Saving Paradise: How Christianity Traded Love of this World for Crucifixion and Empire*. Boston: Beacon Press, 2008.

Brown, Joanne C. and Carole R. Bohn. *Christianity, Patriarchy, and Abuse: A Feminist Critique*. Cleveland Ohio: Pilgrim Press, 1989.

Capps, Donald. "Bible, Pastoral Use and Interpretation." *Dictionary of Pastoral Care and Counseling*: Expanded edition. Edted by Rodney Hunter. Nashville: Abingdon, 2005.

_____. "The Decades of Life: Relocating Erikson's Stages." *Pastoral Psychology* 53(2004), 3-32.

_____. Biblical Approaches to Pastoral Counseling. Eugene, Or.:Wipf and Stock Publishing Company, 2003.

_____. *Deadly Sins and Saving Virtues*. Eugene, Or.: Wipf and Stock Pub., 2000.

_____. "The Deadly Sins and Saving Virtues: How They are Viewed by Clergy." *Pastoral Psychology* 40(1992), 209-233.

_____. "The Deadly Sins and Saving Virtues: How They are Viewed by Laity." *Pastoral Psychology* 37(1989), 229-253.

_____. "The Beatitudes and Erikson's Life Cycle Theory." *Pastoral Psychology* 33(1985), 228-244.

_____. "Pastoral Care and the Eight Deadly Vices." *Pastoral Psychology* 32(1983), 8-23.

_____. "Biblical Models in Pastoral Counseling." *Pastoral Psychology* 28(1980), 252-264.

_____. "Erikson's Life Cycle Theory and the Local Church." *Pastoral Psychology* 27(1979), 223-235.

Chodorow, Nancy. *The Reproduction of mothering: Psychoanalysis and the Sociology of Gender*. Berkeley: Univ. of California Press, 1978.

Chung, Hyunkyung. *Struggle to be the Sun Again: Empowering Asian Women's Liberation Theology*. New York: Maryknoll, 1990.

Chung, Heesung. "An Exploration of Womanist Pastoral Theology in the Korean Context." *Theology and Praxis* 29(2011), 157-179.

_____. "Spirituality of Trans-borders: A Narrative of Transformation of a Korean Sex Slave." *Pastoral Psychology* 59(2010), 483-494.

_____. "The Ambivalence of a Goddess Religion: From the Perspective of Korean Feminist Theologians." *Ewha Journal of Feminist Theology* 5(2007), 164-186.

_____. *Resurrection of the Body*. Drew University. Ph. D. dissertation, Drew University, 1996.

Cooper-White, Pamela. *The Cry of Tamar: Violence Against Women and the Church's Response*. Minneapolis MN: Fortress Press, 1995.

_____. "Feminism(s), gender and power: Reflections from a Feminist Pastoral Theologian." *Journal of Pastoral Theology* 18(2008), 18-46.

_____. "Opening the eyes: Understanding the impact of trauma on development." *In Her Own Time: Women and Developmental Issues in Pastoral Care*. Edited by Jeanne Stevenson-Moessner. Minneapolis: Fortress Press, 2000.

Dell, Mary Lynn. "Will my time ever come? on being single." *In Her Own Time: Women and Developmental Issues in Pastoral Care*. Edited by Jeanne Stevenson-Moessner. Minneapolis: Fortress Press, 2000a.

______. "She Grows in Wisdom, Stature, and Favor with God: Female Development from Infancy through Menarche." *In Her Own Time: Women and Developmental Issues in Pastoral Care*. Edited by Jeanne Stevenson-Moessner. Minneapolis: Fortress Press, 2000b.

Doehring, Carrie. *The Practice of Pastoral Care: A Postmodern Approach*. Louisville, KY: Westminster John Knox Press, 2006.

Dunlap, Susan. *Counseling Depressed Women*. Louisville, KY: Westminster John Knox Press, 1997.

Erikson, Erik. *The Erik Erikson Reader*. Edited by Robert Coles. N.Y.: W.W. Norton & Company, 2000.

______. *The Life Cycle Completed*. N.Y.: W.W. Norton & Co., 1997.

______. *Identity: Youth and Crisis*. New York : Norton, 1968.

______. *Childhood and Society*. New York : Norton, 1963

Fiorenza, E. S. *But She Said: Feminist Practices of Biblical Interpretation*. Boston: Beacon Press, 1992.

Formanek, Ruth and Anita Gurian. eds. *Women and Depression: A Lifespan Perspective*. New York: Springer, 1987.

Freud, Sigmund. "Three Essays on the Theory of Sexuality." *Freud on Women: a Reader*. Edited by Elisabeth Young-Bruel. N.Y.: W.W. Norton & Company, 1990.

______. "Mourning and Melancholia." *Standard Edition of The Complete*

Psychological Works of Sigmund Freud. vol XIV. Translated by James Starchey. London: the Hogarth Press, 1957.

Gerkin, Charles. *An Introduction to Pastoral Care*. Nashville: Abingdon Press, 1997.

_____. *The Living Human Document: Re-Visioning Pastoral Counseling in a Hermeneutical Mode*. Nashville: Abingdon, 1984.

Gill-Austern, Brita. "Pedagogy Under the Influence of Feminism and Womanism." *Feminist and Womanist Pastoral Theology*. Edited by Bonnie Miller-McLemore and Brita Gill-Austern. Nashville: Abingdon Press, 1999.

Gilligan, Carol. *In a Different Voice: Psychological Theory and Women's Development*. Cambridge, MA: Harvard University Press, 1982.

Giroux, Henry. *Border Crossings: Cultural Workers and the Poitics of Education*. New York: Routledge, 1992.

Goldenberg, Naomi. *Resurrecting the Body: Feminism, Religion and Psychoanalysis*.NY: Crossroad, 1993.

Grant, Jacquelyn. *White Women's Christ and Black Women's Jesus: Feminist Christology and Womanist Response*. Atlanta, Georgia: Scholars Press, 1989.

Greider, Kathleen. "Too Millitant? Aggression, gender, and the construction of Justice." *Through the Eyes of Women: Insights for Pastoral Care*. Edited by Jeanne Stevenson-Moesnner. Minneapolis: Augsburg Press, 1996.

Griffin, David Ray. *God and Religion in the Postmodern World: Essays in Postmodern Theology*. Albany: State University of New York Press, 1989.

Taussig, Hal. "Dealing under the Table: Ritual negotiation of Women's Power in the Syro-Pheonician Woman Pericope." *Reimaging Christian Origins: A Colloquium Honoring Burton L. Mack*. Edited by Elizabeth A. Castelli and Hal Taussig. Valley Forge, Pa.: Trinity Press International, 1996.

Hope, Antone. "Some Asian Women's Responses to Globalization." *In God's Image* 20(2001 March), 20-26.

Hunter, Rodney. Ed. *Dictionary of Pastoral Care and Counseling*, expanded edition. Nashville: Abingdon Press, 2005.

_____. Ed. *Dictionary of Pastoral Care and Counseling*. Nashville: Abingdon Press, 1990.

Jones, Serene. *Feminist Theory and Christian Theology: Cartographies of Grace*. Minneapolis: Fortress Press, 2000.

Orr, Judith. "Socioeconomic Class and the Life Span Development of Women in Jeanne Stevenson-Moessner." *In Her Own Time: Women and Developmental Issues in Pastoral Care*. Edited by Jeanne Stevenson-Moessner. Minneapolis: Fortress Press, 2000.

Kang, Wi Jo. *Christ and Caesar in Modern Korea: A History of Christianity and Politics*. Albany: State University of New York Press, 1997.

Keshgegian, Flora. *Redeeming Memories: A Theology of Healing and Transformation*. Nashville: Abingdon, 2000.

Keyes, Corey and Sherryl Goodman. eds. *Women and Depression: a*

Handbook for the Social, Behavioral, and Biomedical Sciences. Cambridge: Cambridge University Press, 2006.

Kim, Young Ae. *From Brokenness to Wholeness: An Analysis of Korean Women's Han and a Contextualized Healing Methodology*. Ph. D. dissertation, Claremont School of Theology, 1991.

Kinikawa, Hisako. "The story of the Syro-Pheonician Woman (Mark 7:24-30)." *In God's Image* 20(2004), 50-53.

Kwok, Pui-lan. *Introducing Asian Feminist Theology*. Cleveland, Ohio: Pilgrim Press, 2000.

_____. "Discovering the Bible in the Non-Biblical World." Semeia 7(1989), 25-42.

Lafrance, Michelle. *Women and Depression: Recovery and Resistance*. New York: Routledge, 2009.

Lauter, Estella and Carol Rupprecht. eds. *Feminist Archetypal Theory: Interdisciplinary Re-Visions of Jungian Thought*. Knoxville: University of Tennessee Press, 1985.

Lee, Jae Hoon. *The Exploration of the Inner Wounds: Han*. Atlanta, Georgia: Scholars Press, 1994.

Lee, James Kyung-Jin. "The Landless Levite and the Call of Israel." *Biblical Theology Bulletin* 40(2010), 4-8.

Liebert, Elizabeth. "Seasons and Stages: Models and Metaphors of Human Development." *In Her Own Time: Women and Developmental Issues in Pastoral Care*. Edited by Jeanne Stevenson-Moessner. Minneapolis: Fortress Press, 2000.

Mananzan, Mary J. "Feminist Theology in Asia: A Ten Year's Overview."

In God's Image 14(1995), 21-32.

Marisiana, A. "A Feminist Christian Ethic of Anger." *In God's Image* 22 (2003 September), 3-13.

McFague, Sallie. *Models of God: Theology for an Ecological, Nuclear Age*. Philadelphia: Fortress Press, 1987.

Metz, Johannes. *A Passion for God: The Mystical-Political Dimension of Christianity*. Translated by J. Matthew Ashley. New Jersey: Paulist Press, 1998.

Miller-McLemore, Bonnie and Brita Gill-Austern. eds. *Feminist and Womanist Pastoral Theology*. Nashville: Abingdon Press, 1999.

Mitchell, Kenneth R. and Herbert Anderson. *All Our Losses, All Our Griefs: Resources for Pastoral Care*. Philadelphia: Westminster, 1983.

"Mothers' Appeal," *In God's Image*(1987 March), 35.

Nanula, Rajneesh. *Globalization and technology*. Oxford: Blackwell Publishers, 2003.

Neuger, Christie C. "Women and relationality." *Feminist and Womanist Pastoral Theology*. Edited by Bonnie J. Miller Mclemore and Brita L. Gill- Austern, Nashville: Abingdon Press, 1999.

Neuger, Christie. *Counseling Women: A Narrative, Pastoral Approach*. Minneapo1lis: Fortress Press, 2001.

Park, Andrew Sung. *The Wounded Heart of God: the Asian concept of Han and the Christian Doctrine of Sin*. Nashville: Abingdon Press, 1993.

Poling, James. *Rethinking Faith: A Constructive Practical Theology*. Minneapolis: Fortress Press, 2011.

_____. "Is there a Korean contribution to U.S. pastoral theology?" *Pastoral Psychology* 59(2010), 513-524.

Raymond, Janice. *Women as Wombs: Reproductive Technologies and the Battle over Women's Freedom*. San Francisco: Harper, 1993.

Rebera, Ranjini Wickramaratne. "The Syrophoenician Woman: A South Asian Feminist Perspective." *A Feminist Companion to Mark*. Edited by Amy Levine. Sheffield: Sheffield Academic, 2001.

Robins, Clive and Adele Hayes. "An appraisal of cognitive therapy." *Cognitive and Constructive Psychotherapies: Theory, Research, and Practice*. Edited by Michael Mahoney. New York: Springer Publishing Company, 1995.

Rogers, Steven. "The Parent-Child Relationship as an Archetype for the Relationship between God and Humanity." *Pastoral Psychology* 50(2002), 377-385.

Russel, L. "Minjung Theology in Women's Perspective." *An Emerging Theology in World Perspective: Commentary on Korean Minjung Theology*. Edited by Lee, J. Y. Connecticut: Twenty-Third Publications, 1988.

Saiving, Valerie. "Human Situation: A feminist View." *Journal of Religion* 40(1960), 100-112.

Saussy, C. and Clarke, B. "The Healing Power of Anger." *Through the Eyes of Women: Insights for Pastoral Care*. Edited by Jeanne Stevenson-Moessner. Minneapolis: Augsburg Press, 1996.

Scattolon, Yvette. "'I Just Went on... There Was No Feeling Better, There Was No Feeling worse": Rural Women's Experiences of Living with and Managing "Depression." *Situating Sadness: Women and Depression in Social Context*. Edited by Janet Stoppard and Linda McMullen. New York: New York University Press, 2003.

Schroeder, Joy. "Dismembering the Adultress: Sixteenth-Century Commentary on the Narrative of the Levites' Concubine (Judges 19-21)." *Seminary Ridge Review* 9(2007): 5-24.

Sinaga, Deborah Purada. "Women Claiming Healing and Cure: A Reflection on Mark 5: 25-34." *In God's Image* 22(2003), 14-17.

Snorton, Teresa E. "Self-Care for the African American Woman." *In Her Own Time: Women and Developmental Issues in Pastoral Care*. Edited by Jeanne Stevenson-Moessner. Minneapolis: Fortress Press, 2000.

Snorton, Teresa. and Jeanne Stevenson-Moessner. eds. *Women Out of Order: Risking Change and Creating Care in a Multicultural World*. Minneapolis: Fortress Press, 2010.

Spiegelman, J. Marvin. "C. G. Jung's Answer to Job: A half Century Later." *Journal of Jungian Theory and Practice* 8(2006), 1-16.

St. Clair, M. *Object Relations and Self Psychology*. Brooks: Monterey, 1986.

Stevenson-Moessner, Jeanne. "Incarnational Theology: Restructuring developmental theory." *In Her Own Time: Women and Developmental Issues in Pastoral Care*. Edited by Jeanne Stevenson-Moessner. Minneapolis: Fortress Press, 2000.

_____. ed. *Through the Eyes of Women*. Minneapolis: Fortress Press, 1996.

______. "A new pastoral paradigm and practice." *Women in Travail and Transition: A New Pastoral Care*. Edited by Maxine Glaz and Jeanne Stevenson-Moesnner. Minneapolis: Fortress Press, 1991.

Stone, Howard. *Depression and Hope: New Insights for Pastoral Counseling*. Minneapolis: Fortress Press, 1998.

Stoppard, Janet and Deanna Gammell. "Depressed women's treatment Experiences: Exploring Themes of Medicalization and Empowerment." *Situating Sadness: Women and Depression in Social Context*. Edited by Stoppard Janet and McMullen Linda. New York: New York University Press, 2003.

Stoppard, Janet. *Understanding Depression: Feminist Social Constructionist Approaches*. New York: Routledge, 2000.

Sue, Derald. and David Sue. *Counseling the Culturally Different*. N.Y.: John Wiley & Sons, 1990.

Sue, Stanley and James Morishima. *The Mental Health of Asian Americans*. San Francisco: Jossey-Bass Publishers, 1990.

Tan, Yak-hwee. "The Hemorrhaging Woman: A Case for Women's Alternative leadership." *In God's Image* 21(2002 March), 38-39.

Thompson, John L. *Writing the Wrongs: Women of the Old Testament among Biblical Commentators from Philo through the Reformation*. New York: Oxford University Press, 2001.

Treadway, Carolyn Wilbur and Bonnie Miller-McLemore. "Two Views on mothering: Becoming a Mother and Birthing and Mothering as a Powerful Rites of Passage." *In Her Own Time: Women and Developmental Issues in Pastoral Care*. Edited by Jeanne Stevenson-

Moessner. Minneapolis: Fortress Press, 2000.

Williams, Delores. "Black women's Surrogacy Experience and the Christian Notion of Redemption." *Cross Examination: Reading of the Meaning of the Cross Today*. Edited by Mary Trelsta. Minneapolis: Augsburg, 2006.

Wulff, David. *Psychology of Religion: Classic and Contemporary Views*. New York: John Wiley & Sons, 1991.

Zock, Hetty. *A Psychology of Ultimate Concern: Erik H. Erikson's Contribution to the Psychology of Religion*. Atlanta, GA: Rodopi, 1990.

기독교여성상담소. http://www.8275.org

「KWMA, 인터콥 지도 끝낸다」. 《국민일보》, 2014. 1. 14.

「'봉은사 땅밟기' 논란과 '성경의 땅밟기'」. 《크리스천투데이》, 2010. 11. 30.

샤론정신건강연구소 홈페이지. http://www.sharonewha.org

「서울대에 '종교 전도 거부 카드' 등장」. 《연합뉴스》, 2013. 9. 8.

「아시아」. http://kr.dic.yahoo.com/search/all/search.html

야곱의 인간관계 가족도. http://www.jesuswalk.com/abraham/1-call.htm. http://catholic-resources.org/Bible/History-Abraham.htm.

이화여자대학교 신학대학원 부속 목회상담센터 홈페이지. http://www.epcc.or.kr

한국방송공사. 〈위안부 여인의 고백〉. 《이것이 인생이다》, 2003. 8. 29일자 방송

"The family of Abraham." http://catholic-resources.org/Bible/History-A

한국 여성을 위한 목회상담

펴낸날 1판 1쇄 2018년 2월 9일
지은이 정희성
펴낸이 권은미
펴낸곳 이화여자대학교출판문화원
주소 서울특별시 서대문구 이화여대길 52 (우03760)
등록 1954년 7월 6일 제9-61호
전화 02) 3277-2966(편집), 362-6076(마케팅)
팩스 02) 312-4312
전자우편 press@ewha.ac.kr
홈페이지 www.ewhapress.com
책임편집 양지하
찍은곳 (주)현문자현

ISBN 979-11-5890-254-4 93230
값 24,000원

이 도서의 국립중앙도서관 출판예정도서목록(CIP)은 서지정보유통지원시스템 홈페이지(http://seoji.nl.go.kr)와 국가자료공동목록시스템(http://www.nl.go.kr/kolisnet)에서 이용하실 수 있습니다. (CIP제어번호: 2018002075)